PART 2　綠色投資致富方程式

附言：本書所介紹的投資資訊與投資商品，非作者所屬之投資商與出版社之正式意見，投資請遵從個人之決策與判斷。

讓你的投資在巨變的
未來擁有價值

小時候的生活是沒有網路的，連聽都沒聽過，那時每個週末都沉浸在電視和漫畫的科幻世界裡，現在想想簡直就像活在世外桃源。當年的我根本沒想過，漫畫裡才有的搖控無人駕駛汽車、滿天飛來飛去的私人太空船、利用太陽能供給城市用電的巨大燃氣渦輪發動機，可能成為現實。隨著網路時代來臨、車市推出自駕車，兒時幻想裡的世界正在一點一滴兌現。

在這個一瞬眼就會改變的世界上，要說變化最快速的地方，我想就是股票市場了吧。到昨天為止還受到熱烈關注的題材股，隔天就暴跌到讓你覺得它沒有漲過，一夕暴跌。對於全球景氣較敏感的半導體、造船、汽車、化學產業，也一直在景

氣的好與壞中反覆徘徊。當新技術出現，現有的產業遭到淘汰，短時間內也會來回發生好幾次股票價格崩跌這類悲喜交加的情況。

假設有投資人可以事先預測到，2009 年後美國將會進入持續十多年的最長景氣繁榮期，並且積極作出投資，他就可以躍升成為一位投資大師，賺取可觀的獲利。然而，這段時間由於美國與中國等全球市場的政治、經濟方面不確定性大幅提升，大多數的投資人都只能心懷忐忑，謹慎投資。每個產業的景氣循環一直在改變，這個情況下想要準確預測企業的獲利能力，對專家來說也不是容易的事。在這個充滿不確定性的時期，散戶等於是冒著極大的風險在做投資。

就算不用提到巴菲特，應該也沒有人不知道「基於長期觀點的價值投資」是可以將風險最小化並穩定獲利的真理。但長期投資最基本的前提，就是企業必須長時間穩定成長，並且持續創造收益。我認為綠色產業絕對符合這項前提。

投資「綠色」的迫切必要

2020 年在全世界都無法預期的情況下，我們遭遇新冠肺炎大流行，世界突然之間轉換成新秩序所形成的「新常態」。新冠肺炎改變了現代人的生活面貌，居家學習與居家工作隨之

增加，遠距互動的數位產業正在高速成長；然而塑膠垃圾也如天文數字般不斷增加，擔憂環境問題的呼聲也日益高漲。環境問題不僅會對人類的生活品質帶來巨大的影響，也會直接攸關到我們的下一代，這是一個人類必須得解決的課題。2020 年秋天，新冠肺炎確診者在中國激增，出現了諷刺的現象，天空少了懸浮微粒、多了明媚的陽光，歸功於排放二氧化碳的中國工廠全數停產。

為了下一代，人們已經形成共識，對於已經達到極限的環境污染不能再坐視不管，全球已經開始在環境問題上總動員，採取行動。全球暖化使氣候變遷躍升成為國際議題，為了解決這個問題，人們已經在採取具體行動了。首先，韓國與歐美等國已經宣布 2050 年將達成碳中和，連世界全球碳排放量最大的中國，都宣示會在 2060 年達成碳中和（編注：台灣於 2022 年 3 月也公布了《台灣 2050 淨零排放路徑及策略》）。接下來的三十年，全球即將進入為了達成碳中和，不惜動用所有國家力量的時代。

如果要實現碳中和，從十九世紀工業革命運作至今的高排碳量產業系統，必須從最根本的地方開始改革，為此我們必須要限制化石燃料的使用，同時轉為使用可再生能源等，在產業結構做出變化。

以石油產業為例，2020 年 4 月世界級石油公司 BP（British

Petroleum）所發行的能源報告中指出，全球石油需求在 2019 年已經達到最高峰，預估日後將會逐步減少，即便新冠肺炎緩解，需求也不會回到 2019 年的水準。往後的三十年內，石油的需求將會持續減少，2050 年的時候需求將僅剩下一半，石油所流失的能源需求預計會由可再生能源補足，也就是說現有的石油企業將進入長期跌勢，反之，可再生能源企業則必會有所成長。

企業的總市值也會朝相同的方向改變，占全球石油供給約 12.4％的沙烏地阿拉伯國家石油公司（Aramco），2021 年 3 月的總市值為約 1.7 兆美元（折合新台幣約 51 兆元），以全球整體石油供給價值換算的話，預估約 13.9 兆美元（折合新台幣約 417 兆元），但是預測指出，沙烏地阿拉伯石油公司三十年後將會蒸發掉一半的市值，約 6.8 兆美元（折合新台幣約 204 兆元），另一半市值轉移到可再生能源產業之中。目前可再生能源相關的國際企業價值還遠不及這個數值，日後必然會大幅上漲。在這個瞬息萬變的社會裡，可以消除不確定性及確保長期獲利的投資市場正在加速成長。

全球資金湧入低碳產業

綠色產業的類型很多，本書主要關注與氣候變遷相關，且

能對碳中和做出貢獻的低碳產業，也就是氫燃料、電動車和綠能發電（風力、太陽能）等。作者們都是在業界打滾的金融專家，不會單純只以社會觀點展望環境產業，而是想要提供給大家投資方面的實際指引；我們會仔細介紹碳中和相關的金融市場，以及未來可期的投資標的，還有具有「穩定」優勢的國內外 ETF，推出一本讓初學者也能輕鬆入門的投資指南。

首先，本書 PART1 會以宏觀觀點出發，展望各國對於應對環境問題的動向，並觀察社會對於氣候變遷的認知產生了什麼變化，了解目前在這個問題上已經提前採取動作的企業們所使用的低碳戰略。從金融層面來說，也會分析因近期 ESG 企業經營成為重點話題，導致全球資金湧入與環境有關的 ESG ETF 的現象。

PART2 則會仔細探討電動車與車用電池等低碳產業，以及低碳核心產業的氫能車。氫氣市場與碳中和政策正好相輔相成，是一個預計未來將會高速成長的產業；美國投資銀行高盛（Goldman Sachs）預測 2050 年，全球氫氣市場的規模將高達 12 兆美元，比目前高出整整九十六倍。

ESG 新價值投資帶來穩定獲利

本書還會探討風電與太陽能發電產業的現在與未來，不僅

會一併介紹相關的技術與產業，為了對各位投資人帶來實質上的幫助，還會仔細探討該產業中具有前景的企業。

　　本書還會帶領讀者一起了解前述介紹過的環境友善產業與相關的 ETF，提出可以立刻應用的投資指南。ETF 是一個以美國為中心正在快速成長的金融市場，近期在韓國也受到許多投資人的關注。

　　由於近年的低利率政策，股票市場湧入大量資金；又因為房價居高不下，中產階級靠著薪水，就算十年不吃不喝也很難在蛋黃區買到一套房子。我們身邊很多人不想坐以待斃，因此才二、三十歲的股票新手就舉債投入市場，許多人夢想著手上的三星電子股價漲到 10 萬韓圜（歷史高點座落在 2021 年 1 月的 8.8 萬韓圜），或把存款掏出來投進股市結果變成韭菜，也有人為剛上小學的幼年子女開設美國證券戶、買海外股票。

　　你是哪一種投資者？會做出什麼樣的選擇？如果你認同我們，了解必須解決威脅到人類存亡的氣候危機，而且想要具備長期投資的眼光，獲得穩定收益，推薦您讀這一本書。

PART 1

低碳經濟全球進行式

新冠肺炎後，股票市場處在最活躍的狀態，韓國綜合股價指數（以下簡稱 KOSPI 指數）在 2020 年 12 月創下歷史新高（編注：台灣加權股價指數則於 2022 年 1 月 5 日創下歷史新高）。股票投資成為備受全國人民關注的投資領域，而近期的投資趨勢當然就是「環境」。2021 年 1 月 20 日，隨著環保至上的美國總統拜登就任，歐盟與中國也爭相發表包含《2050 年碳中和宣言》在內的各種環保政策。

本書 PART1 要一起來看看蔓延全球的綠色宣言浪潮，以及其背後克服氣候危機的計畫。了解全球企業目前的應對狀況，以及正在從傳統產業流向綠色產業的全球資金走向，藉此我們可以培養出在不斷波動的股票市場中，得以堅持下去的力量，不會再跟著別人有樣學樣，也不會被左右動搖，而是會訂定出適合自己的 ESG 投資策略。現在是一個必須了解環境，才能夠提高金融投資成功可能性的世代，了解環境已經不再是一種選擇，而是一種必須。

第 1 章

減碳浪潮席捲全世界

1-1 | 美國「綠色新政」大灑幣展現決心

兩兆美元的四年計劃

　　2021 年 1 月 20 日，剛就職的美國總統拜登，一上任就簽署了十七項行政命令。他所簽署的行政命令中，當中有五項與環境相關，等同是昭告天下，今後環境產業將會成為拜登政府的重點管理與投資領域。拜登第一則簽署的行政命令是「重新加入巴黎協定（Paris Agreement）」，透過當天所簽署的五項環境相關行政命令，宣布美國將會正式實施防止全球暖化與碳中和的政策。

　　重新加入巴黎協定，我們可以看出美國會為了達成碳中

和，將大舉改變產業結構的決心。所謂的巴黎協定，是要控制地球平均氣溫，和十九世紀工業化前相比，增加在攝氏 2 度以內，世界各國為達此目標，共同承諾減少溫室氣體的排放量。拜登政府重新加入巴黎協定所傳達訊息是，日後包含美國在內的世界各國，都必須要參與防止地球暖化的時代使命。

拜登政府宣布，未來四年內，將投入 2 兆美元進入環境產業，也就是所謂的「綠色新政」（Green New Deal，GND）。而 2021 年大韓民國政府編列的總預算為 556 兆韓圜（折合美元約 4300 億元），也就是說拜登在任內編列了韓國預算四倍以上的數字，投入到綠色產業之中（編注：台灣政府年度總預算約新台幣 2.7 兆元；而台灣淨零轉型政策，投入 8 年 9,000億元預算，平均每年支出 1125 億新台幣）；2021 年 1 月KOSPI 上市企業總市值約 2,150 兆韓圜（折合美元約 1.6 兆元），2 兆美元可以買進所有在 KOSPI 上市的股票，而且還有找；這筆錢也可以連續四年買進總市值 528 兆韓圜（編注：折合美元約 4700 億元，與台積電市值約 4300 億美元相當）的三星電子所有股份。如此龐大規模的資金流入環境產業之中，身為投資人當然不能不關注這則消息。

美國總統拜登所推動的「綠色新政」，是 2010 年由紐約州長綠黨候選人霍伊・霍金斯（Howie Hawkins）首度提出。爾後，2016 年大選的綠黨候選人吉兒・史坦（Jill Stein）又發

表了《綠色新政公約》，公約中指出，2030 年美國的化學能源將 100％轉換為可再生能源，藉由積極培養相關產業，創造出兩千萬個新工作機會。2019 年的時候，民主黨議員提出了包含可以保障國家財政與經濟繁榮，並涵蓋永續基礎建設與產業投資的《綠色新政決議案》。湊巧的是 2020 年新冠肺炎導致工作機會減少，在急需創造新工作機會的情況下，在投放資金刺激景氣的同時，又可以守護已經走到極限的地球環境，這項一石二鳥的政策受到了歡迎。在美國經濟因新冠肺炎飽受痛苦的情況下，拜登總統的「綠色新政」成了挽救經濟的救援投手。

歐巴馬時代定調：美國主導全球減碳

讓我們把時光倒回到 2015 年 4 月 22 日。地球日到來之際，美國與全球 170 個國家共同加入了旨在減少碳排放量的巴黎協定。當時美國總統歐巴馬向全球約定，面對威脅人類存亡的氣候變遷危機，美國將會以主導性的領導能力做出應對。他多次強調，加入巴黎協定是為了留給子孫後代一顆乾淨、安全的地球所做的其中一項努力，也是歐巴馬政府任期內最重要的政策之一。當時的國務卿約翰・凱瑞（John Kerry）主導了巴黎協定，為了表示出對未來世代的承諾，他還在美國紐約聯合國總部招開的巴黎協定簽字儀式上，抱著自己的外孫女簽下協

議。

　凱瑞是與時任總統小布希在總統大選中相互角逐的重量級
政治人物兼環境運動家。他在麻薩諸塞州擔任參議員的時期，
提出了減少石油使用、支援高效率車輛生產等各種環境法案。
為了讓世人知道氣候變遷的嚴重性，2016 年他還到訪南極。
2019 年的時候，為了讓世界各國得以在 2050 年將碳排放量清
零，還成立了名為「World War Zero」的跨國機構。凱瑞在
2021 年被拜登政府任命為「氣候特使」，預估他將成為掌管美

圖片來源：COP21

2015 年聯合國氣候峰會主視覺（左）

巴黎協定即是在 2015 聯合國氣候峰會簽署，巴黎協定是為了取代 2020 年即將期滿的東京議定書，從 2021 年開始適用，是一個關於氣候變遷對策的協定。2015 年 12 月在歐巴馬前美國總統的主導之下，共有 195 個國家簽下協定，協定的主要內容是，將地球平均氣溫維持在不高於工業化前的攝氏 2 度以內，並且階段性減少溫室氣體的排放量，努力使平均氣溫回到攝氏 1.5 度之內。

國環境政策的指揮塔。

川普政府：鼓勵破壞的環境政策

　　然而往前幾年看，川普在 2017 年就任美國總統後，不斷追求反環境政策。他否認全球暖化的現象，並猛烈批評歐巴馬政府的環境政策是使美國經濟放緩的元兇。川普從 2009 年到 2016 年年之間，曾 106 次透過推特主張地球暖化是一場騙局，並且公開批評歐巴馬政府為了防止氣候變遷所推出的政策。川普就任之後，廢止了歐巴馬政府時期所制定的 66 項環境政策，並且通過了連接加拿大與美國的拱心石輸油管道（Keystone Pipeline）[1] 計畫，開放沿岸地區與阿拉斯加北極圈國立保護區，優先生產高碳能源。川普積極鼓勵發展燃煤產業，其中他還中止了煤礦周遭居民的健康風險管理研究，並且下令刪除政府網頁上與環境有關的資訊。

　　美國在川普政府執政時期，於 2020 年 11 月正式退出巴黎協定。其中還發生了許多因川普反對新能源政策導致補助金被

1　該項目是連接從加拿大艾伯塔州到美國德克薩斯州的大規模輸油管，每天可以運送 80 萬桶原油，輸油管總長高達 1,800 公里，是一個花費約 9 億美元的大規模計畫。歐巴馬政府不允許該計畫實行，但是川普政府下令批准該項目，後來美國總統拜登在上位第一天，立刻簽署了再度取消該項目許可的行政命令。

降低或中斷的案例，例如風力發電渦輪機被以電磁輻射可能致癌為由，補助金遭到取消；2018 年對太陽能板徵收進口關稅；由歐巴馬政府所提出的「潔淨電力計畫」（2030 年將電力部門碳排放量減少 32％）也遭到取消；川普政府還廢除了水質污染防治法、中斷海平面上升應對計畫援助金、廢除禁止對瀕危動物棲息地進行探勘及開發行為的法案，甚至還對碳排放補助金提出異議，堅持與減少碳排放所訂定的碳稅站在對立面。川普政府的環境政策不是退回原點，而是鼓勵破壞環境。

拜登環保內閣：定調「氣候拼經濟」

拜登上台後，任命凱瑞為「氣候特使」，預計可能會成為美國國家安全會議的一員，氣候特使參加國家安全會議史無前例，從這裡可以看出，拜登政府認為氣候變遷危機與國家安全問題息息相關。

傑克・蘇利文（Jake Sullivan）則被指名為帶領美國的國家安全會議顧問。蘇利文出生於 1976 年，是美國史上最年輕的國家顧問，但是他在指揮伊朗核談判等外交安全領域上，可以說是首屈一指的專家。拜登政府的外交方向，是警惕中國崛起，維持美國全球霸權，這一點與川普政府的立場相同，但是蘇利文將積極運用氣候變遷危機做為制裁中國的手段。煤是氣

候變遷危機的罪魁禍首，然而中國能源發電有 67％ 仰賴燃煤。日後美國將會透過制裁溫室氣體排放來源，向身為全球最大溫室氣體輸出國的中國進行施壓。

財政部長葉倫（Janet Yellen），是歐巴馬政府執政時期的聯邦準備理事會主席，對於防止氣候變遷及引進「碳稅」等氣候變遷議題也非常感興趣。2019 年 1 月，葉倫與伏克爾（Paul Volcker）、葛林斯潘（Alan Greenspan）、柏南克（Ben Bernanke）等四名美國聯邦準備理事會前任主席與著名的經濟學教授們，發表了要求川普政府導入碳稅的聲明。參與這項聲明的諾貝爾獎得主就高達了 27 人，1970 年代後擔任過美國總統經濟顧問委員會主席的大多數經濟學家，也都參與了聲明。《經濟學原理》的作者，並且在小布希總統執政時期擔任經濟顧問委員會主席的哈佛教授格里高利・曼昆（Gregory Mankiw）表示：「政治與國家關係雖然很複雜，但是經濟很單純。對於經濟學者們來說，氣候變遷甚至不需要成為爭論的焦點，它就是一個必須克服的問題。」他督促著氣候變遷的嚴重性，並要求立即採取國家行動。

如上所述，美國新政府左右「錢途」的經濟團隊，以及左右國際關係與國家安全的外交團隊的主要人士都是氣候論者。由此可以看出，美國認為氣候變遷是一個急需被解決的問題。拜登總統承諾「2050 年完成碳中和」，並為此果斷推動氣候變

拜登政府環境公約的各產業細部方案

核心產業	細部方案
基礎建設	• 美國鐵道系統電氣化，減少因柴油引發的碳排放。 • 將老舊的發電廠、掩埋場、廢棄礦場等閒置之產業設施改造為新經濟樞紐。
汽車	• 擴大美製低污染車需求，聯邦政府購買 300 萬台以上之低污染車。 • 提供補助金，引導消費者更換美製低污染車。 • 發放獎勵，鼓勵汽車生產業者設立低污染車生產工廠與環保零件。 • 擴大電動車產業基礎設施，設置 50 萬個以上的電動車充電站。 • 支持電動車專用電池的研究與開發，並促進生產美製電池。 • 2030 年以前將所有美製公車更換為零污染車。
電力	• 2035 年以前推動電力產業完全無污染。
可再生能源	• 2035 年以前設置 5 億個太陽能板及 6 萬座風力發電渦輪機 • 四年內投入 3,000 億美元進入能源之研究開發。 • 任期內投資 4,000 億美元於電池、電動車產業，並支持以下目標： 　－開發價格僅鋰離子電池單價十分之一的網格儲存裝置。 　－建設花費僅目前反應爐一半的小型模組化反應爐。 　－利用新再生能源，生產成本與頁岩氣相同的綠氫。 　－鋼鐵、水泥製造、化學等製造產業能源脫碳化。
建築	• 4 年內更新 400 萬個建築物，過程中創造 100 萬個以上之工作機會。 • 為實現高效率能源化，建設 150 萬戶高效住宅。
農業	• 組織「公民氣候隊（Civilian Climate Corps）」，實現次世代永續農業。
環境正義	• 保障將環境政策實施所帶來的 40% 優惠回饋給弱勢群體。

資料來源：JoeBiden.com

遷改革，投資天文數字的資金，表現出了意志力要克服當前面臨之氣候問題的意志。

1-2 │ 碳排大戶中國，目標 2060 年碳中和達標

達標要燒 5 兆美元

身為全球最大溫室氣體排放國的中國，宣布目標將於 2060 年達成碳中和。國家主席習近平在 2020 年 9 月 22 日的

各國溫室氣體排放量

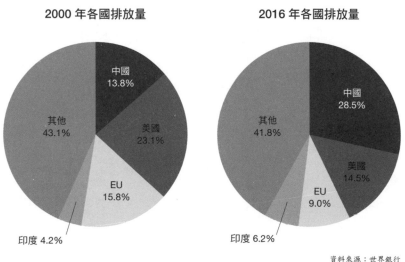

2000 年各國排放量

中國
13.8%

其他
43.1%

美國
23.1%

EU
15.8%

印度 4.2%

2016 年各國排放量

中國
28.5%

其他
41.8%

美國
14.5%

EU
9.0%

印度 6.2%

資料來源：世界銀行

聯合國大會演說上向全球承諾，會在 2060 年以前實現碳中和，計畫總共會分兩個階段進行，第一階段是 2030 年達到碳排放量最高數值的「碳達峰」，第二階段則是從 2031 年開始減少碳排放量，目標在 2060 年達成碳中和。

中國的二氧化碳排放量名符其實位居世界第一，光是 2019 年就排放了 94 億噸，占全球排放量的 29％，比起排名世界第二的美國碳排放量 51 億噸高出 1.8 倍。中國想在 2060 年達成碳中和的話，就必須將仰賴煤為主的能源發電，全面轉換為太陽能、風力、水力等再生能源。中國國家氣候變化專家委員會預估，能源發電與低碳轉型需要花費 10 兆人民幣（約 44 兆新台幣），也就是到 2060 年前，中國每年都必須投資兩千多億人民幣在其中。

此外，能源顧問公司 Wood Mackenzi 指出，中國整體能源有 67％來自燃煤，想要完成碳中和就必須要全盤轉換為太陽能或風力等再生能源，估算中國進行能源組合（energy mix）[2] 轉型，必須要花費 5 兆美元，這個數值比中國國家氣候變化專家委員會的預估高出三倍之多。中國從 2021 年開始執行的「十四五」計畫（全名「中華人民共和國國民經濟和社會發展第十四個五年規劃和 2035 年遠景目標綱要」），集中執行減碳政

2　表示整體電力以哪一種方法（來源）生產的比例。

策。預計中國將在能源組合轉型投資與電動車擴大政策等環境友善產業上，每年平均投資五千億人民幣以上，對於投資人而言，相當於中國市場上開啟了一片新藍海。

中國真的能擺脫燃煤嗎？

中國是全球煤消費最高的國家，整體能源 67％仰賴煤，2020 年下半年還正在建設 12.8 百萬瓩時（gigawatt-hour，GWh）[3] 的燃煤發電廠。正在建設中的這間燃煤發電廠，一半蓋在緊鄰朝鮮半島的中國東部地區，所以說，接下來十年中國懸浮微粒減少的希望幾乎是微乎其微。

以 2021 年 1 月來說，中國營運規模高達 1,043 百萬瓩時的燃煤發電廠，然而相比燃煤發電廠經營規模第二大的美國為 236 百萬瓩，中國的規模高出美國 4.5 倍之多。中國占全球燃煤發電廠用量的 51％，韓國整體能源發電廠規模是 129 百萬瓩，身為溫室氣體排放大戶的中國，生產著高出韓國 8.1 倍的能源。全球 27.5％的溫室氣體來自於燃煤發電的排放，其中有一半來自中國的燃煤電廠，為了達成「2060 碳中和」，中國的能源產業勢必要大幅轉型。

3　電量單位，瓦小時（Wh）為 1 瓦（1W）在一小時之間消耗的能量，1 瓩時即 1000 瓦小時；1 百萬瓩時（GWh）即 10 億瓦小時。

全球溫室氣體排放量中占比最高的原料是煤，其次是石油和天然氣。補充一下，煤、石油、天然氣等化石燃料所產生的溫室氣體，占整體溫室氣體排放量的 80%。英國 BP 的資料顯示，蘊藏在中國的煤共有 1,416 億噸，占全球蘊藏量的 13.2%，排名在美國（23.3%）、俄羅斯（15.2%）、加拿大（13.9%）之後，位居第四；但是中國每年的煤產量為 38.5 億噸，占全球產量 47.3%，遠遠高於其他國家。

而中國煤消費量更為驚人，2019 年的全球煤消費量是 157.9 艾焦耳（exajoule，EJ）[4]，中國 81.7 艾焦耳（51.7%）的消費量占比超過一半。雖然自家內部正在生產著大量的煤，但仍然不夠用，中國就像黑洞一樣吸取來自其他國家的煤來燒。

為了實現碳中和，中國應該要對正在運作的燃煤發電廠進行管制，但是中國新建或已經獲得建設許可的燃煤發電廠規模高達 159 百萬瓩。據說中國已正在重建 15% 已經設置的燃煤發電廠，不禁讓人起疑「2060 碳中和」是否有可能達成？但這是中國啊！是一個具有能力瞬間推翻一切的國家。中國在 2020 年 9 月向全世界做出承諾前，中國的動向一直有違碳中和，但是從 2021 年開始，中國表示將會把碳中和放在經濟發展的中心進行推動。由於中國碳中和的基礎比其他國家低太

4　焦耳為能量單位，1 艾焦耳相當於 10^{18} 焦耳。

多，所以必須要更積極進行產業變化、投入大筆的資金。從高碳社會轉為低碳社會，推動急遽的變化，從產業投資的觀點來說，代表會有巨額資金集中於此，亦表示這個產業可以創造出巨額的收益。

燃煤和錢過不去

如同前面所述，全球溫室氣體大部分來自於煤、石油與天然氣等化石燃料。2000 年代初期，由於使用石油的發電廠數

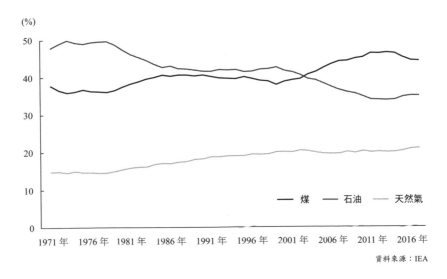

化石燃料的全球溫室氣體排放比例

資料來源：IEA

1850 年後大氣中二氧化碳濃度含量之變化的累積貢獻度

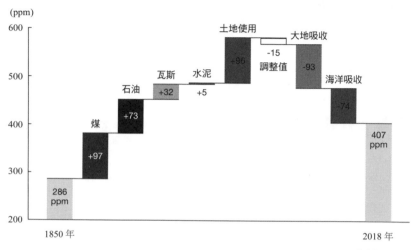

資料來源：IEA

量龐大，所以石油對溫室氣體排放的貢獻度最高；但是從
2000 年代中期，以中國和印度為首，價格低廉的燃煤發電廠
數量增加，使得燃煤所排放的溫室氣體，比例愈來愈高；天然
氣發電也逐漸取代石油發電，導致天然氣的溫室氣體排出比例
持續上升。聯合國旗下的政府間氣候變遷專門委員會（Intergove-
rnmental Panel on Climate Change，以下簡稱 IPCC）指出，各
項發電來源生產 1 瓩時電力所排出的溫室氣體含量，分別為煤
1,001 克、石油 840 克、天然氣 469 克。生產等量的電力，燃
煤排放的溫室氣體最多，懸浮微粒方面也是天然氣的八倍之

多。天然氣所排放的溫室氣體相對較少，但並非零碳排。天然氣所扮演的是暫時頂替煤與石油發電的中間橋樑，但是最終還是需要轉換為再生能源發電。

從上圖可見，大氣中的二氧化碳濃度在工業化以前的 1850 年是 286ppm[5]，但是 2018 年已經上漲到了 408ppm，增加了 121ppm。從二氧化碳濃度增加貢獻度上可以看到，煤、石油與天然氣等三大化石燃料占最大比例。工業化以後，三大化石燃料占比大氣中二氧化碳濃度增加的數值高達 202ppm。調查指出，為了使用土地進而毀損山林，導致二氧化碳濃度增加 96ppm。今後為了降低溫室氣體，我們必須限制使用以煤為首的化石燃料，並實現復育山林等低碳土地使用。

煤是排放溫室氣體的主力，目前全球都在努力限制使用。工業革命時期的英國，在 1882 年首開先例使用燃煤發電，但英國已計畫於 2025 年全面停用燃煤發電，至 2021 年全英國只剩下三座燃煤發電廠，預計 2025 年以前將會進行階段性關閉。英國從 2018 年開始，首度在工業革命以後沒有仰賴燃煤發電進行供電，並於 2019 年 7 月為期一週停止供給燃煤發電的電力，2020 年 5 月更是一整個月都沒有使用燃煤發電生產電力。英國的燃煤發電比例從 2012 年 40％，在 2018 年的時

5　ppm 是「part per million」的縮寫，意指「百萬分之一」。

候減少至 5%，目前只剩極少數的殘量。在英國，燃煤發電只有在電力需求激增的時候做為輔助供應電力。

2017 年 11 月，為了達成階段性關閉燃煤發電廠，在英國與加拿大的主導之下，脫煤者聯盟（Powering Past Coal Alliance，PPCA）正式成立，共有 20 國家加入。為達成巴黎協定的目標，經濟合作暨發展組織（OECD）和參與脫煤者聯盟的國家，必須在 2030 年以前關閉所有燃煤發電廠，其餘國家則是2050 年以前必須全數關閉燃煤發電廠。

金融機構也對此表示贊同，允諾不再投資燃煤發電等化石燃料，開始執行「化石燃料撤資運動」。以 2019 年 10 月為基準，全球 1,135 個投資機構響應參加，這些機構的資產管理規模高達 11.5 兆美元。參與的金融機構不再投資或支援煤礦開採和燃煤發電事業，也決議不再購買促進使用燃煤的公司所發行的債券。為了減少煤的溫室氣體排放量，全球金融機構投入愈來愈積極，包含回收過去已投資的資金等。

2019 年下半年，歐洲投資銀行決定，從 2021 年以後，不再投資化石燃料，瑞典開發金融機構與法國開發廳也決定中斷所有石油、瓦斯、煤相關的投資活動。

韓國在 2018 年 10 月於松島舉辦的 IPCC 會議上，公務員年金與私立大學年金共同宣布要執行脫煤投資。《公務員與私立大學公團的脫煤投資宣言》如下：

1. 做為機構投資人，為了共同努力使地球平均溫度上升幅度限制在攝氏 1.5 度以下，我們將積極支持與參與。

2. 我們認為燃煤發電是引起氣候變遷與懸浮微粒的主因，日後我們將不再參與國內外燃煤發電廠建設的專案融資，並且不再透過相關公司債，參與金融投資與支持。

3. 我們將致力於再生能源的新投資與擴大現有投資等為了低碳經濟轉型的永續投資。

大企業也接連參與「脫碳金融」。三星集團的金融子公司（三星生命、三星火災、三星證券、三星資產管理）在 2020 年 12 月都宣布將加強減碳政策，不再參與燃煤發電投資，也不購買公司債，並且不參與燃煤火力發電廠及相關的保險事業，轉向投資再生能源、電動車等環保產業，並持續擴大投資規模。

2021 年 1 月，韓華集團旗下金融子公司（韓華生命、韓華綜合保險、韓華投資證券、韓華資產管理、韓華儲蓄銀行、Carrot General Insurance）也宣布加入脫碳金融，同樣日後將不再參與燃煤發電廠新建相關投資與債券購買、再融資、保險契約等，盡到社會責任。資產管理公司還推出了氣候金融投資基金，讓一般民眾也能夠參與投資再生能源與電動車等可幫助克服氣候危機的產業。KB 金融集團旗下的 KB 國民銀行與

KB 證券等十三家金融子公司與友利金融集團的友利銀行與友利信用卡等十二家金融子公司也宣布加入脫碳金融，開始積極參與克服氣候危機。

國內外金融機構相繼發表脫碳宣言，現有的煤相關資金將無可避免如退潮般流出。想吸引資金新建燃煤發電廠變得更加困難，現有設備的營運資金與保險也無法稱心如意，燃煤發電的立足之地必定會愈來愈狹隘。

1-3 │ 從歐洲到全世界，接連宣誓減碳

始於歐洲的綠色革命

2019 年 12 月 12 日歐盟旗下二十七個會員國元首齊聚一堂，一致同意達成《2050 碳中和》協議。就在前一天，歐盟執行委員會才發表了做為氣候變遷與環境產業藍圖的《歐州綠色協議》（Eupean Green Deal），接下來才以綠色協議做為核心，召集各國協商達成碳中和。

歐洲綠色協議所發表的能源部分中，主要內容是制定氣候法、提高溫室氣體減排目標、強化歐盟排放交易體系（Emission Trading System，ETS）、提高建築物能源效率、減

少運輸部門的碳排放等。為了推動綠色協議，歐盟預計十年內將投入 1 兆歐元，這筆資金會被用於氣候相關事業、投資清潔能源計畫與自然和生物多樣性計畫，創造綠色工作機會。

歐盟宣布 2050 碳中和之前，還需要與利害關係複雜的各國取得折衷方案。波蘭並沒有參與 2050 碳中和，要求要把達成目標的年份延後至 2070 年，波蘭表示自己國家的燃煤發電依存度高達 80％，在能源轉型上需要花費更多時間，也需要歐盟的金援。

2019 年 6 月在剛開始討論碳中和的歐盟高峰會上，除了波蘭以外，捷克、愛沙尼亞、匈牙利也持反對立場，但是在經過六個月的協商後，捷克、愛沙尼亞、匈牙利承認核能發電為能源轉換的方法之一，以做為條件，在 2050 碳中和上達成協議。核能發電在能源發電時雖然不會排放溫室氣體，但因為放射性廢料的問題，對於環境破壞的爭論持續不斷；歐盟高峰會的協議文中，增加了一條「部分會員國能源組合可使用核能」，從而找到折衷點。

挪威力拚世界最快達標

其實大部分歐盟的國家，在 2000 年以前就已經到達溫室氣體的排放高峰。特別是北歐國家，他們為了減少碳排放，早

在 1990 年代初期就開始積極引進碳稅,努力擴充再生能源,讓達成碳中和的目標提前到歐盟公告的 2050 年以前。例如 2017 年芬蘭農業環境部部長基莫‧蒂利凱寧(Kimmo Tiilikainen)表示,芬蘭會於 2045 年達成碳中和,比歐盟的目標提早五年;具體的方案是積極投資風力、太陽能等再生能源的開發、擴大電動車使用,將整體碳排放規模減少至目前的三分之一。

挪威則提出在 2030 年達成碳中和,有望世界最快達標。挪威有世界規模最大的退休年金 —— 挪威政府養老基金(Government Pension Fund Global,GPFG),除了回收燃煤等化石燃料相關企業的投資資金,也增加對再生能源產業的投資;挪威因為原油輸出占國內生產毛額(GDP)的 20%,等於輸出溫室氣體而被大加撻伐,為了抵銷這個問題,挪威正在努力擴大低碳能源的投資。

丹麥催生全球最大離岸風電企業

丹麥最大的發電公司沃旭能源(Orsted)、義大利國家電力公司(Enel)、西班牙的伊比德羅拉(Iberdrola)正在全球各地主導太陽能與風力發電計畫,成為能源產業的佼佼者。《華爾街日報》指出,沃旭能源、義大利國家電力公司與伊比得羅拉在十年前還只不過是地方的小型電力公司,但得益於他

丹麥沃旭能源股價變化

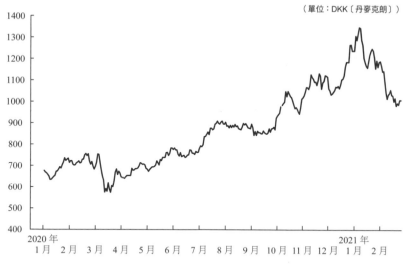

（單位：DKK〔丹麥克朗〕）

資料來源：NH 投資證券

沃旭能源業績與企業估值走勢

	2016 年	2017 年	2018 年	2019 年	2020 年（預估）
銷售額（百萬美元）	8,532	9,037	12,194	10,939	9,855
營業利潤（百萬美元）	1,279	838	1,627	1,661	1,672
淨利（百萬美元）	1,071	751	1,286	936	2,442
總市值（百萬美元）	15,957	22,994	28,063	43,471	86,347
PER（倍）	11.1	11.3	10.3	44.2	52.5
PBR（倍）	2.1	2.6	2.7	4.0	5.8
EV/EBITDA（倍）	7.8	14.5	12.2	18.1	30.2

資料來源：Bloomberg

們及早投入太陽能與風電產業，現在已經成長為可以與埃克森美孚（Exxon Mobil）與 BP 等全球石油巨擘並駕齊驅的能源巨擘了。隨著日後再生能源產業將會吸引大規模投資，對主導轉型成為低碳企業的成長潛力，投資人們給予了高度評價。

沃旭能源在 2019 年的永續報告中宣布，2025 年以前將會達成碳中和。沃旭能源在 1972 年以石油與天然氣經銷商的身份成立，後來在 2000 年初開始進軍電力事業。沃旭能源從 2000 年中期開始採取從化學燃料轉型以再生能源為中心進行發電的策略，現今已經成為全球最大的離岸風電企業。

沃旭能源除了 2025 年的碳中和宣言以外，還宣布在 2040 年將連同碳足跡[6]也一併達到中和。過去五年裡，沃旭能源的淨利增加約兩倍（2016 年為 11.7 億美元，折合新台幣約 351 億元；2020 年為 22.8 億美元，折合新台幣約 682 億元），碳中和的速度也將進一步加快。沃旭能源的企業股價也從 2016 年底的 243.7 克朗，在 2021 年 3 月上升至 973.0 克朗，上漲了四倍，以總市值約 588 億美元成為丹麥最大的公司。現在這個時代，企業為碳中和所付出的努力，會反映出比企業淨利更高的價值。

6　碳足跡是指個人、企業或團體透過直接或間接的方式產生的溫室氣體總量。個人碳足跡是指個人在日常生活中所排放的溫室起體總量，企業碳足跡是指企業經營或動上直接或介接產生的溫室氣體排放量。

排碳要繳稅的時代已經到來

　　如今在歐盟，碳中和已經是不可抗拒的時代潮流。歐洲各國政府也開始經由提高汽車排放限制與新訂塑膠稅[7]等方式，大幅強化環境相關的規範。此外，由於歐盟史無前例地施行強勁的碳中和政策，為了防止企業遷移至沒有溫室氣體排放限制的地區，防止可能會產生的「碳洩露」（編注：因一國家為達到減碳目標，反而使另一國家增加碳排的現象），歐盟打算實施碳邊境調整機制（Carbon Border Adjustment Mechanism）[8]，以相同標準引導全球一起加入減少溫室氣體排放的行列。歐盟2005年開始實施碳排放交易制度的時候，也很擔心可能造成碳洩露，國境碳稅可謂是彌補這項缺陷的政策。

　　國境碳稅是碳規範較弱的國家出口商品、服務至歐盟時所適用的貿易關稅，簡單來說就是燃煤移動的關稅；假如歐盟真的實施國境碳稅，它所帶來的影響可能會以各種形式出現在國內外地區，對出口為主的企業會造成相當程度的成本壓力。

7　歐盟對於無法再利用的塑膠廢棄物每公斤課徵 0.8 歐元（約新台幣 26 元）的規範。歐盟為了減少塑膠用量，並取得新冠肺炎後振興經濟所需的資金，從 2021 年 1 月 1 日開始徵收塑膠稅。

8　隨著歐盟開始實行碳排放交易制度，為了在市場上，讓歐盟企業自家的商品，與溫室氣體排放規範寬鬆之國家生產的產品競爭中，具有同等的價格競爭力，要求歐盟以該交易制度為標準的碳稅形式徵收貿易關稅。因此歐盟對 2009 年曾討論過要引進的國境碳稅進行修改，並制定機制。

歐盟的國境碳稅只先適用於部分產業與部分品項，預估日後適用範圍將會逐漸放寬。雖然歐盟預計會根據世界貿易組織的規定等國際貿易標準進行設計，但是現在的世界貿易組織規範中並沒有氣候變遷相關的內容，預估將會引發一番論戰。歐盟執行委員會主張，為了應對氣候變遷的危機，國境碳稅是一個必須執行的例外條款，透過國境碳稅，全世界必須支付相同減少溫室氣體。至於這項計畫是否違反世界貿易組織的規範，必須要等到 2021 年第二季法案公布後才可以得知。如果歐盟可以在不違反世界貿易組織規定的範圍內制定國境碳稅，企業就必須要確保自己有相應的碳競爭力。特別是首先會適用國境碳稅的鋼板、合成樹脂、精密化學原料、編織品、橡膠、鋁等鋼鐵、化學、石油、纖維、有色金屬產業，需要做好事前準備，將這些產品做為原物料，生產尖端材料的企業們，也要迅速做好會收到第二波影響的準備。

　　韓國與歐盟不同，電力供應一率由韓國電力公社提供，政府可能會更強勁的要求透過再生能源生產綠電。韓國生產 1000 瓩時電力會排放 0.46 噸溫室氣體，比歐盟的平均值 0.29 噸高出 55％。生產相同的產品，使用同樣的能源與電力，但是電力排放係數[9]卻較高的韓國產品，相較於在歐盟生產的產

9　表示溫室氣體排放設備的每單位活動資料中所產生的溫室氣體排放量係數，活動資料包含燃料使用量、產品生產量、原物料使用量、廢棄物焚燒量與處置量等。

品所排放的溫室氣體更多。所以韓國電力公司需要努力增加再生能源所生產的電力，最後會導致電費上漲。

國境碳稅正在考慮以各項產品所負擔的溫室氣體費用差異來徵收關稅，或者是計算產品生產過程中的溫室氣體排放量，以碳稅的形式進行徵稅，還有另一個方法是結合歐盟正在施行的碳排放交易制度徵收碳稅，以上三種方法的共通點都是會對所有溫室氣體計價。如同目前的碳稅與碳排放交易制度，全球約有六十幾種計算碳價的制度。溫室氣體價格最高的地方是瑞典，二氧化碳每噸價值高達 133.26 美元，需要繳納碳稅的業者所排放的溫室氣體，占瑞典整體溫室氣體排放量的 40%，瑞典政府 2019 年經由實施這項制度賺進了 23.14 億美元的稅收。以 2021 年 3 月為基準，目前韓國二氧化碳每噸碳排放交易價格為 18,900 韓圜，歐盟則是 37.4 歐元，二氧化碳的價格會根據每個國家的規範不同而改變。

自巴黎協定簽訂以來，世界各國紛紛提出國家自定預期貢獻（Nationally Determined Contributions，下稱 NDC），設定有條件 NDC（編注：需國際技術和財務支援才能達成）與無條件 NDC，努力實踐目標。有條件 NDC 是指經由其他國家協助，在自己國家建立溫室氣體減排事業，以達成溫室氣體減排；反之，無條件 NDC 是指不需要經由其他國家幫助，可以自行達成目標。

若想要達成地球平均上升溫度低於工業化前的攝氏 1.5 度，各國若使用有條件 NDC 減少溫室氣體，就必須要追加減少約 290 億噸，如果使用無條件 NDC，就必須要追加減少 320 億噸。如果是用有條件 NDC 的話，以韓國為例，2019 年的溫室氣體排放量約 7 億噸，就等同於韓國必需要再追加減少四倍以上的排放量。為了適用有條件 NDC，首先我們必須要制定排放權的價格，各國再根據定價進行溫室氣體減排活動。2021 年 3 月，美國拜登政府把碳的社會成本費用設定為每噸二氧化碳 51 美元，並制定了應對氣候變遷的政策。

　　國際排放交易協會（International Emission Trading Association，IETA）預估，2100 年之際，無條件 NDC 的二氧化碳排放權價格約會上漲至 209 美元，有條件 NDC 的價格將會上漲至 107 美元。到 2030 年的時候，為了將地球平均上升溫度抑制在攝氏 1.5 度以下，預估每年必須投入約 1.1 兆至 3.2 兆美元的費用。

　　因此，倘若以歐盟為首，連美國也引進國境碳稅的話，溫室氣體減排的市場規模將會非常之大，再碳競爭力上落後的企業，就必須要做好被市場拒之門外的心理準備。

綠色革命擴散至韓國與日本

　　韓國與日本也和歐美、中國一樣，經由碳中和宣言，共同

加入這波世界潮流。

　　日本首相菅義偉在 2020 年 10 月 26 日舉辦的臨時國會演說中表示，日本的目標是 2050 年以前達成碳中和。以 2019 年來說，日本能源發電中，石油、煤、天然氣等化石燃料占整體比例高達 73 ％，遠高於韓國的 65 ％、美國的 55 ％與英國的 45 ％。更何況在日本排碳量比其他國家更高，其中燃煤發電占比整體 32 ％，而且無排碳的核能發電比例也難以增加，能源組合的轉型困難重重。在這種情況下，日本最大的火力發電業者 JERA（由東京電力與中部電力以 50：50 所投資的合資發電公司）發表了將會利用氨（NH3）進行無碳排放之火力發電的計畫。菅義偉首相的碳中和宣言背後，是將現有的化石燃料能源發電，轉換為利用氨燃料進行無碳發電。菅義偉首相公開表示，為了達成目標，行之有年的燃煤發電政策將會徹底轉變，日本會經由積極的能源效率強化政策與再生能源引進，實現碳中和。另一方面，由於生產氨氣需要其他能源，因此部份人士對於使用氨燃料達成碳中和仍抱持懷疑。日本具體的能源計畫藍圖公開後，還需要重新仔細觀察日本實現碳中和的可能性與投資規模。

　　韓國總統文在寅於 2020 年 10 月 28 日的國會演講中提出，韓國的目標是 2050 年以前達成碳中和。他表示，韓國會盡可能抑制溫室氣體的排放，利用其他方法吸收排放出來的溫室氣

體，以達成淨零；同年 12 月 10 日，文在寅總統又經由無線電視台節目，表示為了替下一代做好準備，我們必定要實現碳中和，並承諾政府將會積極推動。在這之前於 2020 年 7 月公開的「韓版新政」，將會以「數位新政」與「綠色新政」兩個層面做為核心執行，這是「綠色新政」為了碳中和所提出的核心政策。[10] 政府預計在 2025 年以前，會投入 160 兆韓圜（約新台幣 3.7 兆元）在「韓版新政」之上，其中 73 兆韓圜（約新台幣 1.7 兆元）會使用在「綠色新政」上，預計接下來五年，每年都會投入約 15 兆韓圜（約新台幣 3500 億元）進入風電、太陽能、氫氣、電動車、環保建築等「韓版綠色新政」之上。

台灣版補充資料：台灣目標 2050 淨零碳排

　　台灣《氣候變遷因應法》於 2023 年 1 月 10 日三讀通過。本法原為《溫室氣體減量及管理法》，著重於溫室氣體減量管理。

　　《氣候變遷因應法》主要訴求為降低氣候變遷衝擊，內容包括：

---

10 是文在寅政府於 2020 年 7 月 14 日確定與發表的政策，是為新冠肺炎爆發後景氣復甦所準備的國家計畫。

1. 導入國際碳定價經驗開徵碳費
2. 發展低碳技術、產業及經濟誘因制度，促進國家邁向
   淨零轉型目標目標 2050 年淨零碳排
3. 強化氣候治理
4. 精進減量計畫及方案執行
5. 調適能力建構及科研接軌
6. 強化排放管理
7. 徵收碳費專款專用
8. 推動中央地方政府合作及公私協力
9. 提升資訊透明，強化公眾參與機制

1-4 │ 環境產業規模有多大？

　　美國、歐洲、韓國已經具體表示環境產業的投資規模，計畫的投資規模簡直是天文數字。美國宣布的投資金額是四年 2 兆美元，歐洲是十年 1 兆歐元，韓國是五年 73 兆韓圜，也就是說，總和全球每年會有 5400 億美元的資金流入環境產業。光是美國、歐洲、韓國等三國政府的支出規模就達到如此的程度，再加上民間企業的自主性參與，以及中國與日本等其他國家的投資，投資規模將會達到數倍之多。

　　我們來試著把環境產業的投資規模，與由英特爾、三星電

子、SK 海力士、台積電、高通等跨國企業所主導全球半導體
市場規模做個比較。世界半導體貿易統計組織指出，2019 年
全世界半導體市場規模為 4,120 億美元。三星電子與 SK 海力
士占據第一與第二位的半導記憶體市場規模占其中 27％，預
估為 1,096 億美元。美國、歐洲、韓國政府預計對環境產業執
行的年平均投資額約為五千多億美元，比全球半導體市場高出
1.5 倍，比半導記憶體市場高出 5.8 倍之多。這意味著會有一
筆大幅超越全球半導體企業年銷售額的資金會投入環境產業。

全球半導體企業銷售現況

		三星電子	SK 海力士	英特爾	台積電	高通	合計
總市值		482,469	85,565	242,807	655,779	181,921	1,648,541
銷售額	2019 年	197,777	23,169	71,965	34,635	24,273	351,818
	2020 年	200,598	28,711	75,358	45,487	23,531	373,745
	2021 年（E）	239,578	33,956	70,663	53,880	30,486	428,563
營業利潤	2019 年	23,837	2,356	21,738	12,085	3,778	63,793
	2020 年	30,524	4,531	23,529	19,251	4,743	82,577
	2021 年（E）	43,666	8,924	20,629	21,778	9,856	104,853
淨利	2019 年	18,326	1,852	18,637	11,240	4,088	54,144
	2020 年	30,799	3,351	19,276	17,590	3,861	74,877
	2021 年（E）	32,617	6,640	17,102	19,683	6,671	82,714

單位：百萬美元　　　　　　　　　　　　　　　　　　　　資料來源：NH 投資證券

上述五家半導體公司總市值加總為 1.65 兆美元（從這裡我們就可以推測出，投資在環境產業的資金規模有多麼龐大。

讓我們再從電動車產業來感受一下。世界汽車協會指出，2020 年全球汽車銷售量為 9,700 萬台，銷售金額估算為 2.3 兆美元。投入環境產業的 5400 億美元，可以買進將近全球一年四分之一的銷售車輛，逼近世界三大汽車集團──福斯、豐田、戴姆勒 2020 年的銷售額總和──6510 億美元。以 2021 年 3 月來說，三大車廠的總市值約是 5088 億美元，假如把要投資在環境產業的資金，每年全部用來買進汽車，這三大車廠的總市值可能會上漲好幾倍。

特斯拉總市值超過全球五大車廠合計總市值

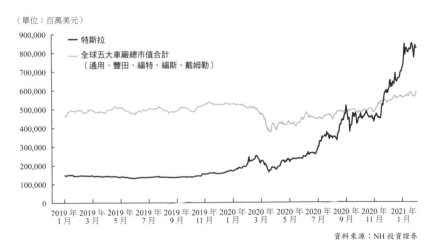

（單位：百萬美元）

資料來源：NH 投資證券

有趣的地方在於，離銷售額前十名還有好一段距離，2020年好不容易才有盈餘的特斯拉總市值，在 2021 年 3 月的時候大約 6283 億美元。特斯拉的總市值之所以可以整整超出三大車廠總市值合計的 23％，原因後面會再做說明，這現象意味著比起眼前的淨利，市場給予生產環保電動車的企業更高的評價。在這個世代，即使投資相同的金額，但投資在環境友善產業的資本卻有更高的價值，光憑藉這一點，就足以提示我們應該要投資哪一個產業了。

　　氣候危機相關的對策，已經不再像以前一樣，被視為是不必要的費用支出與抑制經濟成長的因素，我們應該要轉換思維，把它視為是新產業的大成長。2006 年早在特斯拉上市前就已經投資，從中獲得大量收益的影響力投資先驅——DBL Partners 的南希・芬德（Nancy Pfund）董事長說道：「碳對於新創公司與創新者而言，是一個無窮無盡的機會」，這句話暗示了日後環境議題將會帶來可大幅成長的新事業機會，投資人可以創造出巨額收益的投資機會也會隨之而來。

第 2 章
碳中和對抗生存危機

2-1 ｜ 溫室氣體釀成的巨大災害正發生

災難案例 1：加州連年森林大火

　　2020 年 9 月初，美國加州發生了一場燒掉相當於韓國面積 16％的史上最大森林大火（編注：燒掉相當於台灣三分之一的面積）。森林大火發生過後沉默了幾週才到訪加州的川普，在新聞發布會上說：「這場史上最嚴峻的森林大火，起因不是氣候變遷，而是因為森林管理不當所導致」。加州自然資源局局長韋德・克勞福特（Wade Crowfoot）反駁川普，表示如果我們無視於科學，逃避現實，把一切歸咎於森林管理的話，最終將會無法保護加州居民，然而川普卻對這番話詭辯

說：「我並不認為科學知道這是怎麼一回事（I don't think science knows）。」

　　川普就任後就立刻退出巴黎協定，一直以來都與反氣候變遷論者站在同一戰線。反之，加州政府不顧美國聯邦政府的方針，在 2017 年 6 月成立美國氣候聯盟（US Climate Alliance），將從 2035 年開始禁止銷售燃油車。加州之所以對氣候變遷如此敏感，是因為加州是受到氣候變遷影響較大的區域之一。

　　加州是屬於夏季高溫乾燥，冬季溫暖潮濕的地中海型氣候。冬季的時候，內華達山脈會積雪，高山上堆積的積雪會在春天開始融化，為夏季提供 30％的所需用水；到了高溫的夏天，由於山林缺水開始乾燥，乾燥的環境成為森林大火的主因。因為地球暖化，導致冬季內華達山脈的積雪量減少，融化的時間點加快，使得夏季又更加乾燥，也就是說加州因為氣候變遷，成為了更容易發生森林大火的環境。

　　2020 年發生的森林大火，對加州帶來巨大的經濟、環境損失，加州歷史上最大的二十起森林火災中，就有六起發生在 2020 年，這二十起森林大火的受災面積中，有相當於 45％的面積在該年度消失。

　　隨著人類科學技術的發展，森林大火預防與森林管理的技術也隨之發展，但即便如此，加州森林大火因為氣候變遷的因素，每年規模仍持續擴大。美熹德加利福尼亞大學教授安東

氣候變遷所導致的加州森林大火受災累積面積

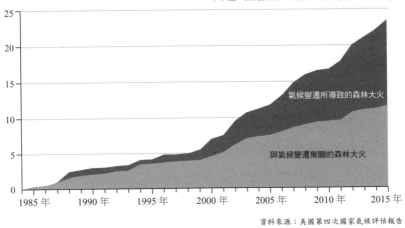

（單位：百萬英畝，1英畝＝約 4,047 平方公尺）

氣候變遷所導致的森林大火

與氣候變遷無關的森林大火

資料來源：美國第四次國家氣候評估報告

尼·勒羅伊·威斯特林（Anthony LeRoy Westerling）表示，積雪開始融化的時間與森林大火之間有著緊密的關係，到 2012 年為止所發生的加州森林大火 70％以上都發生在過早的融化期。從十九世紀開始工業化以來，至今地球的平均溫度上升了攝氏 1 度左右，但是從 1935 年以來開始調查的加州森林大火受災規模，每年都在刷新紀錄。如果日後地球持續暖化，預計以後會更經常發生規模比 2020 年的森林大火更大的山火。

此外，哥倫比亞大學的約翰·阿巴佐格魯（John T. Abatzoglou）與帕克·威廉斯（A. Park Williams）於 2016 年發表的地球暖化與森林大火關聯報告中指出，1984 年開始到 2015 年

為止，伴隨著氣候變遷所發生的森林大火比沒有氣候變遷情況下發生的森林大火，損失高出約兩倍。加州的森林大火是由氣候變遷所引發，而且受災規模持續增加，但即便原因如此明白，卻還是會有像川普一樣否認氣候變遷嚴重性的人存在。

雖然氣候變遷是森林大火發生的主因，但反過來說，森林大火也可能會加速地球暖化。如果發生大規模的森林大火，在山林燃燒過程中會排放大量溫室起體，這些溫室氣體會使大氣中的二氧化碳濃度增加，再度加速全球暖化，也有報告指出，除了近期發生的加州森林大火以外，亞馬遜、澳洲地區的森林大火也對全球暖化造成嚴重影響。產業活動導致全球暖化，造成大型森林火災，這些森林火災又再度加速全球暖化，成為了惡性循環。

災難案例 2：氣候變遷與新傳染病的關聯

下頁長得像條碼的圖片，被稱為變暖條紋（Warming stripes），可以呈現出地球的年均溫度。變暖條紋是由英國雷丁大學氣候學家艾德‧霍金斯（Edward Hawkins）所發明，每一個線條代表著一年，根據該年度的平均溫度以及 1871 年至今的平均溫度差異，原圖以不同顏色標示。變暖條紋會以藍色表示溫度低於均值，高於均值則是紅色；而從 2000 年以後，

平均溫度高於平均值，且深色條紋的比例愈來愈高，表示近十年來地球的平均溫度不斷上升。

2018 年在仁川松島舉行的第四十八屆 IPCC 會議通過了《全球升溫攝氏 1.5 度特別報告》，在這之後，為了將溫度上升抑制在工業化以前的攝氏 1.5 度以下，全球都在努力推動中。以 2020 年來說，地球平均溫度比 19 世紀工業化以前上升了攝氏 0.98 度。

人類開始排放溫室氣體後的三十到四十年，才出現了地球

變暖條紋

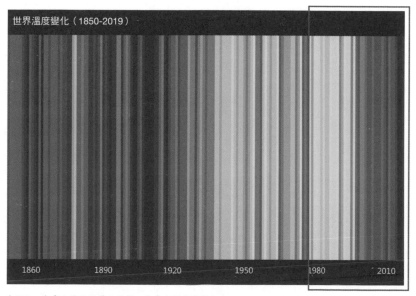

世界溫度變化（1850-2019）

1860　　1890　　1920　　1950　　1980　　2010

（編注：愈靠左條紋偏藍比例高，愈靠右則條紋偏紅）

資料來源：Climate Central

暖化的現象，即便現在我們立刻大幅降低溫室起體的排放量，地球暖化所造成的傷害也至少還要持續數十年。2020 年因新冠肺炎導致產業活動萎縮，人類活動所排放的溫室氣體數量減少了約 11%，但是大氣中的溫室氣體濃度卻是每年持續增加，2020 年是 418.12ppm，比 2019 年的 415.26ppm 高出 2.86ppm。這個數值是 1958 年觀測以來的最高紀錄，如果不將人類活動造成的溫室氣體排放量大幅減少至一半以下，就只能先放緩大氣中二氧化碳濃度增加的速度。

下頁圖彙整了因氣候變遷所導致的自然災害發生次數、地球平均溫度變化、三十年前溫室氣體的排放量與傳染病發生次數變化等資料。從圖中可以看出，這些數據的增長與三十年前排放的溫室氣體增長率非常相似，由此可知，溫室氣體排放量的增加與傳染病與自然災害的發生有著非常密切的關聯。

國際災害資料庫所公布的世界自然災害發生案件數量，每年都在持續增加。1970 年僅有 77 件災害發生，但 2019 年卻有 361 件，增加了約 4.7 倍。而且 361 件自然災害中，90% 以上都是氣候變遷所引起的自然災害。比較地球平均溫度變化與災害案件數量時，會發現全球暖化每年都會誘發更強勁的颱風、暴雨、寒流、高溫、旱災。

如圖所示，像新冠肺炎這樣的大規模傳染疾病，發生頻率也愈來愈頻繁。特別是進入 21 世紀後，以 2003 年發生 SARS

溫室氣體排放量與地球平均溫度、自然災害、傳染病的關聯性

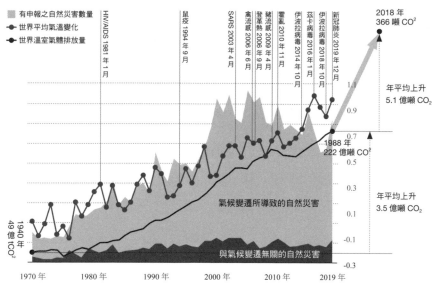

資料來源：Very words

（嚴重急性呼吸道症候群）做為開端，全球傳染病發生率愈來愈頻繁，發生週期短至每兩到三年一次，其中又以 2019 年爆發的新冠肺炎，截至 2021 年 2 月全世界死亡人數已來到 229 萬人，是一場前所未有，為期超過一年，讓人們陷入恐慌的大流行。

地球暖化和傳染病發生有什麼關聯性？英國劍橋大學研究小組指出，二氧化碳濃度增加使地球平均溫度上升，高溫使中

國南部地區與鄰近的越南、寮國地區的熱帶灌木地帶開始轉變為熱帶草原地帶或落葉林帶。這種變化創造出利於蝙蝠生存的環境，這種變化也使蝙蝠的種類增加至四十幾種。雖然我們無法確認像新冠肺炎這種傳染病的起因，但是地球溫度持續上升，動植物的生態會受到干擾，形成容易發生新病毒的環境，使傳染病猖獗。除此之外，氣候變遷使特定地區的地方疾病，有更高的可能性擴散至其他地區。

從上頁圖中我們還可以看出，1940 年至 1989 年的溫室氣體排放量，與 1970 年至 2019 年的地球平均溫度的增加趨勢非常類似。處於第二次世界大戰中的 1940 年溫室氣體排放量為 49 億噸，直到 1989 年來到了 222 億噸，每年平均增加 3.5 億噸。1989 年至 2018 年的溫室氣體排放量變成每年增加 5.1 億噸，比過去增加了約 46％。1989 年以前每年平均增加 3.5 噸的溫室氣體排放量，使得 2019 年相較於工業化時代，地球平均溫度上升了攝氏 0.98 度。

那麼 2018 年以前每年增加 5.1 億噸的溫室氣體排放量，會使 2048 年的地球平均溫度上升多少度呢？因為溫度上升而發生的自然災害又會增加多少件呢？針對這個問題，我們很難給出明確的答案。但是可以明確預測的是，不論我們腦海裡的想像為何，地球肯定會發生更多的自然災害與大流行。

2-2 | 不再逃避氣候變遷的影響

如同前述，地球因氣候變遷所引發的災難與災害愈來愈嚴重。以歐洲為中心，愈來愈多國家意識到氣候變遷的嚴重性，紛紛宣布實現碳中和、導入國境碳稅等，為了減少人類活動所發生的溫室氣體而果斷行動。雖然現在大部分的國家都知道氣候變遷的嚴重性，並同意為了解決這項問題從多方進行合作，但其實人們對氣候變遷產生危機意識，並不是太久以前的事。

1896 年瑞典化學家阿瑞尼士（Svante Arrhenius）首度提出全球暖化的危險性，然而當時大多數人主張人類活動難以對地球整體造成影響，因此沒有成為焦點議題，而且當年也沒有技術可以準確測出大氣中的二氧化碳濃度。

後來 1985 年美國科學家查爾斯・大衛・基林（Charles D. Keeling）博士開始在夏威夷冒納羅亞觀測站觀測大氣中的二氧化碳，1958 年 3 月 29 日冒納羅亞首度測得的大氣二氧化碳濃度約為 313ppm，但是二氧化碳的濃度數值卻時高時低，所以人們認為這是一個錯誤的觀測；但是基林博士在 1960 年的地球物理學期刊《Tellus》中主張，大氣中的二氧化碳濃度具有季節性，後來才出現現今我們熟知基林曲線（Keeling Curve）。隨著我們可以透過基林曲線得知大氣中的二氧化碳濃度正在持續增加，愈來愈多科學家同意全球暖化正在發生。

基林曲線——夏威夷冒納羅亞觀測站的 大氣中二氧化碳濃度觀測紀錄

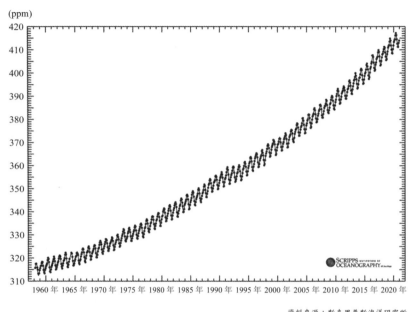

資料來源：斯克里普斯海洋研究所

　　隨著觀測證實了大氣中的二氧化碳濃度正在持續增加，1979 年首度在日內瓦舉辦的第一次世界氣候大會上，提出了人類活動可能對氣候變遷造成影響，並且達成需要對氣候變遷準備好相應對策的共識。後來 1988 年 6 月在加拿大多倫多舉辦的「大氣變化之氣候大會」上，敦促應該要為氣候變遷準備好對策，做為決策的一環，該年 11 月 IPCC 成立了。後來經由 IPCC 的評估報告，全球暖化的危險性才開始逐漸為世人

所知。

1990 年 IPCC 公布了第一份報告，內容是「想要把大氣中二氧化碳濃度為值在現有水準，人類活動所引發的溫室氣體排放量必須減少 60％以上」。後來世界各國在瑞士日內瓦舉辦的第二次世界氣候大會上制定了氣候變遷協議並達成共識，因此 1992 年在巴西里約熱內盧，為了預防二氧化碳等溫室氣體排放量增加致使全球暖化，當時制定了一個實踐策略中最具歷史性的氣候變遷綱要公約（Framework Convention on Climate Change）。這個氣候變遷綱要公約是「事前預防原則」，也就是說，該公約制定的原則是基於科學對於氣候變遷的原因和影響導出完整的結論前，提前應對氣候變遷所帶來的危險性。

1995 年 IPCC 在第二次報告中明確指出，人類活動對氣候所造成的影響已經出現，並主張已開發國家有義務努力減少溫室氣體的排放。以此為基礎，1995 年在柏林展開的第一次締約國會議（Conference of the Parties）上提到，光是義務減排並不足以防止全球暖化。抱持著這項認知，1997 年在東京展開的第三次締約國會議上達成協議，已開發國家[1]在 2012 年以前，至少要將溫室氣體的排放量減少至 1990 年的 5％以下。

2001 年 IPCC 發表的第三次報告中指出，近五十年來觀測

1　1992 年簽訂氣候變遷綱要公約時，依據各個國家的工業化水準、以及人均 GDP 和人均排碳量，把國家分為已開發國家和開發中國家。

的全球暖化大部分為人類活動所致，預估地球平均溫度會在 1990 年至 2100 年間，上升攝氏 1.4 度到達 5.8 度。

而俄羅斯願意簽署，原本因開發國家履行義務之問題引發爭議的京都議定書，使協議正式生效。雖然京都議定書是溫室氣體減排相關的第一個國際協議，但是只針對已開發國家具有溫室氣體減排義務，單方面要求具有減排義務之國家達到目標減排量，這種「上令下從」的分配，引發了各國之間的矛盾，這也導致有八年的時間該協議都無法被履行，直到 2005 年 2 月 16 日才得以生效。

2007 年 2 月 1 日法國聯合國教科文組織在 IPCC 通過第四次報告的隔天，透過記者會表示，全球暖化是無疑是科學上非常明確的現象，為了強調 18 世紀中旬開始，工業化革命後人類活動對於全球暖化造成劇烈影響，還使用了「很有可能」來形容。如果像現在一樣仰賴化石燃料的大量型消費不斷持續下去，預估二十一世紀末地球的溫度最高會上升攝氏 6.4 度，海平面則會上升 59 公分。IPCC 在討論第四次報告的過程中，討論了針對全球暖化應該要使用「明顯的（evident）」或是「明確的（unequivocal）」之中哪一個詞彙，為了不讓人們仍懷抱遲疑的態度，最後決議使用「明確的」一詞。隨著 IPCC 把全球暖化標示為「明確的現象」之後，科學界與社會科學界之間對於全球暖化的爭論也畫下了句點。IPCC 所發表的第四次報

告，起到了要求諸多國家與企業必須針對氣候變遷做出應對的標誌性作用。

　　IPCC 第四次報告發表後，隨著時間進入 2010 年代，大部分國家都已經對氣候變遷的嚴重性達成共識。因此京都議定書生效過十年之後，2015 年又再度簽訂了巴黎協定，包含歐盟等 195 個國家在內一至同意「排放全球 55％溫室氣體的至少55 個國家必須批准巴黎協定才得以生效」的前提條件，2016年 10 月 5 日已有 90 幾個國家批準此協議，巴黎協議於 2016年 11 月 4 日正式生效。

　　聯合國氣候變遷綱要公約執行秘書長派翠西亞・伊斯皮諾薩（Patricia Espinosa）在正式宣布巴黎協議生效的現場說道：「巴黎協議是全球暖化之爭的轉捩點」。巴黎協議是全球共同努力將地球平均上升溫度維持在工業化前的攝氏 2 度之下，進而將溫度的上升幅度限制在攝氏 1.5 度以下的國際協定。參與的所有國家都必須要自行制定溫室氣體的減排目標，向國際社會做出承諾並實踐目標，國際社會將會共同驗證目標執行的成果。巴黎協定與只針對已開發國家賦予減排義務的東京議定書不同，所有參與巴黎協議的國家都同意共同制定並履行減排目標，具有重要意義。除此之外，為了抑制地球平均溫度上升幅度所制定的 SBT（Science Based Target，科學基礎減量目標），可以被評價為國家與企業之間為碳中和宣言所設定的里程碑。

2-3 ｜ 全球暖化是個假議題？

巴黎氣候協議簽訂之前，並非所有過程都一帆風順。2000
年代初期，開始出現了以經濟理論至上，對氣候變遷嚴重性提
出異議的反對論者，試圖隱匿或縮小氣候變遷嚴重性的主張隨
之接連湧現。

美國 2002 年共和黨選舉顧問法蘭克‧倫茨（Frank Luntz）
在選舉演說上用「氣候變遷」一詞取代了全球暖化，因為他擔
心當人們聽到全球暖化一詞，會想起自己處在溫室之中悶熱的
經驗，全球暖化的悲劇性與災難性會透過情感傳遞，從而強化
人們的負面認知。他用氣候變遷一詞取而代之，費盡心機想傳
達出全球暖化只是像颱風、暴風雪、暴雨等暫時性的現象，只
要我們努力做好管理就能夠克服。目前全世界都已經認同氣候
變遷的嚴重性，所以很難再找到氣候變遷的否定論者與懷疑論
者，但是以前卻因為倫茨這類的氣候變遷否定論者，導致環境
問題無法在政治焦點上浮出檯面，進一步使得解決全球暖化問
題變得愈來愈遙遠。因為違反政治因素或企業利益，所以盡可
能想否定氣候變遷的嚴重性，結果導致防止氣候變遷的準則與
正確資訊處於不足的狀態。

否定全球暖化的理論可以區分為兩種，一種是主張全球暖
化本身就是一個假議題，另一種是雖然承認全球暖化現象，但

認為全球暖化被過度誇飾。第一種立場的代表性人物就是美國前總統川普，他從大選時期就開始表示，氣候變遷與全球暖化是中國編造出來的，並且在 2017 年宣布退出巴黎協定。第二種立場的代表性人物是《氣候亂象（Climate Confusion）》的作者羅伊・斯賓塞（Roy W. Spencer），他主張地球溫室氣體 95％都是由大氣中的水蒸氣所引起，人類排放的溫室氣體僅占 0.117％左右的影響力。

首先要提出的是二氧化碳確實引發了溫室效應，有些人會誤以為連這個基本的事實也是爭論的對象之一，甚至還有人會懷疑，占大氣比例濃度不到 0.1％的二氧化碳為什麼會成為問題。但是二氧化碳的溫室效應，建立在二氧化碳會吸收地球輻射能量之上，也就是說，這是二氧化碳分子本身的物理性特質，並不是地球科學觀測的結果，所以二氧化碳會是否引發溫室效應並沒有爭議。

氣候變遷否定論者之所以開始受到大眾矚目，源於許多知名科學家開始否定全球暖化的事實。2001 年丹麥統計學家比約恩・隆堡（Bjørn Lomborg）在著作《持疑的環保論者》（The Skeptical Environmentalist）中主張，目前全球暖化的研究方法存在著問題，過度激進的環境政策會招致過多的成本。此外，在臭氧層破壞與酸雨領域非常著名的美國大氣物理學家弗雷德・辛格（Fred Singer）主張全球暖化是虛構的假議題，

從而引發諸多爭議。2007 年上映的英國紀錄片《全球暖化大騙局》（The Great Global Warming Swindle）主張，全球暖化並不是因為二氧化碳，而是因為太陽活動變得活躍而引起。

2009 年發生的「氣候門」與「冰河門」事件，為否定論者們的主張提供了更強勁的支持。氣候門事件是 2009 年 11 月英國東安格里亞大學氣候研究所被駭客入侵，使氣候學家之間的電子信件外流，揭露了這段時間以來學者們誇大全球暖化嚴重性以及隱瞞與自己主張不符之資料的行為。冰河門則是 IPCC 在 2007 年發表的第四次報告中預測「如果全球暖化持續下去，2035 年喜馬拉雅的冰河將會全部融化」，結果受到學界強烈的反對，最後在 2010 年撤回這段話的事件。

後來有許多科學家主張，從 1970 年起，到現在五十年，地球平均溫度僅上升了攝氏 0.9 度，從過去數十億年來不斷變動的地球溫度上看來，五十年上升不到攝氏 1 度並非太嚴重的問題。除此之外，氣候變遷反對論者還主張，支持全球暖化的科學家們為了獲取更多研究費用，正在誇大全球暖化的危險性。

氣候變遷否定論者誤導大眾

那麼前述所提到的這些氣候變遷否定論，是否有對大眾造成影響呢？ 2003 年美國耶魯大學安東尼・萊塞羅維茨

（Anthony Leiserowitz）針對人們第一次聽到「全球暖化」的反應進行問券調查。當時受測者中僅有 7％ 的反應是「謊話」、「詐欺」等詞彙，但是這項數值在七年後的 2010 年卻來到 23％，上漲了三倍以上。2010 年已經是 2007 年 IPCC 發表第四次報告用科學證實了氣候變遷之後，這個數值簡直令人難以置信。如同前述，2003 年至 2010 年期間，氣候變遷否定論者非常活躍，導致於大眾對於全球暖化的反應更顯消極，產生了扭曲的認知。

氣候變遷否定論者的主張在 2007 年達到高峰，當時大多數的企業都還未針對全球暖化與氣候變遷的嚴重性進行深刻的審思，在減少溫室氣體排放與經濟利益中，更致力於把握經濟利益。當時韓國企業們也才剛開始計算自己所排放的溫室氣體。

還能袖手旁觀？

2020 年 12 月 21 日，由歐盟氣候學家組織的約束計畫資料中指出，我們所剩餘的碳預算（編注：將地球平均上升溫度控制在攝氏 1.5 度內，還有多少額度可以排放溫室氣體）只剩下 1,950 億噸。

2020 年全球的化石燃料與產業活動所排放的溫室氣體為 341 億噸，相比 2019 年的 368 億噸，減少了約 7.8％。再加上

土地使用所造成的二氧化碳排放量 60 億噸，2020 年人類活動所排放的溫室氣體數量約為 401 億噸。如果想要發揮地球自清的能力，將平均上升溫度抑制在攝氏 1.5 度以內的話，碳預算只剩下 1,950 億噸，倘若我們繼續排放與 2020 年相同的溫室氣體，日後碳預算的可用年限只剩下不到 5 年。考慮到 2020 年因為新冠肺炎爆發，溫室氣體排放相關的活動極度減少，由此可知我們離用完碳預算的時間已經不遠了。這也是為什麼國家、組織、企業、人民需要齊心協力關注氣候變遷，積極採取行動防止全球暖化。

哈佛大學心理學教授丹尼爾・吉爾伯特（Daniel Gilbert）主張，人類的心理已經進化到只會對四種刺激做出反應，這四項刺激是驅使人類活動之主要原因的四種刺激。吉爾伯特教授主張，氣候變遷問題並不隸屬於這四項刺激之中，所以人們不會有深刻的認知，也不會願意直接採取行動。

以四項刺激中第一項「個體的（personal）刺激」來說，氣候變遷就跟颱風、森林大火一樣，人類不會把這些問題視為是與自身有關的刺激。如果加州地區因為氣候變遷發生森林大火，那就是美國人的故事；如果北極冰層融化，那就是北極熊的故事；如果孟加拉發生洪水，那就是孟加拉人的故事。

以第二項「突然的（abrupt）刺激」來說，人們不會認為氣候變遷是像 911 恐怖事件一樣突然發生的事情。就像今後

100 年來海平面只會上升一公尺一樣，人們認為氣候變遷需要歷經長時間才會發生，所以不會做出反應。

以第三項「不道德的（immoral）刺激」來說，所有人都在排放造成氣候變遷主因的溫室氣體，所以從道德方面來說，人們並不會認為這件事像性犯罪、大規模恐怖襲擊等事件一樣如此不道德。

以最後一項「當下的（now）刺激」來說，人們不會認為氣候變遷是像新冠肺炎、經濟危機等，會使當下的自己陷入困境的事件。因為當下我們眼前還看不見問題，所以不會認為氣候變遷問題嚴重足以威脅我們的生存。

以政府和企業為首，包含大部分的我們在內，都已經認知到「氣候變遷很嚴重」，但因為這種認知還不屬於吉爾伯特博士所說的四種刺激，所以我們只能看著最佳解答卻無法做出行動。因此我們必須要擺脫明知正確答案，但卻無法在實際生活上加以實踐的言行相悖，為了創造出美好的未來，我們必須先自我省思氣候變遷是什麼，並且為解決問題付諸行動。

已開發國家為了防止全球暖化，政府帶領企業追隨。在大家還沒將全球暖化視為問題的韓國，所有的政府部門、國會、公民團體也終於在 2020 年為了解決氣候變遷問題踏出了第一步。2020 年文在寅總統透過《2050 大韓民國碳中和願景》，承諾會在任期內打造出堅實的碳中和社會框架，以同時達成碳

中和、經濟成長與生活質量的提升。與此同時，韓國的大企業們也開始順應重視企業永續幸與社會影響的全球趨勢，致力於開發應對氣候變遷的低碳新事業。

　　世界各國大張旗鼓採取動作防止氣候變遷已經成為了無法抗拒的趨勢。當初為了對付新冠肺炎，全世界站出來共同開發快篩試劑、疫苗、藥物，與以往不同的是，速度和結果明顯加快了許多。與此同理，氣候變遷相關的事物，也將在我們的日常生活中，出現我們始料未及的變化。

　　近期國際金融機構認為氣候變遷是一定會發生的危險並提出了警告，表示象徵氣候變遷導致經濟破壞性危機的「綠天鵝」（Green Swan），將會為經濟前景造成巨大影響，並招致嚴重的金融危機。綠天鵝是從形容「不確定之危險」的「黑天鵝」中變化而來的詞彙。綠天鵝的特性是，結果的規模不可預測，但是肯定會在未來發生，一但發生的話，它所造成的物理性風險連整體社會遭遇過的現有金融危機都無法比擬，並且會經由轉型風險對社會、文化、企業與金融體系造成巨大的影響。

　　「物理性風險」是指氣候變遷對實體產業造成直接或間接的物理性損失，破壞了貸款投資等交易關係。「轉型風險」是指政府在轉型為低碳社會的過程中，所發生的高碳產業資產價值下滑，使銀行信用風險增加，或是招致投資人虧損等金融機

構的健全性惡化。所以說，現在在投資的時候，務必要確認該產業是否屬於高碳產業，以及該產業為了應對氣候變遷作出了哪一些行動。

2-4│國際組織與金融機構的響應

聯合國氣候變遷綱要公約針對的對象雖然是各國政府，但是實際履行公約目標的對象卻是企業、金融機構、地方政府等非政府組織。「馬拉喀什全球氣候夥伴」（Marrakech Partnership）[2] 等計畫為非政府組織們提供了氣候變遷行動的路線圖，這些計畫在巴黎協定簽署後又更加活躍。

跨國企業自發科學減碳、投入可再生能源

2015 年巴黎協定簽署之後，企業面臨著消費者、股東與投資人的強烈要求，必須在氣候危機上做出實際應對。跨國企業已經意識到對氣候變遷採取積極行動，對於改善企業效率、

---

2 聯合國氣候變遷綱要公約第二十二次締約國大會（COP22）承認了非政府組織（企業、組織等）的角色，通過了由非政府組織所設定的馬拉喀什全球氣候夥伴行動計畫，為非政府組織們的氣候變遷行動奠定了基礎。

降低費用增加競爭力、吸引投資與企業價值上升會帶來正面的影響，正在付諸實際行動。做為行動的其中一環，為了應對氣候變遷，跨國企業們自行成立了「SBTi」（Science Based Target initiative，科學基礎減碳目標倡議）與「RE100」（Renewable Energy 100％），正在為碳中和做出行動。

SBTi 是由世界自然基金會、碳揭露專案（CDP Worldwide）組織、聯合國全球盟約（UN Global Compact）、世界資源研究所共同提出的倡議，旨在以科學為基礎，提供企業設定溫室氣體減排目標與方法。SBTi 提出以科學基礎減量目標讓企業減少溫室氣體排放的方法，並且會公布會員企業的模範案例，在 IPCC 第五次報告中提出將支持地球平均溫度維持在工業化之前攝氏 1.5 度的行動。截至 2020 年 12 月，全世界已經有 1,106 家企業宣布參與 SBTi，有 546 家企業公開已獲認證的成果，其中有 67％ 共 365 家企業符合攝氏 1.5 度的目標。2015 年全球銀行與投資企業（TSKB、安盛、Sarasin Bank、ING 集團、信安金融集團等）共十八家企業宣布參與 SBTi，目前除了資訊科技等尖端產業以外，高耗能產業也參與其中。韓國企業中，2018 年 DGB 大邱銀行加入，2020 年 SK 電訊、SK 證券、新韓金融控股等企業也接連加入，正在設定目標。

為什麼有這麼多企業加入了 SBTi 呢？首先是為了滿足氣候變遷的企業利害關係者的要求，設定企業長期碳中和目標與

擴大再生能源等，強化企業競爭力並提升企業信譽。第二點是經由碳中和經濟轉型，促進新技術與營運方針的開發，提前為未來做出創新和變化。第三點，是針對日後可能會發生的溫室氣體排放量限制等國家政策與限制做出事前應對措施。

RE100是可再生能源100％的縮寫，表示企業營運所需的電力，100％合乎可再生能源生產，藉此減少企業產出溫室氣體，改善氣候變遷，並在地方社會、顧客、投資人的心中樹立環境友善企業的形象。除此之外，RE100把生產可再生能源電力的責任，從電力公司與政府，拓展到了電力的主要消費主體——全球企業，為整體可再生能源產業注入活力，具有重要

歷年 SBTi 企業加入數量

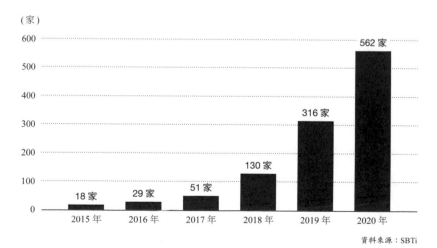

（家）

資料來源：SBTi

意義。

非營利環境組織的氣候組織（The Climate Group）和碳揭露專案組織，共同提議將企業所使用的電力轉換為可再生能源，2014年9月瑞典的IKEA與瑞士的瑞士再保險（Swiss Re）等兩家企業，共同開始了可再生能源轉型行動。2015年巴黎協定簽署後，RE100從2016年開始加入許多高耗電企業，開始越顯活躍。以2021年1月為基準，Apple、Google、Sony、微軟、Nike、星巴克等284家全球企業也大舉加入，參與其中的產業包含資訊科技、金融、製造等各種產業。這284家全球企業所使用的電力規模約為3200億瓩時，等同於韓國全國電力需求的58％，如果將其換算成各國電力需求排行，僅次於德國與法國之後，排名第十一位，用電量非常可觀。

為了達成RE100，企業內部所使用的電力必須為100％可再生能源，企業可以自行生產，或者使用RE100承認的可再生能源進行調節。RE100承認的可再生能源有生物能源（包含生質燃氣）、地熱、太陽光能、太陽熱能、風力、水力等能源。

符合RE100的條件如下。第一點，必須使用在無法遵守RE100的國家與市場所採購的可再生能源，或自行生產之再生能源。第二點，加入RE100的企業應報告使用可再生能源替代的用電量，必要時必須每年報告利用可再生能源所生產的電量。能源會計與報告必須遵守RE100報告指南文件原則與規

範，報告應每年檢討。第三點，加入 RE100 的企業應具體設定再生能源轉型期限與目標比例，並且為此制定施行策略。除此之外，企業們所設定的目標必須要在 2030 年以前完成 60％再生能源轉型、2040 年以前完成 90％轉型、2050 年以前達到 100％轉型。

三星電子也響應此趨勢，內部接受了將電力使用轉型為再生能源的諮詢，並在 2018 年 6 月 14 日宣布，將在可再生能源基礎設備相對較完善的美國、中國、歐洲內陸推動 100％使用可再生能源。另外，三星電子也加入了支援擴充可再生能源使用的組織 ——「企業再生能源中心」（Business Renewable Center）與「再生能源商務買家原則」（Renewable Energy Buyers' Principle）。韓國則是必須要從韓國電力公社購買電力，只有南部發電、南東發電等發電公司可以購買使用可再生能源生產電力所發放的再生能源證書（REC 憑證）。

韓國用電量排行一、二名的三星電子想達成 RE100 的方法，只有直接設立再生能源電廠，因為三星電子不是具備再生能源證書的發電公司，無法與再生能源電廠直接簽訂購買電力的契約。基於韓國的狀況，三星電子 2018 年只針對海外業務發表 RE100 宣言。同樣隸屬於半導體產業的 SK 海力士，也在 2018 年 11 月 7 日宣布排除韓國國內業務，僅在海外 100％使用可再生能源。

後來包含三星電子以及進軍韓國的外國企業等，許多企業都提出改善相關制度，讓 RE100 得以在韓國實踐的要求，為了因應這樣的要求，2021 年 1 月 1 日起，韓國引進了「韓國型 RE100」制度，讓企業在韓國也可以採購可再生能源。

參與 RE100 的韓國企業有 SK 集團、SK 海力士、SK Materials、SK Siltron、SK 電訊、SKC 等公司。SK 海力士看好韓國導入韓國型 RE100，並於 2020 年 11 月 1 日與 SK 集團旗下八間子公司共同加入 RE100。韓國型 RE100 中，使用可再生能源就可以被認定為是溫室氣體減排的績效，可以對邁向碳中和的企的帶來相當程度的幫助。預計今後還會有更多企業加入 RE100，藉此環保再生能源市場很可能會更進一步成長。

台灣版補充資料：台灣大企業加入 RE100

至 2023 年 1 月為止，台灣共有二十四家企業加入 RE100：

- **半導體業**：台積電、聯華電子、世界先進、環球晶圓、科毅
- **光電業**：友達光電、元太科技
- **電腦及週邊設備業**：華碩、宏碁、佳世達
- **通信網路業**：台灣大哥大、美律實業
- **電子零組件業**：台達電、致伸科技、台郡科技

- **塑膠製品製造業**：金元福
- **化妝品製造業**：歐萊德
- **生技醫療業**：葡萄王、大江生醫、佐研院
- **紡織業**：菁華工業
- **金融業**：國泰金控、富邦金控、玉山金控

金融業成為綠色產業的堅強後盾

在碳中和的時代裡，金融機構能夠承擔的責任是什麼？金融機構會從應對氣候變遷的立場上出發，對於氣候的相關政策等氣候風險進行評價，並將其反映在投資決策上，協助讓企業更積極參與具永續性之環保投資與氣候危機評估。

「淨零資產擁有者聯盟」（Net-Zero Asset Owner Alliance）是一個管理總資產 4 兆美元以上的國際性機構投資組織，由他們所管理的投資組合，計畫會在 2050 年達到碳中和。除此之外，管理資產超過約 1.2 兆美元以上的 29 家歐洲投資公司，在 2019 年的時候向普華永道（PwC）、畢馬威（KPMG International）、德勤（Deloitte）、安永（Ernst & Young）等大型會計法人發送了信函，要求在進行企業會計審查時反映氣候變遷相關風險。法國中央銀行則建議法國的金融機構，減少煤

相關企業的投資和貸款。

不投資化石燃料的機構投資法人所參與的「化石燃料撤資活動」，總資產規模高達 11 兆 5,400 億美元，挪威的主權財富基金、瑞士再保險、安聯（Allianz）集團、法國巴黎銀行（BNP Paribas）等 1,145 個機構都參與其中。

全球保險公司安盛（AXA）宣布將階段性中斷燃煤發電廠的投資與支援，從 2015 年排除 50 家煤企業開始，2017 年停止提供煤資產的保險，2019 年將會把 500 家煤企業從投資組合中除名，並且停止向計畫新建燃煤發電或礦產事業的公司提供企業保險。安盛表示 2018 年至 2025 年，會減少 25％企業營運過程中所產生的溫室氣體排放量，並於 2019 年宣布會在 2050 年達成淨零。除此之外，安盛還承諾 2025 年達成 RE100，並於 2040 年不再使用化石燃料。

安聯集團也表示將立即拒絕燃煤發電廠與探礦的保險受理，2040 年之前會將碳風險從事業範圍內剔除。如果進行上述的減碳程序，安聯預估每年都會虧損掉從煤企業身上獲得的 5,000 萬歐元溢價，但是藉由再生能源計畫，預估今後的保障收益可以抵掉虧損的兩倍以上。此外，以 2019 年底為基準，安聯投資了包含 90 個風力園區與 9 個太陽能發電園區在內的再生能源計畫，總共 72 歐元。安聯集團從 2012 年開始投資旨在達到 100％碳中和的碳計畫，帶頭保護環境。安聯目標在

再生能源事業稅惠權益融資結構

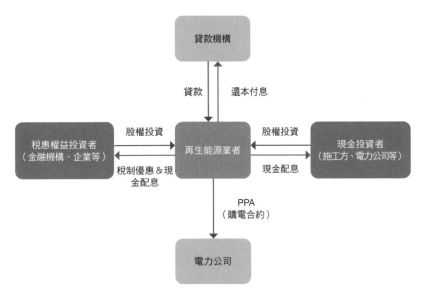

稅惠權益融資是美國的政策，指企業投資可再生能源事業時該可再生能源可被視為是資產，利用提供稅制優惠給願意將收益金投資在可再生能源之上的企業，讓稅惠權益投資者提高節稅金額，並且讓現金投資者提升早期安全募集投資資金的容易性，從而刺激可再生能源事業的運作。目前全球銀行與保險公司、Google、雪弗龍、星巴克等企業也都參與其中。

2020 年減少對比 2010 年 30％的碳排量，但 2019 年已經超額完成 37％。除此之外，安聯計畫在 2023 年達成 RE100，主導著碳淨零的投資者聯盟。

美國銀行（Bank of America Corporation）透過購買 100％可再生能源與其餘不可避免之排碳量相抵，於 2020 年達成了碳中和，比初期設定的目標提早一年。美國銀行從 2015 年開

始投資稅惠權益融資（Tax Equity）計畫，表示在 2025 年可以將再生能源購買量提高三倍（1.1 百萬瓩提高至 3.4 百萬瓩）。除了直接採購再生能源以外，2018 年分配了 6,000 萬美元，用於促進民間資本籌措開發中國家的永續發電資金。此外，2015 年美國銀行還以環保計畫做為目的，發行 6 億美元的綠色債券（Green bond），2019 年投資印度太陽能業者 Fourth Partner Energy 約 5,000 萬美元，並且在自家的金融中心、辦公室與 ATM 設備等 60 幾處設置了太陽能板。

美國銀行更在 2018 年加入 EV100 電動車倡議（Electronic Vehicle 100% Initiative）[3]，制定了 2030 年以前設立將電動車做為運輸部門新標準的目標。美國銀行在美國與英國設置了約 100 個以上的職場點動車充電所，為了鼓勵員工購買電動車與氫燃料電池汽車，實施低碳車輛補助計畫，約有 1 萬名員工響應。

3　EV100 電動車倡議成立於 2017 年，由企業所主導，宗旨是加速將使用化石燃料的運輸工具轉換為電動車，藉此降低運輸部門的溫室氣體排放量。截至 2020 年，已經有 91 家企業參與 EV100 電動車倡議，加入的企業依照各企業的水平共同承諾，2030 年會將企業運輸工具轉換為電動車，或者設置電動車充電設施。

2017.11—金管會推動「綠色金融行動方案 1.0」，協助綠
　　　　能業者取得營業發展所需資金。

2019.7—玉山銀行停止提供燃煤電廠專案融資。

2020.8—國泰金控宣布撤資燃煤電廠。

2021.4—金管會發表「綠色金融行動方案 2.0」，建立我國
　　　　永續金融分類標準。

2021.6—富邦金控宣布不再投資燃煤占比大於 50% 的電
　　　　廠。

2022.4—國泰金控成為台灣首家加入 RE100 的金融業者；
　　　　玉山金控宣布 2035 年「全面撤煤」。

2022.9—金管會號召元大金控、中信金控、玉山金控、第
　　　　一金控、國泰金控五家金控業者，成立「永續金
　　　　融先行者聯盟」；推出「綠色金融行動方案 3.0」，
　　　　帶動金融機構碳盤查及氣候風險管理。

2-5 │ 企業提前布局低碳戰略

Apple 的承諾：2030 年達成碳中和

　　Apple 從 2000 年代後期開始，由於可再生能源的均化能

源成本（Levelized Cost of Energy，下簡稱 LCOE）下降，因而開始關注再生能源發電。因此從 2008 年開始，愛爾蘭科克分公司所使用的電力已經 100％轉型為可再生能源，2012 年 Apple 位於加州與俄勒岡州的數據中心購買了可再生能源，2013 年為了在內華達州新設數據中心，與內華達州的電力公司合作，進行了規模 32 萬瓩的太陽能計畫。

全球投資銀行 Lazard 公布，比較美國各發電源的 LCOE 的結果顯示，2013 年太陽能的 LCOE 比煤與核能更低，並且從 2015 年開始低於煤氣聯合循環發電（gas-combined cycle）。可再生能源的 LCOE 下降，有助於活化再生能源事業，並可能因此帶來溫室氣體減排的效果。

各發電源之全球平均 LCOE

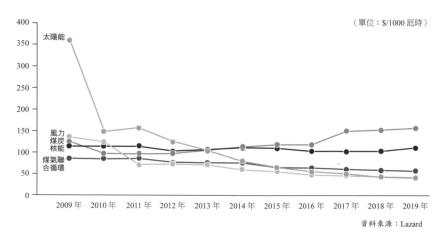

（單位：$/1000 瓩時）

資料來源：Lazard

Apple 在 2014 年為了擴大自家公司與合作夥伴的可再生能源用量,在中國四川省成立了可再生能源合資公司,並針對兩座 2 萬瓩規模的太陽能發電事業進行資本投資。Apple 在 2015 年建設了 4 萬瓩規模的太陽能設備,後續又了增設 20 萬瓩規模以上的設備,直接生產了 26.5 萬戶以上家庭的年耗電量,將全球 Apple 營運消耗的 87％以上能源轉換為可再生能源。此外,Apple 的海外業務也依據當地的電力結構,在新加坡與日本設置了太陽能屋頂。Apple 在新加坡利用當地的再生能源購電協議(Power Purchase Agreement,PPA);而在日本,雖然電力結構難以利用可再生能源,但還是利用了低電壓關稅,變相產生可再生能源。Apple 在新總部大樓設置了 1.7 萬瓩規模的太陽能屋頂,2018 年透過在印度、土耳其、巴西、墨西哥等新市場簽訂可再生能源的購電合約,成功取得可再生能源。

從 2014 年以來,Apple 的所有數據中心皆以 100％的可再生能源運作,並且在 2018 年成功將所有營業範疇的用電,100％轉換為可再生能源。Apple 在 2018 年開始,又更進一步開始執行合作夥伴共同轉換可再生能源的計畫。

Apple 為了取得可再生能源的投資資金,在 2016 年 2 月發行了第一次價值 14.94 億美元規模的綠色債券,並於 2017 年發行了第二次價值 9.95 億美元的綠色債券。第二次的綠色

債券不僅可以用在 Apple 自家的碳中和行動，也適用於 Apple 合作夥伴的設備與產品。銷售成品的公司直接投資合作夥伴的設備，是非常罕見的事情，但是 Apple 的綠色債券不僅適用於自家公司，連合作廠商都一併適用，Apple 為了減少自家公司的碳足跡，正在做出全方位的努力。

　　經過如此的努力，Apple 已在 2020 年已經實現了全球營運碳中和，為了把地球上升的溫度抑制在攝氏 1.5 度以下，Apple 宣佈將會比 IPCC 所設定的目標提早二十年，計畫在 2030 年達成自家供應鏈與產品的碳足跡淨零。

Apple 達成所有營運範疇 100%使用可再生能源

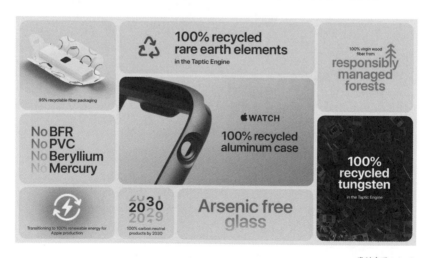

資料來源：Appl

Apple 為了減少碳足跡，採取的第一個行動是推動低碳產品設計。Apple 透過名為「Dave」的機器人分析 iPhone 的震動模組（Taptic Engine），計畫回收再利用稀土磁鐵、鎢、鋼等核心材料，從 2019 年生產的 iPhone、iPad、iMac、Apple Watch 產品開始使用可回收再利用之材料。除此之外，iPhone 震動模組的稀土材料則是 100％回收再利用，透過這種可回收再利用的產品設計，Apple 才得以在 2019 年減少 430 萬噸的碳足跡。

Apple 的第二個行動是與美中綠色基金（U.S.-China Green Fund）簽訂合作協議，提供 1 億美元支援合作夥伴開發能源效率改善計畫，以提高合作夥伴的能源效率。參與 Apple 供應商能源效率專案（Apple's Supplier Energy Efficiency Program）的企業設備，在 2019 年已經達到 92 個，Apple 在供應鏈上面達成了 77.9 萬噸的溫室氣體減排效果。

Apple 的第三個行動是開發可再生能源事業，將營業活動中所使用的再生能源使用率維持在 100 ％（2018 年達成 RE100）。以 2020 年為基準，Apple 獲得 70 家以上合作夥伴承諾，會在生產產品時 100 ％使用可再生能源，這意味著 Apple 將會在產品生產的過程中，使用將近 8 百萬瓩的可再生能源。假如這些承諾全數兌現，每年就可以達到減排 1,430 萬噸二氧化碳的效果。Apple 的合作廠商 SK 海力士也在 2020 年 11 月 1 日宣佈加入該計畫，將會轉為 100％使用可再生能源。

Apple 的第四個減少溫室氣體排放量的行動是投過產品生產流程與材料技術創新推動減碳。Apple 與兩家鋁製供應商合作，正在投資史無前例的無碳鋁冶煉工序開發。透過上述這些方法，Apple 在 2019 年才得以減少排放由氟化物所產生的 24.2 萬噸溫室氣體。

Google 的目標：隨時隨地落實零排碳

Google 從 2007 年開始制定碳中和環境政策，2017 年開始針對自家公司所使用的電力進行可再生能源投資與購買，達成了 100％可再生能源轉換率。除此之外，Google 更進一步針對 1998 年成立後到 2006 年所排放的溫室氣體購買二氧化碳排放權，實現了創立以來所有企業活動的碳中和。

Google 從 2007 年開始計算由公司內部直接排放的溫室氣體，以及間接排放的電力購買，還有其他如員工上下班、出差、伺服器製造程序（包含合作廠商的排放量）等間接的排放量，並接受驗證，管理碳排放。除此之外，Google 為了減少碳排放，營運使用生質柴油（bio-diesel）的上下班接駁車，當員工購買燃油效率較高的汽車時，Google 會補助部分金額，盡可能減少由通勤所產生的溫室氣體。

Google 在內部成立公共政策小組，自行制定並討論永續性

與氣候變遷戰略相關政策。他們需要向掌管 Google 政策與溝通組織權限的法務長報告行動並接受決策，小組成員會在美國、歐洲等世界各國積極進行環境政策相關的研究與行動。他們最具代表性的案例是 2016 年，在綜合考慮美國佐治亞州的電力供需與相關需求及供給層面的所有資源後，最終他們決議出最佳方案的設備計畫法，並獲得公司批准，2017 年該小組也曾經提議歐盟對於可再生能源的政策與電力市場結構進行改組。為了獲得以可再生能源為基礎的電力供給，他們在修改台灣電力法的方面也起到了非常重要的作用。Google 的永續經營小組為了確認自家公司的業務是否有與氣候變遷戰略達成一致，在討論階段時也會使用公共政策小組。

　　Google 以碳中和的執行經驗做為基礎宣布了新戰略，目標是 2030 年以前達成隨時隨地使用零碳排能源進行商業營運，按照計畫，全球所有的 Google 數據中心與園區將使用零碳排的能源。一般來說，在用戶使用 Gmail、Google 搜尋、YouTube、Google 地圖等服務的過程中，不僅會排放二氧化碳，就算在沒有使用服務的情況下，也會因為暗數據（dark data）[4] 排放二氧化碳。Google 公開表示，將會透過把自家數據

4　暗數據是指已經儲存，但是內容或價值尚未經過確認的數據。儲存 1GB 我們未讀的 Email 需要消耗 32 瓩時的電力。數據保護業者 Veritas Korea 分析了全球企業暗數據的環境費用，結果顯示因暗數據擴散，光是 2020 就排放高達 580 萬噸的二氧化碳，相當於開車繞地球 575,000 圈所排放的二氧化碳數量。

中心所使用的電力 100％轉型為可再生能源，從而防止溫室氣體的排放。

Google 計畫在 2030 年以前，投資 500 萬瓩規模的可再生能源發電，這個規模相當於韓國 2020 再生能源整理用量 2,300 萬瓩的 22％。

Google 這類的大型科技企業為了保護大量數據，並提供穩定的服務，當數據中心停電時，需要一台可以立即每秒提供數百萬瓦特（以四人家庭為基準，可以供 4 萬戶以上使用的電力）的緊急發電機。這種緊急發電機由柴油或天然氣驅動，由於數據中心每年的運作率必須維持在 99.995％以上，所以勢必得設置緊急發電機。

新冠肺炎使遠距時代提前到來，數據中心的電力需求激增，韓國的 GNC 能源等緊急發電機製造商的股價也隨之水漲船高。Google 計畫在 2021 年將柴油緊急發電機轉換為以電力為基礎的系統，在沒有燃柴所引發的大氣污染與溫室氣體排放的狀態下，提供 Google 搜尋、Gmail 與 YouTube 服務。順帶一提，全球 Google 數據中心所使用的柴油緊急發電機，估計超過 2,000 瓩，等同於韓國 24 座核能反應爐共 2,330 萬瓩的發電規模。

Google 為五百個以上的地方政府與都市提供援助，目標是 2030 年以後每年減少十億噸碳排量，並且透過航空攝影與

溫室氣體排放源的劃分

```
          ┌──────────────────────┐
          │  間接排放（範疇 2）    │
          │  ・購買電力            │
          │  ・購買蒸汽            │
          └──────────────────────┘
                     ▽
```

範疇其他間接排放（範疇 3）	直接排放（範疇 1）	其他間接排放（範疇 3）
・購買原物料與服務 ・購買公司資產 ・燃料與能源相關活動 ・運輸 ・作業中產生的廢棄物 ・出差與任職員通勤 ・租賃資產	・製造設備 ・公司內部運輸工具	・產品運送 ・租賃資產 ・銷售產品運用與使用 ・銷售產品廢棄與再利用 ・特許經銷 ・投資
上游活動	公司	下游活動

資料來源：WRI

排放源劃分是考量溫室氣體排放的特性與行為界線，將溫室氣體的排放方式進行分類，並首度被記載於《溫室氣體盤查議定書》（Greenhouse Gas Protocol）。

名詞定義

- **直接排放**：指企業為了公司經營活動直接使用化石燃料所產生的溫室氣體、工廠設備所排放的溫室氣體、公司內部使用之運輸工具所排放的溫室氣體等。
- **間接排放**：指企業為了公司經營活動所使用的電力與蒸汽中，經由其他企業生產電力與蒸汽所排放的溫室氣體。
- **其他間接排放**：指企業經由上下游活動所排放的溫室氣體。上游活動包含購買原物料與服務、購買公司資產、燃料與能源相關活動、原物料與輔助物料生產使所產生的廢棄物、任職員通勤、租賃資產等。下游活動包含產品運送、租賃資產、銷售產品的運用與使用、產品的廢棄與再利用、特許經銷、投資的事業或企業等。

Google 地圖的數據分析功能，並透過人工智能「樹冠實驗室」（Tree Canopy Lab）計畫等科學植樹運動，開始進行大氣除碳之全球復原運動。Google 還預計拿出了 1,000 萬歐元，透過 Google 氣候創新影響力挑戰賽（Google Impact Challenge on Climate）為非營利組織與社會企業所提出的溫室氣體減少創意提供資金援助。

微軟：超越淨零，邁向「負碳排」

微軟 2010 年提供碳揭露計畫線上資訊技術，正式展開應對氣候變遷的行動。2012 年微軟宣佈將會在自家的數據中心、軟體開發研究所、辦公室建築與出差等所有經營活動上達成碳中和。為此微軟努力讓公司內部成員對全球暖化持有正確的認知，在這個過程中，微軟建立起了排放溫室氣體的事業部門需要為自己負責的「碳責任制」。透過這個模式，當各個事業部門自行提高能源效率、購買可再生能源、改善數據處理功能，透過溫室氣體減排活動達成目標時，微軟就會給予相對應的獎勵。

2012 年微軟利用鄰近廢水處理廠所產生的生質燃氣，在美國懷俄明州的夏安地區建立了以 100％可再生能源發電的新數據中心。這間數據中心實現了熱力學冷卻工序，減省了

30％左右的冷暖氣能源費用，還引進了低能源伺服器、壓縮機節能與 LED 照明等進行節能。

2013 年微軟因美國德州 Keechi 風力發電園區（Keechi Wind Farm）11 萬瓩計畫，與可再生能源發電公司 RES America 簽訂了為期二十年的買電契約。微軟還在公司內部設立碳稅，將這筆錢再應用於可再生能源事業的投資之上。

微軟在進行外部大單位可再生能源事業投資的同時，公司內部也正在建設可再生能源發電廠。此外，2014 年微軟為了自家公司的可再生能源轉型，向美國環境保護局購買了相當於自家企業使用電力 100％的綠色電力證書（承認可再生能源發電量的認證）。2015 年微軟也在巴黎舉辦的第二十一屆聯合國

微軟邁向 2030 負碳排的計畫

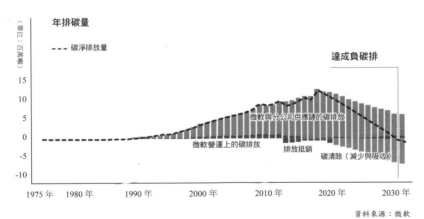

資料來源：微軟

氣候變遷綱要公約締約國大會上加入 RE100，再度表現出微軟達成碳中和的意志。

2020 年微軟表示：「全世界都要走向碳中和，但是有餘裕的企業應該多做點事」，並宣佈 2030 年達成「負碳排」，也就溫室氣體排放量與吸收量，除了達到「淨零」的碳中和狀態以外，又再更進一步積極進行減碳與吸碳，讓碳排放呈現負值。不僅如此，微軟更承諾 2030 年以後會進行更多的減碳與吸碳活動，「在 2050 年以前，將 1975 年公司成立以後的所有排碳量達成碳中和」。

為了履行承諾，微軟的首先要讓直接排放與間接排放清零，微軟沒有選擇在 2025 年以前購買綠色電力證書，而是直接簽訂可再生能源買電契約，預計讓所有數據中心、建築物、園區 100％使用可再生能源，並預計 2030 年以前要將園區內所有的車輛更換為電動車，並宣布園區內的建築物會取得零碳認證以及綠建築認證體系中最高等級的白金級認證。

微軟的第二個行動是，預計至 2030 年為止減少一半以上的其他間接排放。微軟從 2021 年開始協助原物料、輔助物料供應商減少碳排放，預計把每噸碳排放的價值 15 美元的公司內部碳稅，階段性引進到其他間接碳排放的管理之上。

第三個行動是支持造林與再造林產業，以及各種減碳與減少溫室氣體的新技術，計畫最終要超越碳中和，達成負碳排。

亞馬遜：高喊 2040 年碳中和從「配送淨零」開始

　　由三十幾家試圖從美國大規模紙漿產業手上守護山林生態系的民間組織聯手成立的 Dogwood Alliance 與名為「森林倫理（Forest Ethics）」的民間組織，透過綠色等級的評鑑，對企業使用的包裝材料與紙張的環保性進行評估。

　　這場評鑑中，聯邦快遞（FedEx）獲得了 A 的成績，但亞馬遜卻在 2009 年被評為 F，2010 年獲得 F ＋，在環保包裝上被打上了不及格的分數。2011 年做為美國最大社會責任投資（Socially Responsible Investing）公司之一的 Calvert Investments，在亞馬遜的股東大會上建議亞馬遜要準備應對氣候變遷相關的報告，但卻受到大多數股東否決，當時的亞馬遜就是這麼一家對環境問題不敏感的公司。

　　以對環境與氣候變遷遲鈍而聞名的亞馬遜，在 2016 年承諾將會使用太陽能與風電等可再生能源 100％供給電力。2017 年亞馬遜最高執行長貝佐斯在德州開設了每年可以生產 10 億瓦時的風力發電園區，他表示：「亞馬遜目前正在進行 18 個風力與太陽能發電的計畫，日後還推動 35 個以上的計畫」。貝佐斯說：「可再生能源投資是所謂的四贏（win-win-win-win），對顧客、地方社會、事業、地球都可以帶來幫助」。以目前 2020 年來說，亞馬遜在全球 60 個以上的物流中心所使用的電

力，有 80％是由太陽能發電供應。除此之外，亞馬遜計畫投資 20 億美元支援溫室氣體減排技術與服務開發，並計畫投資 1 億美元進入再造林計畫與氣候緩解解決方案之上。

亞馬遜還發表了《氣候宣言》（The Climate Pledge），承諾會在 2019 年至 2040 年之間，讓整個商業領域達成碳中和。為了達成該承諾，亞馬遜預計在 2050 年之前，將自家公司使用的電力 100％轉型為可再生能源，2030 年以前將所有配送階段所產生的 50％溫室氣體排放量達成碳中和，為了減少配送階段的溫室氣體排放量，亞馬遜預計在 2024 年購入 10 萬台電

亞馬遜的配送淨零計畫

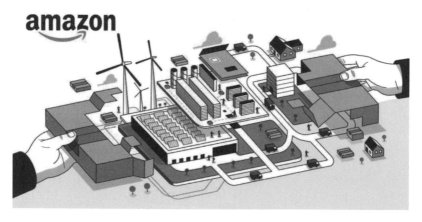

圖片來源：亞馬遜

動車用於商品配送。[5]

亞馬遜的「配送淨零」（Shipment Zero）計畫，目標是要把東西配送到顧客手上所執行的所有作業達到碳排放淨零。包含配送營運設施的供電與車輛充電所引發的溫室氣體，以及從倉庫配送至顧客手上的車輛、包裝材料的製造運送過程所排放的溫室氣體，都要達到淨零狀態。在產品包裝方面，亞馬遜提供「簡易包裝」的選擇[6]，使用可回收再利用的包裝材料，去除產品中不必要的包裝，從而間少產品的碳足跡。除此之外，在配送產品的時候，亞馬遜透過使用無人機、電動車、電動機車、電動三輪車等減少溫室氣體排放量，為了將配送距離縮到最短，亞馬遜也著手評估交通與道路的效率，正在設置配送站。

德國巴斯夫：老字號化學品牌開啟「碳管理」

1865 年在德國成立的巴斯夫（BASF）一直以來都在領導化學產業的產品創新。巴斯夫開發了保麗龍、牛仔褲染料、錄影帶等產品，也是世界上最早製造化學肥料的老牌企業。

---

5 以 2019 年為基準，亞馬遜所使用的所有車輛中，約有 40% 是可以使用可再生能源的車輛，亞馬遜計畫在 2030 年以前，將所有配送車輛更換為可使用再生能源的車輛。

6 亞馬遜上除了提供一般包裝，也同時提供了簡易包裝的選項。比起難以拆封的一般包裝，簡易包裝更容易拆除，所以在英文中被命名為「frustration-free」。簡易包裝的特點在於容易拆封，安全，並且全數使用可回收再利用之材料。

巴斯夫緊密結合各個商務部門，整合生產、市場、平台與技術的一體化（Verbund）系統，改善了製程效率。一體化系統是將一個製程中所生產的產品與剩餘的原物料，做為下一個工序的原物料使用，這是巴斯特獨有的生產網絡，例如，生產過程中產生的廢熱可以被轉換成另一段製程的能源。巴斯克利用一體化系統，在 2019 年節省下 192 億瓩時的電力，等同於減少了 390 萬噸溫室氣體的排放。2010 年排放約 3,000 萬噸溫室氣體的巴斯夫，在 2019 年只排放了約 2,000 萬噸，減少了 30%左右的排碳量。

　　巴斯夫從 2018 年開始著重碳管理，目標是在 2030 年達成碳中和。為此，2019 年 1 月巴斯夫將「氣候保護」納入主要事業戰略之中，開始執行應對氣球變遷的行動。為了減少溫室氣體的排放，巴斯夫採取「提高生產效率」、「取得可再生能源」、「開發溫室氣體低排放的新技術」等三種方法。

　　巴斯夫的碳管理研究開發計畫是在能源密集型基礎化學物質生產方面引進使用新技術的高效率工序，目標是減少由工廠直接排放的溫室氣體。歐洲化學產業所排放的二氧化碳中，70%來自於基礎化學物質的生產，巴斯夫的這項計畫是評估過化學產業的特性與碳減排可能因素後所制定而成。

　　巴斯夫除了透過新技術開發減少自家公司的碳排放量以外，也經由普及新技術，在其他產業的溫室氣體減排上做出貢

獻。2018 年巴斯夫所銷售的氣候變遷產品，成功在產品使用階段減少了約 6.4 億噸的溫室氣體排放。巴斯夫所生產的外牆隔熱材料，通過有效利用能源，提高了 20% 的絕緣性，使添加了高性能燃料的汽車平均燃油效率最高提升 2%。

使用肥料會使土壤的氮化合物分解，排放出大量的溫室氣體一氧化二氮。巴斯夫的硝化抑制劑可以減慢肥料中的氨被土壤的細菌腐蝕的速度，藉此有效提供植物養份，減少碳肥化，進而減少溫室起體的排放。

製作風力發電葉片的時候會使用環氧樹脂，這個時候我們會加入固化劑。巴斯夫為了更好地製作出環氧樹酯的纖維複合結構，開發了特殊固化劑，使用這款固化劑可以最多減少 30% 的生產時間，對風電產業的發展亦帶來了貢獻。

通過不斷創新，一百五十年來坐穩化學產業龍頭的巴斯夫，並沒有沿襲既有的生產流程，而是為了減少碳排放，積極摸索新方法，對其他企業帶來諸多啟示。

H&M：帶頭推動可再生能源轉型

SPA（speciality retailer of private label apparel）是服飾業的一種「製造—零售」模式，會以最快的速度反應最新流行，進行大量生產與銷售的時尚品牌與產業的統稱，也被稱為快時尚

（fast fashion）。

SPA 會根據短期內的最新流行，大量生產平價服飾，導致消費者容易拋棄過氣的服飾，因而造成環境問題，社會方面對於 SPA 業者的批評聲浪也愈演愈烈。

SPA 的代表性企業 H&M 面對這些批評聲浪，從 2015 年開始投資開發衣物重新利用技術與使用環保材料生產衣物的新創公司，踏出了邁向環境友善的步伐。2019 年之際，H&M 已經有高達 97％產品，使用了可回收再利用並具備永續性的方式所製造而成的棉質。

2018 年，H&M 的用電量有 90％已轉型為可再生能源，H&M 也訂下目標，2040 年之際，不僅直接排放的部分，包含間接排放與其他間接排放也都要達成碳中和。H&M 減少溫室氣體排放的第一步，是減少能源用量並擴大可再生能源的使用，針對無法避免的二氧化碳排放加強造林與再造林、森林經營與二氧化碳儲存等氣候韌性（climate resilience）進行碳抵銷。

2017 年，H&M 為了鼓勵更多企業積極對氣候變遷做出應對措施，與世界自然基金會攜手敦促歐洲議會，設定更高水平的可再生能源與能源效率目標。另有 13 家北歐企業（IKEA、維斯塔斯、Danfoss 等）也紛紛響應這項要求，對此歐盟於 2018 年 12 月發表了《歐盟再生能源指令》（Renewable Energy

H&M 推出 Loop 系統

LET'S CLOSE THE LOOP

TIME TO RECYCLE

Don't let fashion go to waste. Drop off your
unwanted garments – no matter what brand and
what condition – at your local H&M store and get
15% off your next in-store purchase!

資料來源：H&M

Directive 2018），內容是 2030 年以前，要將整體能源效率中的 32％以上普及為可再生能源（2023 年可透過中途討論上調）。歐盟會員國為達成已上調的目標，在 2019 年 12 月提交了 2021 年至 2030 年，為期十年的國家能源和氣候整合計畫（National Energy · Climate Plans，NECPs）草案，為了因應這項新方針，各國也修改了相關法條。

除此之外，H&M 還開始推動舊衣換新衣的回收再利用系統──「Loop」，致力於減少環境污染與溫室氣體排放。Loop 系統是將舊衣服分解成線，再利用這些線重新製作新衣服，由

於過程中完全不使用水與化學物質，因此相較於一般服飾的生產過程，可以大幅減少溫室氣體的排放量。H&M 的目標是在 2030 年以前，所有產品都使用回收再利用或以具備永續性方式所製作而成的材料。

H&M 表示，時尚不能夠浪費，舊衣也不該成為垃圾，並於 2020 年推出了自家服飾回收再利用的系統——Loop。

沃爾瑪：帶供應商一起減碳

沃爾瑪 2018 年的溫室氣體排放量約 1,800 噸，相較於 2015 年減少了 14％左右，略低於與 SBTi 共同設定的目標——「2025 年減少相較於 2015 年 18％的排放量」。

沃爾瑪從 2005 年與合作夥伴共同以「綠色倡議」的名義，開始進行溫室氣體減排行動，執行的結果，沃爾瑪到 2015 年為止已減少約 2,000 萬噸的溫室氣體排放。沃爾瑪在 2016 年 11 月提出目標「2025 年減少相較於 2015 年 18％營業範疇內的直接、間接排放量，並於 2030 年減少 10 億噸其他間接排放量」，獲得了 SBTi 的批准。

沃爾瑪的其他間接排放量以 2018 年為基準，占沃爾瑪整體排放量 91％，因此沃爾瑪比起自家公司的溫室氣體減排行動，更致力於減少其他間接排放。做為其中一環，2017 年 4

月沃爾瑪實施「十億噸計畫」(Project Gigaton),這項計畫以「六個領域(能源、農業、廢棄物、產品使用與設計、包裝、森林)」所組成,合作夥伴可以主動參加。2019 年已經有 1,000 家以上的合作夥伴加入,光是 2018 年的 380 家供應商就減碳約 5,800 萬噸。合作夥伴如果加入這項計畫,執行溫室氣體減排行動,成果會分享到沃爾瑪的採購部門與合作夥伴管理部門,因此年復一年,參加的合作夥伴愈來愈多。

沃爾瑪通過能源產業優化與效率化,減少能源需求,並且將其轉型為可再生能源,利用這個方法在 2019 年減少約 2,500 萬噸的溫室氣體排放。由於廢棄物工廠、倉庫、物流中心與農場等地產生的食物、產品、材料廢棄物腐爛會產生甲烷,進而排放出溫室氣體,如果減少掩埋廢棄物,就可以降低廢棄物處理與掩埋的費用,並減少溫室氣體排放,為此沃爾瑪與世界資源研究所合作,制定了食品廢棄物測量協議,以便檢測合作夥伴的糧食虧損與廢棄物。

在包裝方面,沃爾瑪建議合作夥伴減少不必要的包裝,盡量減少包材,並提升包材的再利用與回收量,盡可能減少廢棄物。此外,沃爾瑪還引進了可以明確告知消費者如何進行回收的標準化標籤系統——「How2Recycle」,獲得了 800 家以上合作夥伴 16,000 SKU(存貨單位,Stock Keeping Unit)以上的標籤。農業方面,沃爾瑪在優化農作物生產肥料的同時,鼓

勵在糞尿管理、腸道排放、飼料投入與其他畜牧活動方面樹立樣板,使供應商在農作物生產中減少 20% 到 30% 的廢棄物。

森林方面,讓合作夥伴盡可能減少產品生產所需的森林砍伐。在產品與設計方面,從產品設計階段就開始推動改善能源效率化,盡可能減少消費者在使用產品的過程中排放出的溫室氣體數量。沃爾瑪利用上述六個領域進行「十億噸計畫」,預計在 2030 年達成減少十億噸的溫室氣體排放。

Volvo:從守護駕駛乘客到守護地球

2019 年歐盟制定了法令,管制歐洲市場新上市的汽車與小型車二氧化碳排放量。根據這條法令,2020 年二氧化碳排放量標準為汽車每公里 95 克,小型車為每公里 147 克,2030 年的二氧化碳減排目標是相較 2021 年汽車減少 37.5%,小型車減少 31%。

假如汽車製造業者的二氧化碳排放平均值超出目標,則每公里 1 克排放量增收約 101 美元,這數字和車價相比雖然並不多,但汽車製造業者每年在歐洲銷售的總汽車數量乘上罰款,數字可能會上漲到不容忽視的水平。所以汽車製造業者為了有效降低二氧化碳排放放,可以組成共同管理、企業聯合、公同出資等生產者聯盟,這種合作協議被稱為聯營協議(pooling agreement）。

2020 年通用汽車（GM）、飛雅特克萊斯勒汽車（FCA）等難以達成二氧化碳排放限制標準的企業，不得不向特斯拉等專門生產電動車的企業發出締結聯營協議的邀請。特斯拉截至 2020 年第二季為止，透過交易碳權賺進約 4.28 億美元。扣除掉碳權以外，特斯拉可能會寫下虧損 3 億美元以上的紀錄。

Volvo 到 2016 年以前都和通用汽車與飛雅特克萊斯勒汽車一樣，看似無法達成目標，但是從 2019 年開始，Volvo 生產出可以像電動車一樣充電，也可以使用汽油引擎的插電式油電複合動力車（Plug-in Hybrid Electric Vehicle，PHEV），Volvo 在 2020 年上半季已經達成了減排目標。除此之外，Volvo 將超額達成的碳權出售給福特（Ford），創造出額外的收益。2016 年還是二氧化碳排放限制中最大受害者之一的 Volvo，在 2020 年成為了領先環境政策，甚至還可以交易碳權的汽車業者之一。

此外，Volvo 在 2020 年 8 月 10 日以標語「為地球創造更美好的明天」展開環保品牌活動「BE BETTER」（譯按：該活動於韓國舉辦）。該活動是由促進消費者進行回收分類、遵守時速 60 至 80 公里的速限、減少 20％廚餘等生活上的小變化所組成。從這個活動開始，Volvo 經由各種減排活動，正在改變公司的形象，從一個保護人類安全的汽車公司，搖身成為能

夠同時守護地球的汽車公司。

　　Volvo 也加入了 SBTi，成為一家為減少碳排放而遵守巴黎協定的企業。從 Volvo 的行動計畫可以看到，Volvo 預計 2025年將每輛汽車的廢氣排放量減少 50％，並將每台車的碳足跡減少至 2018 年的 40％，以及將產品供應鏈的溫室氣體排放量減少至 2018 年的 25％，最終目標是在 2040 年達成碳中和。特別是 Volvo 計畫從 2021 年式開始，把在韓國銷售的所有車型套用綠色動力系統（Power Train）[7]，計畫在 2025 年以前推出五款純電車，計畫把一半的銷售車款更換為電動車。

　　Volvo 在 2020 年把全球工廠所使用的 80％電力轉型為可再生能源生產的電力，還進一步幫助零件製造商提升可再生能源的使用，並持續努力，使用具有續性的材料製造汽車，減少廢棄物的產生。

星巴克：從迎戰咖啡農業衝擊到開發植物奶

　　在韓國，以 2018 年為基準，每一位成人的咖啡消費量為

7　Volvo 使用的綠色電力系統分為兩種——輕油電（Mild Hybrid）與插電式混合動力車。輕油電車使用 48V 電壓系統，所以也被稱做為「48V 輕混動系統車」，是以一顆馬達來輔助引擎的新型綠色環保汽車。插電式混合動力車是同時使用燃油引擎與電池的電力運行，這方面與輕油電車雖然相同，但差別在於插電式混合動力車系統是以電動為主、燃油為輔。

每年 353 杯,比世界平均消費量 132 杯高出約 2.7 倍。全球咖啡消費量 2014 年約 900 萬噸,但是 2019 年已經超過 1,000 萬噸,增加幅度非常之大。

在這個過程中,有聲音警告,氣候變遷可能會動搖日後的咖啡產業,因而引發關注。由於氣候是栽培咖啡最重要的因素之一,全球暖化會導致 2050 年時有 50% 用來栽培咖啡的土地將無法繼續栽種,使咖啡產量大幅減少。倘若氣候變遷導致咖啡產地劇變,就會引發咖啡葉上出現小黃班的「咖啡鏽病」,這個現象已經實際發生在哥斯大黎加、薩爾瓦多和尼加拉瓜等中南美咖啡豆產區,當地因為一種名為「駝孢鏽菌」(Hemileia)的黴菌擴散,導致產量減少。也有聲音指出,非洲的坦尚尼亞高海拔地帶氣溫已經到達可生產咖啡的氣溫上限。科學家預測,2050 年衣索比亞的咖啡產量將會減少 60% 以上,同時中南美咖啡適合栽種咖啡的地區將會減少 88% 左右。

不久的將來,氣候變遷將會對咖啡農場造成劇烈衝擊,星巴克有可能再也無法獲得高品質的咖啡原豆。在這種情況下,星巴克等咖啡專賣企業為了讓氣候變遷所帶來的衝擊降到最低,正在加速新品種的開發,同時推動應對氣候變遷的活動。

2018 年星巴克的直接與其他間接排放所產生的溫室氣體排放量約 1,600 萬噸,這個數量等同於燃煤發電廠 250 萬瓩排

利用杏仁和燕麥製造代替牛奶的飲品

放的溫室氣體量。星巴克每年使用的水量約為 10 億噸，等同於韓國 1,000 萬名成人一年所使用的水量。2020 年 1 月星巴克執行長凱文・強生（Kevin Johnson）宣布星巴克在 2030 年要將溫室氣體排放量與用水量減少一半以上，並補充說道：「所有具價值的事情都一樣，這不是一件簡單的事。」他還說道：「為了成功實現為環境保護所做的變化，顧客所扮演的角色很重要」。

星巴克從 2004 年開始，就把重點放在可再生能源、能源高效化、氣候適應等方面，執行了應對氣候變遷的策略。星巴

克不斷提供獎勵，引導星巴克賣場取得LEED認證[8]，亦成為業界首位開發「咖啡和種植者公平規範」的企業。除此之外，星巴克在 2015 年也加入了 RE100，並在 2016 年購買可再生能源證書，把全球所有營業領域的電力都轉型為可再生能源。星巴克更在 2020 年 1 月加入 SBTi，承諾將營業範疇與供應鏈所產生的二氧化碳排放量減少 50%，並減少 50%商店與製造過程中運向掩埋場的廢棄物。

　　除此之外，星巴克表示製造出可以取代牛奶的飲品，也是因應氣候變遷非常重要的方式，因為生產牛奶的畜牧業，正是排放溫室氣體的大戶之一。[9] 所以星巴克正在開發一款結合牛奶特有的香氣與營養份的牛奶替代性飲品——植物奶。這款飲品不從動物身上取得，而是從大豆、杏仁、燕麥等植物中提取，優點是連素食主義者都可以飲用。

8　LEED 是 Leadership in Energy and Environmental Design 的縮寫，是美國綠色建築委員會（USGBC）所開發的一款評估系統，意味著建築物在能源與環境設計方面的領導力，認證程序與過程非常複雜。

9　由牛津大學研究小組所發表的論文《經由生產者與消費者減少食品的環境影響》中指出，生產一杯牛奶（200c.c.）會排放 0.6 公斤的溫室氣體，同樣份量的植物性蛋白質飲品，如米漿、豆漿、燕麥奶約 0.2 公斤，杏仁奶約 0.1 公斤，排放的溫室氣體相對較少。而用水量方面，牛奶需要 120 公升最高，燕麥奶是 74 公升，豆漿只需要 1 公升。

第 3 章

傳產式微，綠色崛起

3-1 ｜ 全球資金湧入 ESG

特斯拉股價的「綠色」價值

　　2020 年 8 月，一條財經新聞震撼全球——曾經位居美國
總市值第一位，九十二年以來都是道瓊產工業指數（Dow
Jones Industrial Average）元老級企業的埃克森美孚，竟然被從
道瓊指數中剔除。道瓊指數是由美國證券交易所上市的三十家
代表性優良企業所組成，是檢視產業重要性的指標，化石燃料
指標企業的埃克森美孚退出道瓊指數著實是不小的衝擊，2007
年曾經高達 5,200 億美元的總市值，到 2020 年 12 月只剩下當
時的三分之一，減少到了 1,740 億美元。

歷史悠久的石油巨頭之一，埃克森美孚的股價為什麼會突然崩跌？當然有很多綜合因素，不過首先還是受到新冠肺炎使運輸需求銳減的暫時性因素影響；第二是頁岩氣革命使美國原油供給量增加（美國超越沙烏地阿拉伯成為產油量第一的國家）與全球電動車需求增加，使油價穩定下跌等結構性因素所致。

　　有星星殞落，就一定會有其他新星升起。2020 年特斯拉成為市場上的超新星，股價從 2020 年初的 86 美元，直到 2020 年 12 月底上漲到 705 美元，足足大漲 720%。以 2021 年 3 月為基準，特斯拉的總市值已達 6,283 億美元，輕輕鬆鬆超越韓國總市值第一大三星電子（約 3,780 億美元）。除此之外，特斯拉的巨額總市值，超越全球汽車銷售龍頭豐田，也遠超福斯、通用、飛雅特克萊斯勒等傳統燃油車業者的合併總市值。在埃克森美孚總市值慘淡的同時，特斯拉被納入了美國使用率最高的標準普爾五百指數（Standard & Poor's 500 index，下簡稱 S&P500）。

　　股市是最快受到經濟景氣影響的市場，從埃克森美孚在 2020 年從道瓊指數中被除名，接著代表著環保的特斯拉股價暴漲，並且被納入 S&P500 指數，對比這兩件事，我們就可以推測出，燃煤的勢微將迎來綠能時代。

　　這件事不僅發生在美國。在那斯達克（NASDAQ）上市

的中國三大電動車公司蔚來汽車（Nio）、理想汽車（Li Auto）、小鵬汽車（Xpeng）近期的電動車出貨量也有增加，股價也急遽上漲。電池是電動車最重要的零件，在電池製造業中，中國的寧德時代（CATL）與韓國的 LG 化學、三星 SDI 等電池業者甚至無畏新冠肺炎所導致的景氣衰退，開始出現股價重新評價（re-rating）[1]。在所謂的「綠天鵝」時代，全球智能貨幣已經明確的指出它正在流向何方。

如何評估 ESG ？

ESG 是 Environmental（環境）、Social（社會）、Governance（公司治理）的縮寫。過去企業評估的標準都集中在財務方面的成果，但是現在 ESG 經常被用來評估除此之外的非財務方面成果，是主要用於評估低碳、環保、員工福利、經營者、股東返還等因素的指標。

ESG 很類似於之前廣為人知的社會責任投資，但 ESG 更注重投資的獲利能力。過去主流是使用負面篩選（negative screening），排除不符合 ESG 標準的企業，但最近的趨勢是將具有永續性的環境、社會、公司治理相關領域數值化，進行整

---

1 即使獲利不變卻形成更高的股價，相當於本益比（PER）被上調。

體的判斷，代表性的指數有 MSCI（Morgan Stanley Capital International）ESG Leaders 指數、S&P500 ESG 指數。

MSCI ESG Leaders 指數是由 MSCI 指數中 ESG 方面分數最高的企業們所組成。其中最多人參考的是 MSCI USA ESG Leaders 指數，這個指數是由 ESG 分數前 50% 的企業所組成，指數排名較佳的公司有微軟、Alphabet（Google 的母公司）、嬌生、VISA、寶鹼（P&G）等。而 S&P500 ESG 指數整體上較多採用負面篩選的方式，排名靠前的企業有微軟、Apple、亞馬遜、Google、摩根大通、VISA、寶鹼，和 MSCI 很接近。

韓國有由金融資訊提供業者 FnGuide 與 ESG Moneta 所開發的 WISE ESGM 責任投資指數 [2]，以及近期由韓國交易所（KRX）所公布的主題指數 K-New Deal 指數 [3]。特別是 K-New Deal 指數是由備受矚目的 BBIG（battery, bio, internet, game）產業，也就是電池、生技、網際網路、遊戲產業中，排名前三的股票和其他七檔追加股票所組成。在股票市場方面與 ESG 方面，其中又以「E」最受關注。除了美國與歐洲等全球環保政策的推出，韓國境內也因為文在寅政府的《韓版新政》，使

2　ESG 分數與財務分數分別以 25:75 的比例做為反映原則，以 ESG 分數與財務分數最高的前 80 個項目做為對象，將總市值加權的指數。

3　包含在文在寅政府《韓版新政》願景之中的指數，綜合指數 KRX BBIG K-New Deal 指數是由四個產業中總市值前三大的股票，共十二個項目所組成，各項目的比重統一以十二分之一進行計算。指數計算比例是總市值前三大項目各 25%，總共 75%，剩餘 25% 則以其他七檔股票的總市值加權計算。

全球永續投資聯盟的 ESG 企業篩選方法

負面篩選	將違反 ESG 標準的產業、企業等排除在投資組合之外的方式
正面篩選	選擇相較之下 ESG 成績較為優秀的企業進行投資的方式
以規範為依據進行篩選	依照聯合國、經濟合作暨發展組織等國際機構規範進行投資的方式
ESG 整合	統合 ESG 因子決定目標投資公司的方式
永續性主題	投資清潔能源、綠色技術等永續性相關資產和主題的方式
影響、地方社會投資	解決社會或環境問題，或是向相同事業進行融資，針對社會資源所的投資方式
經營參與、股東行動	行使符合 ESG 的表決權等積極行使股東權益的方式

資料來源：GSIA

ESG 的關注度正在攀升。

根據 ESG 投資中最具權威的機構——全球永續投資聯盟
（Global Sustainable Investment Alliance，GSIA）表示，2018 年
全球永續投資資產比例，以歐洲（46％）和美國（39％）最
高，年均成長分別為 6％與 16％。歐洲在 2014 年將 500 人以
上企業義務公開 ESG 相關資訊的要求法制化，並於 2017 年開
始實施，內容包含環境保護、社會責任、人權保護、反腐敗、
理事會結構的多元性等。美國也通過永續發展會計準則委員會
（Sustainablity Accounting Standards Boards）訂定公開標準，但

是與歐洲不同的是，美國並沒有將撰寫 ESG 報告義務化，但是撰寫報告的企業數量卻呈現增加趨勢。韓國本地也以國民年金為主軸，出現了有關 ESG 的積極動向。韓國國民年金表示在 2022 年將適用責任投資的資產群規模，擴大到整體基金資產的一半。

如同上述，全球各國的政策方向與資金正在加入 ESG 的浪潮，企業也為了符合這項趨勢，正在制定生產環保產品、使用可再生能源做為能源來源等自救政策。

大戶和主力的提示

為了更精準掌握金錢趨勢，我們有必要關注被稱為全球金融市場大戶的主權財富基金（Sovereign Wealth Fund）動向。主權財富基金的總資產合計超出 8 兆美元（約 237 兆新台幣），不僅在規模方面頗具壓倒性，也是成長最快速的機構投資者營運資產。所以說，當主權財富基金的資金流向哪裡，就是在提示大家「應該要投資哪裡」。

最具代表性的一支主權財富基金，是壓倒性居於第一名的挪威主權財富基金，是營運資產規模高達一兆美元以上，占全球股票 1.3％的龐大基金。管理挪威主權財富基金的挪威央行投資管理公司（NBIM）表示，ESG 分數低的企業會直接被排

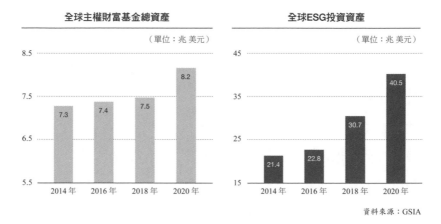

全球主權財富基金總資產與 ESG 投資資產規模

全球主權財富基金總資產

（單位：兆 美元）

2014 年	7.3
2016 年	7.4
2018 年	7.5
2020 年	8.2

全球ESG投資資產

（單位：兆 美元）

2014 年	21.4
2016 年	22.8
2018 年	30.7
2020 年	40.5

資料來源：GSIA

除在投資組合以外。也就是說挪威主權財富基金不投資酒類、賭博、賭場產業的企業與煤產業占比銷售額30％以上的企業。

　　荷蘭公職人員退休基金（ABP）從 2015 年開始在投資資產方面採用 ESG 綜合戰略，瑞典的公共年金——第二養老基金（AP2）從 2018 年開始，將管理資產的 30％投資在符合 ESG 基準（Bench Mark）（評價基金時比較管理成果的基準）的企業。美國加州公務人員退休基金（CalPERS）也率先引進根據 ESG 的永續投資原則。做為市場大戶的全球主權財富基金們，正在資金運用上積極導入 ESG。全球永續投資聯盟指出，以 2018 年為基準，全球的 ESG 基礎管理資產為 30.7 兆美元，比 2016 年的 22.8 兆美元增加了 34％，後續也持續快速

增長，2020 年已經突破 40.5 兆美元，預計 2030 年將會逼近 130 兆美元。各地區的比例以歐洲與美國最高，但是近期日本兩年內增長五倍，漲勢最為猛烈。

以 2020 年 10 月底為基準，韓國的 ESG 公募基金共有 46 檔，基金淨資產落在 1.1 兆韓圜（約新台幣 234 億元）；投資韓國股票的 ESG 基金淨資產約為 6,200 億韓圜（約新台幣 145 億元），只有整體股票型公募基金的淨資產的 1.1％，占比雖然還不多，但預估日後在國民年金的主導下將會大幅成長。韓國的國民年金是排名世界前三的基金，以 2019 年為準，管理資產高達 737 兆韓圜（約新台幣 17.3 兆元），其中 ESG 相關投資為 32 兆韓圜（約新台幣 7500 億元），雖然只占整體管理資產的 4.4％、國內股票信託管理資產的 8,5％，但是隨著 ESG 整合戰略進一步強化，預估日後國民年金將會帶頭投資 ESG。

優於大盤的投資標的

ESG 投資中最受質疑的部份就是報酬率，因為投資人擔心投資善良的企業是否能帶來投資收益。美國投資銀行摩根史坦利比較了全球代表性股票指數 MSCI ACWI（All Country World Index）與由 ESG 分數較高的企業所組成的 MSCI ACWI ESG Leaders 指數，發現後者表現優於大盤。

MSCI ACWI 與 MACI ACWI ESG Leaders 的年報酬率比較

（單位：%）

	2012 年	2013 年	2014 年	2015 年	2016 年	2017 年	2018 年	2019 年	2020 年
MSCI ACWI	17.39	15.78	-3.44	-5.25	5.01	27.77	-13.77	22.13	11.13
MSCI ACWI ESG Leaders	18.09	18.43	-1.52	-2.25	4.90	27.43	-13.50	23.35	13.81

資料來源：www.msci.com

債券方面ESG也是備受關注的對象，其重點為綠色債券。綠色債券是 ESG 債券的一種，是針對長期需要搭規模資金的環保計畫所發行的特殊目的債券，主要目的是進行可再生能源、電動車、改善能源效率等環保投資。氣候債券倡議組織（Climate Bonds Initiative，CBI）透露，2019 年全球綠色基金相比 2018 年增加了 51％，發行了 2,600 億美元，這些綠色基金的投資產業分佈為能源（31％）、建築物（30％）、運輸（20％）、水（9％）、垃圾（4％）。

綠色基金始於 2007 年歐洲復興開發銀行（EBRD），初期由國際機構主導發行，2015 年巴黎協定後，民間金融公司的發行數量增加，從 2009 年的 9 億美元成長至 2019 年的 2,577 億美元，漲勢驚人。地區方面，繼美國與歐洲後，近期在亞洲，特別是中國正在逐漸擴大。

韓國則是以輸出入銀行與 KDB 產業銀行等國債銀行主導 ESG 債券發行，2019 年累積規模約為 129 億美元，韓國綠色

債券發行規模約 3.85 億美元，包含綠色債券在內，韓國 ESG 債券發行規模從 2018 年約 7700 萬美元，到 2020 年急遽增加到約 450 億美元。規模方面雖然以社會債券（social bond）占比最高，但是由於《韓版新政》與大企業在這方面的投資，使綠色基金的規模也正在漸漸擴大。綠色證券的發行對於企業而言可以減少資金籌措的費用。

國民年金是未來韓國 ESG 投資的核心，隨著 2019 年 11 月制定的《國民年金基金責任投資原則》，ESG 的投資正在迅速擴張。韓國國民年金公團理事長金容振在 2020 年 11 月舉辦的國際論壇上表示，2020 年以前責任投資的資產規模將會擴大到國民年金整體資產的 50％左右。除此之外，國民年金債

全球綠色債券發行規模與投資產業分佈

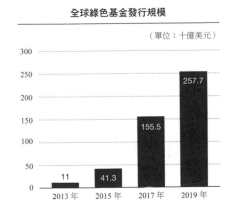

全球綠色基金發行規模

（單位：十億美元）

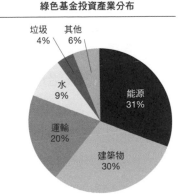

綠色基金投資產業分布

資料來源：CBI

券信託組長也表示，根據理事長所公布的責任投資積極化方案，國內債券 280 兆韓圜（折合新台幣約 6.56 兆元）的直接資產管理中，將會有 30%（約新台幣 2 兆元），加上信託管理資產的 43 兆韓圜（約新台幣 1 兆元），共計會有 128 兆韓圜（約新台幣 3 兆元）將適用於 ESG 投資。

民間企業也愈來愈活躍。2021 年現代汽車與起亞汽車都計畫發行 ESG 債券，因為集團方面除了宣布進入氫經濟的同時，也為了在 2025 年擠身進入全球三大綠能車的行列，正在制定電動車、氫能車、自動駕駛系統等大規模投資計畫。SK Innovation 也為了擴大美國喬治亞州第二工廠的電池產能，子公司 SK Battery America（SKBA）計畫發行規模約新台幣 200 億元的綠色基金，韓國大企業們的綠色募資正在持續進行中。對於企業來說，成功發行綠色債券，不但可以節省籌資費用、通過綠色產業取得新成長動能，還可以使 ESG 評分與企業價值上漲，有許多正面效果。

韓國企業治理結構院的 ESG 評估核心指標

Environment	環境經營認證、環境資訊公開、國際倡議（參與碳揭露專案、聯合國全球盟約）、環境經營組織、環境教育、環境成果評估、溫室氣體排放量、能源使用量、有害化學物質排放量、用水量／水資源回收再利用量、廢棄物排放量／廢棄物回收再利用量

Social	約聘勞工比例、人權保護計畫經營、女性勞工比例、合作夥伴支援、公平交易項目、防貪腐計畫、產品與服務穩定性認證、社會供獻支出
Governance	股東大會、股利分配、領域專家中心（CoE）、理事會獨立性（外部理事比例 55%）、理事會運作績效、理事會專門委員會、監察機構（監察委員會中外部理事 67%）、監察委員會運作、外部監察獨立性、公開 ESG 等級

資料來源：韓國企業治理結構院

3-2 │ ETF 市場：資金動向的風向球

崛起中的 ESG ETF

ETF 是將指數基金（Index Fund）[4] 在交易所上市，讓投資人可以像股票一樣方便進行交易的商品。目前的 ETF 由美國三大投資公司貝萊德（Blackrock）、先鋒領航（Vangard）、道富集團（State Street）所支配。截至 2020 年 11 月底，這三家公司的管理資產分別高達 6.2 兆美元、7.4 兆美元、3.2 兆美元，三大巨頭的管理資產合計為 16.8 兆美元，超越中國 2019年 GDP 的 14.3 兆美元，數字非常驚人。三大投資公司的 ETF 規模超過 4 兆美元，而且擁有微軟 19％持股、Apple17％持股

4　指數型基金與股票型基金不同，係指追蹤像KOSPI200這類市場指數報酬率的基金。

等 20％的美國大企業持股，是名符其實的大戶。

　　資金不斷湧入被動型基金（Passive Fund），比主動型基金（Active Fund）來得多。被動型基金一般會納入 S&P500、KOSPI200 等特定股價指數的成分股，目標是達到同等於該指數的報酬率。然而主動型基金是通過股票挖掘，藉由基金經理人積極管理，目標是達到超出市場的績效。儘管主動型基金做出諸多努力，但是被動型基金卻一直以來都有更好的表現，使資金持續流入被動型基金。以 2020 年 11 月為基準，美國被動型基金的規模（4.8 兆美元）已經超越了主動型基金（4.5 兆美元）。其中資金更是流入了 ETF 相關企業，使他們的美國大企業持股率上升，ETF 企業對於美國股票的影響力也因此增大。

　　ESG ETF 市場規模也從 2015 年的 60 億美元，在 2020 年第二季急遽攀升至 880 億美元，商品數量也從 69 檔上漲到 369 檔，五年內增加五倍以上。在此之前，投資人們就已經開始持續關注 ESG ETF，但是進入 2020 年後 ESG ETF 更受注目，主要就是因為貝萊德的行動。貝萊德可以說是支配了整個 ETF 市場也不為過，貝萊德在 2019 年第四季公績效發表的時候，公開宣佈 ESG ETF 的數量將會增加兩倍以上（150 檔以上），包含 ETF 在內，ESG 基金市場的規模預估會在 2028 年超過 20 兆美元。2020 年（截至 11 月）推出的 700 多檔 ETF 中，ESG ETF 就有 106 檔，占比約 15％。以地區來說，歐洲 63 檔、

加拿大 21 檔、美國 15 檔等，由歐洲與北美地區主導。截至 2020 年第三季，流入美國 ESG ETF 的資金就高達 199 億美元。

另一方面，在貝萊德宣佈 ESG ETF 增加兩倍的計畫後，投資資金迅速流入債券 ETF，隨著 ESG ETF 在 2020 年依然備受關注，ETF 的市場影響力也持續增加。只要不錯失美國 ETF 三大巨頭所關注的主題，就可以掌握全球資金的流向，把握具備潛力的投資機會。

在歐洲市場 ESG ETF 也持續成長，特別是 2019 年下半季的管理資產，比起上半季的 25 億增加了兩倍左右。有人推測，貝萊德在美國大舉增加 ESG ETF 的背景，才讓在 ESG 先行者的歐洲市場，確認了 ESG 的成長潛力。

那麼，ESG ETF 增加的時候，哪些公司是受益者呢？我們只要觀察 ETF 使用哪一種標準將 ESG 概念應用其中就可以得到解答。2020 年 SK 證券的分析報告《The Influx of ETF- part III. ESG ETF》指出，最積極進行 ESG 研究的高盛與 MSCI 評估 ESG 的項目很相似，在產業領域內具有競爭力的大企業，有很高的機率可以獲得高 ESG 等級。因為大企業們大量公開 ESG 相關資訊，也致力於 ESG 經營活動，因此可以取得高分。

所以說，產業界裡總市值較高的微軟、嬌生、華特迪士尼、台積電、三星電子等企業，以及持有大量 ESG 專利的特斯拉、豐田汽車、浦項鋼鐵、東麗（Toray）等企業，必定會

在 ESG 評估中取得好成績，這樣的企業當然也就會吸引更多資金聚集。

ETF 資金聚集在大企業上的情況，從 2020 年 12 月特斯拉被納入 S&P500 指數就可以顯而易見。全球資金管理公司的基金設計，都是當指數出現被納入或剔除的股票，追蹤該指數的資金也要根據變動，將該股票納入或剔除。特斯納被納入 S&P500 後，跟 S&P500 指數連動的資金（約 4.6 兆美元）就會移入特斯拉，隨著 S&P500 決定納入特斯拉後，出現大規模的預買[5] 資金提前入場，特斯拉的股價從 2020 年 11 月 16 日的 408 美元直線上升到 12 月 18 日的 695 美元。當然，特斯拉股價暴漲還涵蓋了其他因素，不過 S&P500 的納入是以 12 月 18 日的收盤價位基準，所以我們可以判斷，S&P500 指數連動的資金流入以及預期資金流入而提前預買的需求，對這波上漲影響最大。

除此之外，特斯拉在 2020 年 9 月再度公布 12 月 8 日要進行 50 億美元的現金增資，這三個月內特斯拉總共進行了 100 億美元的現金增資。50 億美元顯然是一筆巨款，而特斯拉的股票仍然絲毫沒有下跌，因為先前股票急遽攀升，特斯拉的總市值已經超過 6,000 億美元，所以 50 億美元的增資所增加的

---

5 指預估股票日後可能會因利多而引發股價上漲，提前買進該股票。反向的概念是預賣。

股數，占不到整體股票的 1%。

特斯拉的大手筆募資，用於改善企業財務結構、投資增設綠能車所需設備，為特斯拉成長的加速奠定基礎。也就是說，隨著 ETF 市場的擴張，追蹤 S&P500 的資金變多，特斯拉被編入 S&P500 後，流入特斯拉的資金也會自動增加。因此特斯拉的股價與總市值上漲，在高股價的狀態下，透過現金增資籌措資金的特斯拉又繼續進行環保投資，使 ESG 分數增加，形成了在 ESG ETF 中具有高度影響力的良性循環。

從上述案例中我們可以看出，ESG ETF 的資金增加，很可能會進一步加速資金集中在 ESG 方面已經做好萬全準備的大型股之上。原本 ETF 應該是跟著 S&P500 指數緩慢而穩定的成長，但是隨著 ETF 規模快速增加，已經使 ETF 持有 S&P500 指數主要成分股約 20％ 的股份，反而左右了 S&P500 指數本身，出現了搖擺狗（Wag the Dog）現象。雖然美國的經濟與法學界正在熱烈討論這種傾斜現象所導致的副作用，但是在這段時間裡，身為投資者的我們應該要好好理解這個機制，把它當作是投資的機會。

E 字當道：可再生能源 ETF 最具吸引力

全球永續投資聯盟透露，ESG 投資商品的資產分佈是以股

票 51％、債券 36％、不動產與私募基金等其他 13％所組成。
投資主體中，全球年金與管理資產公司等機構投資人落在 75％
（截至 2018 年），占比大多數。但是散戶的占比從 2012 年的
10％左右擴大至 25％，散戶對於 ESG 的關注也正在持續增加。

　　散戶容易接觸的 ESG ETF 不僅規模爆發性成長，連報酬
率也出現壓倒性的成果。美國 ESG ETF 中最值得關注的就是
ESG 主題式 ETF。ESG 中的環境（E）、社會（S）、公司治理
（G）中，又以隸屬於環境（E）之下的可再生能源、氣候變遷
相關環境友善 ETF 最具投資吸引力。近期隨著電動車銷售量
增加，歐洲率先掀起一股綠色熱潮，美國在拜登總統當選前後
之際，對環保的關注也正在快速增加。

　　美國的環境友善 ETF 大致上可以區分為綠色能源、車用
電池、太陽能、風力、低碳排等種類。其中值得關注的環境友
善 ETF，有由安碩（iShares）、第一信託（First Trust）、景順
（Invesco）、Global X 所營運的 ICLN、QCLN、PBW、LIT、
TAN、FAN 等。韓國近期在新冠肺炎以後，主張直接投資美
股的投資人也持續暴增。我認為比起投資個股，在大趨勢之下
的全球主題投資更加有利，在最近市場上備受關注的 ESG
ETF 中，如果你想要關注其中的「E」，就關注一下上述的
ETF 吧。PART 2 將會進行關於美國和韓國環境友善 ETF 的詳
細說明。

除了美國有各式各樣的環境友善 ETF 以外，韓國的環境友善 ETF 主要是電池、生技、網際網路、遊戲四大領域的 BBIG 與車用電池相關 ETF 為中心。雖然全球的綠色 ETF 市場是以美國為中心，但是韓國國內當然也有環保相關的投資機會。

如同前面所述，文在寅政府在 2020 年 7 月發表的「韓版新政」，目的是藉由數據與綠色新產業的成長，減緩低成長與新冠肺炎大流行所帶來的衝擊，從根本上改善脆弱的經濟與社會結構。

政策帶動產業轉型

韓國將在 2025 年以前，投入 160 兆韓圜（約新台幣 3.7 兆元）在「韓版新政」整體事業，光是「綠色新政」就會投入 73 兆韓圜（約新台幣 1.7 兆元）。以國家經費來說，其中將會花費 12.1 兆韓圜（約新台幣 2800 億元）用於建設綠色基礎設施、24.3 兆韓圜（約新台幣 5700 億元）用於可再生能源產業，並花費 6.3 兆韓圜（約新台幣 1500 億元）支援綠色產業。

韓國政府為了解決新冠肺炎造成的失業、經濟放緩與兩極化問題，把重點放支援新產業創造工作機會，同時為了符合低碳、環保的時代需求，制定可以促進綠色經濟轉型的國家藍圖。預計「綠色新政」將可以創造風力、太陽能等新再生能源

產業的工作機會，並普及電動車、氫能車等未來汽車，以及擴大基礎建設。

　　韓國政府在 2020 年 7 月發表「韓版新政」以後，於同年 9 月 3 日公布「國民參與型綠色基金組成與新政金融支援方案」，做為欲成功推動「韓版新政」的後續措施。新政基金大致上由政策型新政基金、新政基礎建設基金、民間新政基金等三種基金所組成。為了配合政策，韓國交易所也在同一天發表「KRX BBIG K-New Deal 指數」，預計新冠肺炎之後，BBIG K-New Deal 指數將會引領韓國市場的未來產業，這個指數的特徵是不由總市值所組成，不同於一般在總市值愈高的企業投入更多比例的方式，而是採用無關總市值多寡，都以相同比例買進的統一加權方式。

　　原因是政府認為，如果採用過去既有的方式，總市值愈高的股票影響力會變大，所以不符合培育新政相關產業的特定目的。從韓國交易所於 2015 年公開發表後，近五年來五種 KRX BBIG K-New Deal 指數的年均報酬率約落在 30％左右，成績優於報酬率只有 3％的 KOSPI 指數，韓國政府事先開發由未來成長主導產業為基礎組合而成的指數，給出日後新政產業的發展方向。期待韓國政府的政策方向、新政基金與新政相關 ETF 可以為綠色相關產業與股票帶來資金流入，對韓國綠色產業培育帶來積極的效果。

韓國交易所伴隨新政基金所發表的五種 K-New Deal 指數

KKRX BBIG K-New Deal 指數							
Battery（B）		Bio（B）		Internet（I）		Game（G）	
總市值前三大股票	比例	總市值前三大股票	比例	總市值前三大股票	比例	總市值前三大股票	比例
LG 化學	1/12	三星生物	1/12	Naver	1/12	恩希軟體	1/12
三星 SDI	1/12	賽特瑞恩	1/12	Kakao	1/12	網石	1/12
SK 創新	1/12	SK 生物製藥	1/12	Douzone Bizon	1/12	珍艾碧絲	1/12

KRX 車用電池 K-New Deal 指數	KRX 生技 K-New Deal 指數	KRX 網際網路 K-New Deal 指數	KRX 遊戲 K-New Deal 指數
LG 化學	三星生物	Naver	恩希軟體
三星 SDI	賽特瑞恩	Kakao	網石
SK 創新	SK 生物製藥	Douzone Bizon	珍艾碧絲
浦項化學	賽特瑞恩健康照戶	公里 W	Com2uS
鮮京化學	柳韓洋行	NHN KCP	NHN
EcoPro BM	Seegene	辣椒艾菲卡 TV	DoubleU Games
日進材料	Alteogen	KG Inicis	網禪
斗山索路思	賽特瑞恩製藥	Seojin System	Neowiz
厚成	韓美藥品	安博士	娛美德
天保	韓美科學	Ubiquoss Holdings	Golfzon

資料來源：韓國交易所

PART 2

綠色投資致富方程式

PART1 說明了全球資金湧進綠色產業的必然性。從全球環境政策，一直到 2020 年拜登當選美國總統，ESG 中的「E（環境）」相關股票、ETF 都大漲，拜登的環保政策與韓國的《韓版新政》都於 2021 年開始執行，日後股價很可能出現大幅變動。與其盲目期待政府強力執行的綠色政策與全球大企業的環保行動，不如實際深入了解什麼是綠色產業，以及各個產業鏈組成。

　　為了因應瞬息萬變的大環境，PART2 為核心綠色產業的投資指南，也會詳細說明有潛力的 ETF 標的，希望可以為各位正在苦惱如何投資的讀者帶來方向。

　　綠色相關產業無窮無盡，在 PART2 我們會先優先考量產業的重要性、政府的關注、政策方面的輔助，以及是否具有可投資的企業，按照電動車、氫能、風力、太陽能、造船產業的順序，了解各產業鏈，以及介紹主要投資標的和未來發展。

第 4 章

ESG 企業投資指南

4-1 │ 電動車與車用電池

人類史上第一個的電池 ── 巴格達電池

　　儲存電力的電池是從什麼時候開始使用的呢？根據推測，世界上最早的電池於西元前 2000 年左右出現在美索不達米亞，於 1932 年被德國人威廉‧寇尼希（Wilhelm Konig）在伊拉克首都巴格達近郊的庫朱特拉布（Khujut Rabu）遺址所發現，這個被稱為巴格達電池（Baghdad Battery）的史上第一顆電池，看起來是一個高 14 公分、直徑 8 公分的陶罐。在陶罐裡面有一個圓柱形的銅片，銅片裡還插著一根鐵棒，整體由瀝青固定與密封。寇尼希之所以推測這個陶罐是電池，原因是圓桶內的鐵棒留有腐蝕的痕跡。這個陶罐裡原本裝有醋或是紅酒等電解質物質，結構與原理等同於現在的電池。銅片發揮了正

極的作用，鐵棒發揮負極的作用，醋或紅酒發揮電解質的作用，藉此發電，是人類史上最初的電池。

為了驗證巴格達電池，1940 年美國奇異公司實驗室製作並重現了巴格達電池的結構，確認真的可以產生 0.5 伏特的電力。除此之外，埃及考古學家阿恩‧艾格布雷希特（Arne Eggebrecht）在陶罐中倒入紅酒進行實驗，產生出 0.87 伏特的電力。經由實驗證實，巴格達陶罐並不是單純用來保存水或牛奶，而是可以產生電力的電池。但是目前還無法證實巴格達電池被用於何種用途，只有推測可能是被用於電鍍，但也有其他意見表示，巴格達電池可能是宗教上用來懲罰的拷問工具或醫療器具。不論如何，電池遠比我們想像中更早被發明與使用。

電池這個用語，是 1794 年美國科學家富蘭克林在進行電容（capacitor）電力實驗時首次被使用。據悉商業化電池是在 1800 年由義大利物理學家伏特所發明，當時的電池是將銅和鋅做成圓形，在中間放入用鹽水浸濕的麻布片，利用金屬鎢絲連接銅和鋅，可以產生 0.76 伏特的電力。當然，這時候的電池還是只能使用一次的原電池。

充電電池已是趨勢

原電池的局限性，使可以減少垃圾產生的充電電池被發

明。所謂的充電電池指電力全數耗盡後，還可以再次充電，可以反覆使用的可再生電池，全球第一顆充電電池是 1858 年由法國物理學家加斯頓‧普蘭特（Gaston Plante）物理學家所發明的鉛酸充電電池。這顆電池的負極使用鉛、正極使用氧化鉛，電解液使用硫酸水溶液，平均可以獲得 2.0 伏特的電壓。鉛酸充電電池的價格非常低廉，穩定性優良，到目前為止仍被使用在一般汽車的輔助電源、堆高機或高爾夫球車。

充電電池是從 1988 年加拿大公司 Moli Energy 推出 Molicel 才被開始廣泛商業化。早期日本最大的電信公司——日本電信電話株式會社，推出的手機與筆記型電腦等商品使用了 2.2 伏特的 Molicel，迴響熱烈，但由於手機經常發生火災，採取大規模召回措施，因而得出鋰離子電池在攜帶式設備上應用較不穩定的結論，1990 年 Moli Energy 最終走向破產。

一年後的 1991 年，Sony 成功將比現有電池高三倍電壓、充放電壽命可以超過 1,000 次的鋰離子電池（Lithium-ion battery）商業化。Sony 強調，鋰的型態不是原子而是離子型態，所以不會發生起火事故，這也是為甚麼 Sony 稱自家的產品是「鋰離子電池」而不是「鋰電池」。這項產品為 18650 型態的圓柱形電池[1]，被廣泛應用在攜帶式攝影機與筆記型電腦等

1　18650 電池類似於我們一般所使用的 AA 型電池，大小為直徑 18mm、高 65mm。
　　優點是電壓高、壽命長，可以減少電池的使用數量。

3C 產品。

　　進入 2000 年代後，電動車領頭羊特斯拉，開始在電動車上使用 18650 圓柱形鋰電池。圓柱形鋰電池的優點是具有高能源密度與功率、穩定且價格低廉，是特斯拉之所以可以實現電動車的主要因素之一。2017 年推出的特斯拉 Model 3 使用了改良過後的 21700（直徑 21mm，高度 70mm）的圓柱形電池。除此之外，在 2020 年 9 月舉辦的特斯拉電池日（Battery Day，特斯拉介紹新充電電池技術吸引投資的活動）上，特斯拉還表示幾年內將會開發出 46800（直徑 46mm，高度 80mm）規格的圓柱形電池，提高電動車的功率與行駛距離。

　　除了特斯拉與幾家特定企業以外，從 2000 年代初期直至今，大多數的電動車廠都使用袋裝型（pouch）電池與方形（prismatic）電池，揚棄圓柱形（cylindrical）電池，因為袋裝型與方形比圓筒形電池具有更高的能源密度，即使用量相同，行駛距離不但更長，也能夠有效利用空間。但是特斯拉使用了三十年前就已經大眾化的 18650 圓筒形電池，消除了市場的偏見。

　　圓筒形電池已經是開發許久的商品，生產成本低廉，規格完善，而且可以大量供給。因為生產成本低廉，所以特斯拉逆向思考，使用大量的電池提升行駛距離，才得以實現車輛升級。日後電動車的充電電池產業，應該會同時存在特斯拉的圓筒形電池與原有的袋裝型電池。

特斯拉的 21700 和 46800 電池

圖片來源：特斯拉 YouTube

比燃油車更古老的電動車

　　電動車的歷史比我們想像中更悠久。其實電動車比燃油車更早被發明，很多人都不知道。根據推測，最早的電動車出現於 1834 年，是由蘇格蘭企業家羅伯特・安德森（Robert Anderson）所發明的「原油電動馬車」。比德國尼古拉斯・奧托（Nikolaus Otto）最初發明燃油車的 1864 年，早了三十年。電動車之所以比內燃機汽車更早被發明，是因為它的結構相對簡單。電動車不需要活塞引擎、變速器、啟動用的曲柄等燃油車的複雜車輛結構和不便利的啟動方式。

　　電動車在 1880 年代被商業化，1881 年在法國巴黎舉辦的國際電動博覽會上出現了三輪電動車。三輪電動車以簡單的啟動和操作方式，低噪音，以及小幅度的震動，受到上流階級與

女性的歡迎。電動車的第一個全盛期出現在 1990 年代初期的美國，當時美國紐約登記的車輛中有一半是電動車，市區的計程車、警車、公車等也都是電動車。除此之外，各處也都設置了電動車的充電設備，雖然行駛距離較短（當時最長的行駛距離約 64 公里），但是妥善具備了可以行駛電動車的基礎設施。

豐田 Prius 是混合動力車量產上市的成功案例。然而世界最早的混合動力車早在 1900 年問世，由奧地利的費迪南・保時捷（Ferdinand Porsche）與雅各布・洛納（Jacob Lohner）所製作的洛納保時捷混合動力車（Lohner-Porsche Mixte-Wagen）。費迪南・保時捷就是保時捷（Porsche AG）的創辦人，也是當代最優秀的機械工程師。洛納保時捷混合動力車雖然是由電動引擎驅動，但是使用的電力原理是由汽油引擎發電與充電，並且採用四輪驅動的方式，每一個輪胎都內置電動引擎，空車重量高達 1.5 噸，其中電池的重量就有 400 公斤。洛納保時捷後來被改造為比賽用車，最高時速可達 90 公里 / 小時。

只是電動車的人氣並沒有想像中持久。1908 年福特汽車首度生產出以電池啟動的汽油燃油車——Model T，電動車的市場隨即快速萎縮。由於電動車的價格比燃油車貴上將近兩倍，加上無法克服電池的重量與長期間充電但行駛距離較短的問題，受到大眾的冷落。1912 年，電動車終究被市場淘汰，

燃油車補足了電動車的缺點，開始受到大眾關注。隨著 1920 年德州開發大型油田後，得益於便宜又豐富的原料供給，燃油車迅速稱霸汽車市場。

此後使用汽、柴油引擎的汽車，稱霸世界約一百年，燃燒化石燃料運行的汽車行駛在街頭，造成地球二氧化碳濃度嚴重增加。這一百年來我們享受了燃油車的便利性，但現在面臨需要支付龐大的費用，防止燃油車所產生的溫室氣體。

歐盟加強汽車溫室氣體排放限制

以 2017 年為基準，各個產業的溫室氣體（二氧化碳）排放量中，全球電力生產與暖氣設備所排放的二氧化碳是 136 億噸，占整體比例 42％。緊接在後的是包含汽車在內的運輸排放量 80.4 億噸，占整體比例 25％。我們之所以提倡電動車，是為了努力減少占全球溫室氣體排放量中 25％的二氧化碳排放量。2010 年以後二氧化碳排放的增長率中，以運輸的年均 2.0％占比最高，比電力和暖氣設備的 1.2％年增長率高出 0.8％。其他產業不是持平就是減少，由此我們可以看出運輸部分的溫室氣體排放增長率非常之高。

2017 年全球各產業 CO2 排放比例

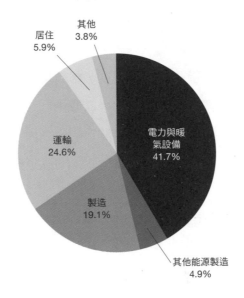

- 其他 3.8%
- 居住 5.9%
- 運輸 24.6%
- 電力與暖氣設備 41.7%
- 製造 19.1%
- 其他能源製造 4.9%

資料來源：產業資料

全球各時期 CO2 排放增長率

	相較於 1990 年的 2017 年增長率	年均增長率		
		1990 ～ 2017 年	2000 ～ 2017 年	2010 ～ 2017 年
電力與暖氣設備	78%	2.2%	2.2%	1.2%
其他能源製造	62%	2.9%	1.7%	-0.5%
製造	57%	2.7%	2.8%	0.3%
運輸	75%	3.3%	2.0%	2.0%
居住	6%	0.3%	0.3%	0.3%
其他	-17%	-1.1%	0.6%	-0.4%

資料來源：IEA

歐洲小客車二氧化碳排放限制藍圖

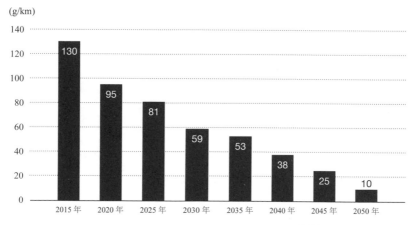

(g/km)

資料來源：歐洲聯盟委員會

　　歐盟在 2017 年發表《低排放移動策略》（Strategy for Low-Emission Mobility），即運輸系統的溫室氣體減排計畫。此計畫經過歐盟各國互相協商後，在 2019 年達成協議，協議的主要內容是，歐盟在 2030 年以前要把運輸部門的溫室氣體排放量減少至 2005 年的 30％。國際能源署（International Energy Agency）指出，1990 年至 2017 年間，其他產業的溫室氣體排放量有所減少，但是運輸業的卻增加了 29％，預計今後還會持續上升，因此歐盟決定強力規範。對占全球溫室氣體排放量四分之一的運輸業進行限制，預估會對溫室氣體減排帶來偌大的效果。

事實上歐洲從 1998 年開始設定小客車的二氧化碳減排目標。歐洲車廠自發達成協議，要在 2008 年以前，將新製造的小客車二氧化碳每公里排放量從當時的 186 克減少至 140 克，相當於每年減少 2.1％，這項數值低於預期。2007 年歐盟執行委員會將車廠的自發性協議改為強制性規範，並於 2009 年通過歐盟第一個二氧化碳排放標準。歐盟強制規定 2015 年以前二氧化碳排放量必須降低至每公里 130 克，如果超出標準值，每 1 克會徵收 5 歐元的罰金。從 2021 年開始，強制規定小客車的排放標準是每公里 95 克以下，箱型車是 147 克以下。由於二氧化碳排放標準與罰金大幅加強，在這個環境下，歐洲電動車的銷售量必定會增加。

　　根據上述規定，從 2021 年 1 月 1 日起，歐洲新登記車輛假如超出二氧化碳平均排放目標，就會向車廠徵收排放超量附加費（Excess Emissions Premium）。排放超量是指汽車的二氧化碳平均排放量超越排放量目標，以每公里的二氧化碳超排量計算。排放超量附加費中，會以每一克超排量 95 歐元罰金乘以汽車銷售數量進行課徵，徵收的罰金計畫會被納入歐洲的一般預算稅收之中。

排放超量附加費＝（超排量 X 95 歐元）X 汽車銷售數量

讓我們以福斯汽車為例計算必須繳納的排放超量附加費吧。2019 年福斯銷售的小客車平均二氧化碳排放量為每公里 119 克，超出 2021 年開始實行之排放標準 24 克。福斯在 2019 年銷售 178 萬台小客車所要繳納的罰金是——

$$（119 克／公里－ 95 克／公里）X 101 美元 X 178 萬台$$
$$＝ 42 億美元$$

這就是為什麼即使製造成本較高，車廠還是要提高電動車銷售量，降低二氧化碳平均排放量的原因。

歐盟的二氧化碳排放標準預計還會階段性加強，以小客車來說，2021 年至 2024 年是每公里 95 克以下，但 2025 年至 2029 年將會進一步強化減少 15 ％，來到每公里 81 克以下。2030 年則會比 2021 年減少 37.5 ％，來到每公里 59 克以下，2050 年的時候，目標是實現零排放的每公里 10 克。現在如果要在歐洲銷售汽車，就必須提升電動車的比例，降低燃油車的比例，才能夠減少罰金的負擔。

我們再以福斯汽車為例，計算車廠如果想要防止受罰，必須要銷售多少台電動車。如同前述，福斯汽車 2019 年在歐盟銷售的小客車共 178 萬台，二氧化碳平均排放量是每公里 119 克。如果想要把這個數值降低至每公里 95 克以下，就必須要

銷售 **178 萬台 X（119 克 / 公里 － 95 克 / 公里）/（119 克 / 公里 － 10 克 / 公里）＝ 39 萬台**電動車以上。也就是說電動車銷售量比例要占整體小客車銷售量中的 22％，才可以免於繳納罰金。如果按照同樣的方式計算，2025 年電動車銷售比例必須占銷售量的 35％，2030 年更要進一步擴大至 55％。雖然按照情況的不同，上述的計算方式會稍有不同，但是我們可以認定加強二氧化碳排放限制，會使電動車銷售量出現相當程度的增加。

歐盟在祭出限制的同時，也預計會對淨零排放與低排放車輛實行獎勵制度。若銷售的小客車二氧化碳平均排放量達到每公里 50 克，就會給予額度，計算方式是每台二氧化碳排放量 50 克 / 公里以下的車輛，在 2021 年視為「1.67 台」；2022 年視為「1.33 台」；2023 年則視為「1 台」，為接下來兩年擴大電動車銷售提供了誘因。

歐盟的汽車溫室氣體排放限制最為嚴格，但世界各國的規範也正在強化。韓國在 2021 年 2 月公布了《2021 至 2030 年汽車溫室氣體管理制度》執行準則。十人用以下的小客車與箱型車溫室氣體排放標準，2023 年會從每公里 97 克調降至 95 克，之後會繼續階段性調降，2030 年預計會下調至每公里 70 克，如果無法達成排氣規範，會按照銷售數量，針對每公里每克的二氧化碳超排徵收 5 萬韓圜（約新台幣 1170 元）的罰鍰。

美國的汽車溫室氣體排放限制比韓國更寬鬆，美國針對小客車的規定上限是 2021 年每公里 110 克、2025 年每公里 103 克，2023 年的排放標準還尚未提出。當然，拜登政府的上任，預計美國汽車的溫室氣體排放限制將會逐漸強化。

睽違兩百年的電動車全盛時代

2021 年的現今，我們正在往電動車的全盛時代邁進。英國與德國政府決定從 2030 年開始禁止銷售使用汽油和柴油的燃油新車。挪威與荷蘭更早，決定從 2025 年開始禁止銷售燃油車，中國則是 2035 年，法國是 2040 年開始禁止。愈來愈多國家開始禁止銷售使用化石燃料的燃油車，雖著時間的推移，禁止的時間也有愈來愈早的趨勢。

禁止銷售二氧化碳與甲烷等大氣污染排放量較大的燃油車，當然也意味著日後電動車與氫能車將會增加，特別是在技術發展和基礎設施較完善的電動車銷售量會率先迅速增加。過去車廠都是利用現有的燃油車產線，變更部分設計來生產電動車，但是 2021 年開始，將會有多數企業開始在電動車專用的產線上生產電動車。也就是說，車廠會根據電動車的特性，優化馬達、電池、逆變器、轉換器等，接著設計車身骨架，並為其架構產線，構成電動車專用的平台。藉由這些動作，獲得提

高車輛性能、改善設計、增加空間等優勢，生產出更強大的電動車，也可以經由大量生產節省成本。

禁止銷售燃油引擎新車的國家與日程（截至 2021 年 2 月）

2025年	2030年	2035年	2040年
・挪威	・英國	・中國	・法國
・荷蘭	・德國	・美國加州	・新加坡
	・以色列	・加拿大魁北克省	
	・印度	・韓國首爾	

　　燃油車廠中，正在最積極開發電動車生產專用平台的企業就是德國的福斯集團。福斯透過 MEB（Modular Electric Drive Matrix）平台，從 2020 年開始生產電動車 ID 系列（ID.3、ID.4）；而同集團的奧迪、保時捷，計畫共同開發電動車專用平台 PPE（Premium Platform Electric），量產電動車。

　　另外，豐田、日產、飛雅特克萊斯勒集團也在 2020 年推出了電動車專用平台。韓國的現代、起亞透過 E-GMP（Electric Global Modular Platform）開始生產電動車，通用汽車則使用 BEV3（Battery Electric Vehicle3）平台生產電動車，而戴姆勒是在 MEA2（Modular Electric Architecture2）平台上生產專用電動車。

　　特斯拉可以說是提前實現了電動車的高級化與大眾化。特斯拉採用大量充電電池，把行駛距離提升至 400 公里以上，並

且藉由高級車的定位，買主能負擔昂貴的電池價格。2014 年特斯拉宣布開放自家持有的製造專利給所有人使用，使市場參與者增加，為電動車市場的快速普及帶來貢獻，獲得了高度評價。特斯拉做出成績之後，全球汽車生產業者也爭相推出小型車至高級車輛等各式各樣的電動車款。當然，這有一部分是因為歐洲的二氧化碳排放限制，車廠必須義務性提高電動車生產，但是另一方面，車廠也是為了透過推出設計與性能方面領先的產品，來達到搶占市場的效果。

唯有環保電能才能製作出環保電動車

電動車的廣告中，大多都會出現在乾淨明亮的天空下，電動車在綠色的森林中緩緩奔馳的畫面。電動車總是強調自己環保、無碳排、無公害，但是請不要誤會，事實並非如此。電動車與燃油車的差別取決於，燃油車是直接燃燒化石燃料產生能源，而電動車是使用燃燒化石燃料生產的能源。電動車對於環境破壞的影響，取決於電力生產的方式以及能源使用階段的發電效率。順帶一提，氫能車是否環保也取決於氫氣生產的能源供給來源。

在能源效率方面，電動車的表現比燃油車更優秀。所謂的能源效率，是指與能源投入量相比之下，回收或傳遞的能源數

量比例。通常電動車的能源效率是 25％到 30％，但是汽油車的能源效率是 20％到 25％，電動車的能源效率稍微高出一點。當然，能源效率也會根據發電來源而改變，包含規模、距離、天氣等，也會使能源的效率發生變化。除此之外，汽油或柴油等混合動力車的能源效率都不一樣，所以這不是一個絕對的數值。由於電動車的能源是由電動公司提供，所以供應來源的電力生產方式會決定電動車是否環保。生命週期評估（Life-Cycle Assessment，LCA）[2] 指出，如果電動車使用由燃煤發電所生產的電力，那麼電動車的溫室氣體排放量會高於燃油車運作時產生的溫室氣體。所以說，電只有使用風電、太陽能、水力等可再生能源生產之電能的電動車，才是真正的環保運輸工具。

由於每個國家的發電基礎差異很大，所以電動車對比燃油車的溫室氣體減排效果則會因每個國家而異。例如，挪威的水力發電占整體發電量的 95％，生產時沒有引發溫室氣體排放，所以電動車會成為真正的環保工具。2020 年下半年，挪威整體汽車銷售量中，電動車的銷售量占比超過 60％，如果把混合動力車也算進來，數量高達 80％，是全世界電動車銷

2　生命週期評估是將產品或服務的所有過程，也就是從原物料加工開始，一直到製造、流通、使用、回收、廢棄管理的過程中所投入的能量與物質定量化，整體性評估它們對環境所造成的影響。

售比例最高的國家。歸功於挪威率先將國家電力轉型為綠能發電，隨著電動車銷量愈高，就能實際減少溫室氣體的排放。

然而對於印尼、印度等主要使用燃煤發電生產電力的開發中國家而言，行駛電動車所排放的溫室氣體量反而比行駛燃油車更高。由於電動車銷售和使用率愈來愈高，所以需要生產更多電力，如果再增建燃煤發電廠的話，就會產生溫室氣體排放增加的惡性循環。生命週期評估指出，在印尼目前的電力生產結構下，以汽車行駛 15 萬公里來說，電動車的溫室氣體排放量比燃油車高出 7.5％。但是根據 2025 年印尼的能源混合計畫，可再生能源的比例如果拓展至 23％，那麼電動車的溫室氣體排放量就會比燃油車減少 2.6％。電動車的溫室氣體貢獻度會根據電力的發電方法而改變，因此擴大可再生能源是運行電動車的必要前提條件。

除此之外，如果不報廢電動車，將電池等汽車材料回收再利用，最高可以降低 17％的溫室氣體排放量，因為這麼做可以減少電池生產過程中所產生的溫室氣體。一般來說，人們會在購車的第五年開始換車，由於電動車銷售量遽增，日後報廢的電動車數量也肯定會增加。為了減少溫室氣體與防止廢棄物問題，我們必須要積極將充電電池回收再利用，預估相關的事業今後將成為備受關注的產業。

資金湧入自動駕駛電動車之中

我們除了關注電動車可以取代化石燃料，利用電力與車用電池為減少碳排帶來貢獻，我們還要注意的是電動車上被認為不可或缺的自動駕駛。自動駕駛技術可以說是最適合電動車的技術了，執行自動駕駛就好比駕駛人開車時需要觀察周遭，電動車也必須要可以識別周圍、掌握位置，所以就需要啟動各種感應器、攝影機，以及使用來驅動演算法的半導體迴路等。雖然燃油車也有部分適用自動駕駛的技術，但是僅限於輔助駕駛的作用。為了達到完整的自動駕駛，汽車零件需要更加精細，也必須增加複雜的安全裝置。除此之外，還要即時接收周圍的資訊，可以事先設定好安全的行駛方向。依照各種情況，完善還沒準備好的部分，防止事故發生，才是自動駕駛功能的核心所在。

使用自動駕駛的時候，擔任駕駛人雙眼一角的功能是光學雷達（LiDAR）系統。光學雷達是一種發射雷射，利用光線在物體反射回來的光，測量距離與描繪周遭樣貌的裝置。光學雷達系統就是利用演算法分析，將其延伸到汽車行駛的系統。

由於電動車的所有動力與電力配件（汽車所使用的電氣裝置與系統）都仰賴電能運作，所以使用電能的光學雷達系統與兼容性較佳。除此之外，電動車的零件數量比燃油車少一半左

右，閒置的空間較多，具有充足的空間可以裝置自動駕駛系統。在零件更換與定期維修頻率方面上，電動車也更加有利，所以相較於燃油車，自動駕駛可以在電動車上更流暢地運作。

自動駕駛的另一個需要關注的解決方案是特斯拉的 OTA（Over the Air，空中下載技術，無線更新軟體）系統。假如我們每一次想要升級智慧型手機的操作系統都必須要去找一次經銷商，那該會有多麻煩？汽車也是一樣。過去燃油車都必須要直接拜訪維修廠才能夠升級車子的電子控制裝置軟體，但是特斯拉的車款，從製造階段就開始使用 OTA 系統，可以透過無線通訊升級軟體。對於經常需要更新軟體的自動駕駛汽車來說，考量到時間與費用的問題，OTA 是最合適的選擇。特斯拉透過 OTA 持續改善車輛系統的錯誤，同時新增新功能，提高服務滿意度，致力於確保忠誠顧客。最近福特也在 Mustang Mach-E 系列上導入 OTA 系統，通用汽車與福斯也計畫在新車款上搭載 OTA。

除此之外，汽車業界為了迎合自動駕駛時代，正致力於擺脫既有的模式，率先把握人工智能與軟體等科技技術。輝達執行長黃仁勳（Jensen Huang）在 2021 年 1 月接受歐洲媒體採訪時表示：「汽車產業賺錢的方式改變了。現在是由軟體定義汽車，引領汽車創造利潤」，愈來愈多人認為，科技會左右汽車業者的獲利。

美國運輸顧問公司 Fehr & Peers 預測若自動駕駛商業化，道路上的交通量將會比先前增加 30％左右。雖然這對於運輸業的從業人員來說是一種打擊，但由於自動駕駛不需要司機，所以可以用更低廉的價格搭乘計程車，移動的過程中也可以辦公或享受娛樂生活，減少長途旅行的壓力。假如自動假使導致車輛需求增加，在交通量能遞增狀況下，燃油車持續運行，肯定會對全球暖化帶來致命衝擊。所幸電動車數量預估會逐漸增多，如果在這些電動車上搭載自動駕駛功能，汽車產業將可以進一步擺脫溫室氣體的問題。雖然如果使用利用煤進行火力發電的電能會是一項問題，但令人鼓舞的是，世界各國都正在努力改善由風力、太陽能、水力等可再生能源發電的體制。

電動車類股

2020 年 12 月 23 日 LG 電子的股價上漲 30％，創下漲停板。LG 電子宣布要與世界第三大汽車零件公司麥格納國際（Magna International Inc）共同成立電動車動力系統產業的合資公司，這項消息使 LG 電子繼 2008 年 10 月漲停後，睽違十二年又再度寫下漲停的紀錄。2008 年當時股價漲跌的限制幅度為 15％，全球金融危機導致股價大幅下跌後，與美國簽訂貨幣互換協定，使大型股紛紛寫下漲停板，所以這一次的漲停

板可以說比上一次更具意義。即將成立的合資公司「LG Magna e-Powertrain Co. Ltd」，預計會以切割並收購部分 LG 汽車電子零件事業部的方式進行。管轄的事業領域包含電動車馬達、電池加熱、PRA（Robotic Process Automation，機器人流程自動化）、DC 充電箱等整個電動車的驅動系統。由此我們可以推測，LG 電子已經決定把原本以手機或家電為重點的事業主軸，拓展到車用電子零件產業。

倘若自動駕駛正式進入電動車時代，電子裝配件事業就會成為成長幅度最大的領域之一。麥格納國際成立於 1957 年，是一家汽車零件公司，總部設立於加拿大。值得注意的部分

LG 電子與麥格納國際合作研發自駕車

資料來源：LG 電子

是，麥格納國際的子公司麥格納斯太爾（Magna Steyr）每年可以生產約 25 萬台賓士 G-Class、BMW 5 系列、Z4 等歐系汽車，是世界最大的汽車代工生產商。從麥格納的事業領域上看來，麥格納具備車體結構、室內、外裝、動力系統、雷達系統的技術，並且可以結合這些系統進行汽車代工生產。據說 Apple 也曾與麥格納討論過電動車生產的問題。LG 電子與這樣的企業合作，不僅意味著 LG 集團持有的發動機、逆變器、車用電池等零件銷售會進一步增加，更有可能象徵 LG 將會進軍自動駕駛相關的新事業，非常耐人尋味。

曾經有一段時間，世界最大科技公司 Apple 即將推出自動駕駛電動車「Apple Car」的傳聞鬧得沸沸揚揚。2021 年初，現代汽車集傳出正在與 Apple 討論自動駕駛電動車開發事宜的消息，現代汽車、現代摩比斯與現代威亞的股價因而暴漲。現代汽車與旗下子公司透過公告表示：「雖然現階段收到許多企業共同開發電動車的邀請，但初期階段尚未做出任何決定」，並且表示現代尚未與 Apple 討論自動駕駛汽車開發的事宜，共同開發的傳聞就此告一段落。起亞在 3 月 22 日舉行的股東大會上再度表示，起亞沒有與 Apple 進行自動駕駛汽車的討論，由此看來現代汽車集團與 Apple 的協商已暫時中斷。電動車和其他使用軟體的電子設備不同，需要按照個別型號做出差異化的自動駕駛系統，所以必須慎重尋找合作夥伴。但是大多數企

業認可現代汽車的電動車技術，提議共同開發，特別是科技居破 Apple 傳出要與現代汽車合作的消息，證明了市場對於現代汽車在電動車與氫能車技術給予了高度評價。

Apple 透過「泰坦」（Titan）計畫，已經從 2014 年開始研發新世代汽車。在泰坦計畫進行的過程中，Apple 修改了電動車開發策略，改以由 Apple 主導開發自動駕駛系統，電動車則與現行汽車業者攜手，委外生產。Apple 為此正在考慮與各家車廠合作，Apple 計畫以積累的技術實力，在 2024 年左右推出結合跨世代電池技術與自動駕駛技術的電動車。

電動車廠特斯拉的總市值是 6283 億美元（以 2021 年 3 月為基準），排行全球汽車業第一。隨著特斯拉的股票飆漲，特斯拉執行長馬斯克在 2022 年時，以約 2090 億美元身價，超越亞馬遜創辦人貝佐斯成為世界第一富豪。

美國老字號的通用汽車，在 2021 年公開新 LOGO，表明要趕上電動車領頭羊的決心。全球汽車公司爭相開發電動車專用平台，為掌握市場主導權而增加投資；除了傳統汽車公司以外，連世界最大企業，總市值約 2 兆美元（以 2021 年 3 月為基準）的 Apple，也正在準備進軍以自動駕駛為基礎的電動車市場，而 Google、百度、Naver、Kakao 等科技公司，也都積極投入自動駕駛系統的開發。

在這個為了減少溫室氣體排放與防止氣候變遷，電動車崛

Google 的自駕車與 Apple 的 Apple Car

資料來源：Google、Apple

起的時代，結合自動駕駛系統的電動車不再只是單純的移動工具，創造出了在車內休息、享受、工作的新價值。所以全球科技公司們正在跳戰進軍電動車市場，預計日後在電動車與自動駕駛產業上，會湧現大量的投資機會。投資的理由有千百種，電動車產業的成長趨勢鮮明，還能夠拯救環境，是各國政府與國際投資人都只能拍手叫好的事業。

📈 特斯拉（美國）

電動車的標誌，特斯拉於 2003 年由馬丁‧艾伯哈德（Martin Eberhard）與馬克‧塔彭寧（Marc Tarpenning）所創辦。光是 2020 年就銷售了約 50 萬台電動車，相比前一年增加了 35.8％的銷售量。特斯拉在推出第一台電動車款最高級跑車

Roadster 之後，又推出了 Model S、Model X 與 Model 3，成為了電動車的標誌。Model 3 的累積銷售量為 50 萬台以上（截至 2020 年 7 月），是目前全世界銷售量最高的電動車。馬斯克在 2004 年捐贈 650 萬美元給特斯拉，成為了董事會主席，並在 2009 年獲得共同創辦人的地位。

特斯拉於 2010 年在那斯達克上市，是繼 1956 年的福特汽車後，首度有美國汽車公司上市。2021 年 3 月特斯拉的總市值是 6283 億美元，成為全球汽車公司總市值第一名。

2016 年特斯拉收購了太陽能發電公司——太陽城（Solar City），將事業版圖擴張到能源事業。因為使用化石燃料所生產之能源的電動車，並不是真正意義上的環保，特斯拉為了成為真正的環保企業，有必要將能源供給轉為綠能。目前太陽城的太陽能發電事業模式很單純，從外界獲得投資與金融貸款資本，為顧客設置太陽能發電系統。顧客會按照該系統的發電量，向太陽城支付明顯低於當地發電業者的電費，太陽城的太陽能發電事業至今仍不是太賺錢，因為初期太陽能系統的設置費用過高，負債較大，需要長時間回收投資資金。但是結合電動車來看，特斯拉收購太陽城的目的，應該是要製作出使用太陽能行駛的汽車。

除此之外，在住宅或建築物上方設置太陽能板生產電力，剩餘的電力可以用來為電動車充電，經由太陽能發電，我們可

特斯拉推出太陽能屋頂

資料來源：特斯拉

以期待日後特斯拉進軍再生能源事業。此外，被稱為「千兆工廠」的特斯拉電動車已在美國弗里蒙特、中國上海、德國柏林、美國奧斯汀設廠，其中有部分已經完工，還有部分正在建設中。特斯拉接下來預計還會在印度等地擴大建設工廠，依照電動車的需求增加，提升生產量能。

特斯拉也致力於開發做為電動車核心的電池。2020 年 9 月特斯拉在電池日上提到自行生產車用電池的可能性，並表示會透過生產流程創新，快速壓低價格。同時還表示，即便生產車用電池的企業以最快速度擴大供給，2022 年以後還是會發生嚴重的供給不足，並宣佈計畫從 LG、Panasonic、寧德時代等公

司擴大電池的購買。不僅是電動車的創新，特斯拉還藉由差別化的自動駕駛功能、決心擴大核心零件車用電池的開發、努力供給綠能等方面，獲得了超越單純只是製造業以上的價值認同。

⊿ 現代汽車（韓國）

　　現代汽車是韓國的標誌性汽車公司，在全球品牌顧問公司 Interbrand 公布的 2020 全球品牌排行，排名在汽車產業第五。最近現代汽車正在集中力量開發電動車與氫能車，並嘗試轉型為結合自動駕駛的環保汽車公司。現代汽車 2020 年的電動車銷售量排名世界第四，預計開始透過電動車專用平台 E-GMP 生產最優化的電動車，並計畫在 2025 年以前推出 23 款電動車。首度採用 E-GMP 的電動車款「IONIQ 5」已經在 2021 年 2 月開始在全球發售，我們可以藉由車輛的技術、銷量、人氣確認 E-GMP 的競爭力，因此市場給予高度關注。

　　基於現代汽車集團至今為止的電動車生產能力，愈來愈多國際科技企業提出要與現代汽車共同開發的邀請。據悉，2021 年初現代汽車曾與 Apple 進行電動車生產協議，由此可知現代具有高度的新世代電動車生產技術，但由於各家企業對於持有的技術分享範圍和銷售策略不同，又因為 Apple 的神秘主義，導致協商暫時中斷。現代汽車日後會接連推出電動車款，如果

車輛的完成度可以受到各界認證，現代汽車是很有吸引力的夥伴，隨時都有可能再與 Apple 重新協商。

除了與 Apple 等科技巨擘企業的合作爭議外，現代汽車也計畫另外透過集團底下的軟體子公司 Hyundai AutoEver，強化軟體能力，自行建構自動駕駛電動車的生態系統。開發現代汽車專用軟體的 Hyundai AutoEver，有望像特斯拉的 OTA 系統等一樣，承擔起現代汽車自動駕駛軟體的核心角色。

此外，在另一種環保車系 FCEV（Fuel Cell Electric Vehicle，氫能車）產業中，現代汽車具有全球最高的競爭力。氫燃料電池車是利用環保原料氫氣製造電力，並利用這些電力使引擎作動的一種電動車。現代推出了 SUV 車款 NEXO 與 COUNTY electric FCEV 巴士、XCIENT FCEV 卡車，從小客車到商用車都具有氫燃料電池車的陣容。2013 年現代推出第一代氫燃料電池車 Tucson IX，又於 2018 年推出第二代氫燃料汽車 NEXO。截至 2020 年，NEXO 已經是全球累積銷量最多的氫燃料電池車，這個聲勢延續至 2021 年。2020 年 7 月，全球第一輛氫能商用電動卡車 XCIENT FCEV 亮相，並優先向瑞士出口了十台，現代汽車計畫在 2025 年以前，像瑞士供應 1,600 台氫能卡車，並以此做為開端出口至德國、荷蘭、奧地利、挪威等整個歐洲，強化在氫能商用卡車市場的主導權。現代汽車 2020 年擁有超過 70％的全球氫燃料電池車市占率，顯示出高

度的市場支配力。現代汽車的目標是在 2025 年銷售 11 萬台、2030 年銷售 50 萬台氫燃料電池車。

　　除了電動車與氫能車以外，如果用一個字彙形容現代汽車新重點事業，那就是「未來移動」。未來移動代表新技術所帶來的新交通方式，與現代汽車以「UAM」（Urban Air Mobility）名下正在開發的城市空中移動如出一徹。

　　現代汽車的 UAM 系統意味在乘客與貨物運輸、公共需求產業等方面，讓社區彼此緊密連結的新地區航空移動。現代汽車正在加快研究步伐，期望達成透過無人機、無人飛行載具

世界第一台大型氫能商用電動卡車——現代的 XCIENT FCEV

圖片來源：現代汽車

未來的城市航空移動——UAM

（UAV）、行走機器人「Tiger」等方式，實現安全且具備經濟效益，並且無噪音的「飛行大眾化」。現代汽車會長鄭義宣也在 2019 年公司內部的市廳會議上表示：「日後現代汽車的事業中，汽車占 50%、UAM 占 30%、機器人占 20%」。

蔚來汽車（中國）

蔚來汽車是 2014 年由李斌和秦力洪所創辦的中國電動車製造公司。在 2014 年於中國北京開始舉辦的電動車競速大會 E 級方程式（Formula E Championship）上，蔚來汽車在 2014

年與 2015 年取得 E 級方程式組的優勝，技術能力獲得認可。
蔚來汽車創立之後，騰訊、百度、聯想、淡馬錫控股
（Temasek）等多數企業參與投資，奠定了成長的基礎，並於
2018 年在美國紐約股市上市。以 2021 年 1 月為基準，蔚來汽
車以 885 億美元的總市值，超越了美國通用汽車的總市值 715
億美元，甚至高於現代汽車與起亞的合計約 727 億元的總市
值。以 E 級方程式為基礎，蔚來汽車對高級跑車 EP9 進行量
產，接著又推出 SUV ES8、ES6、SUV EC6。蔚來汽車甚至被
譽為中國的特斯拉，正在成長為中國電動車市場標誌性企業的
蔚來汽車，也在車用電池與自動駕駛產業上進行大量投資。

被譽為中國特斯拉的蔚來汽車所生產的電動車

圖片來源：蔚來汽車

全球電動車及油電車合計市占率

企業名稱 （依市占率排序）	銷售量（千台）		市占率	
	2019 年 1～9 月	2020 年 1～9 月	2019 年 1～9 月	2020 年 1～9 月
特斯拉	264	316	16.1%	17.5%
福斯集團	82	233	5.0%	12.9%
雷諾─日產	155	148	9.5%	8.2%
現代汽車集團	93	130	5.7%	7.2%
BMW 集團	110	123	6.7%	6.8%
通用汽車集團	73	91	4.4%	5.1%
吉利（Volvo）集團	94	87	5.7%	4.8%
戴姆勒集團	32	86	1.9%	4.8%
比亞迪集團	166	86	10.1%	4.8%
寶獅集團	5	77	0.3%	4.3%
其他	567	427	34.6%	23.7%
合計	1,640	1,804	100.0%	100.0%

資料來源：SNE Research

車用電池類股

隨著電動車銷量增加，車用車用電池需求也隨之劇增。由於消費者對於長途行駛距離的要求，以及車用電池的價格下跌，預估每台電動車需要的車用電池用量將會增加，日後全球對於車用車用電池需求將會愈來愈高。市調公司 SNE Research

全球電動車用車用電池銷售量預估

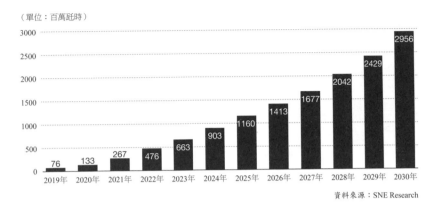

（單位：百萬瓩時）

資料來源：SNE Research

預測，車用電池的需求，將會從 2019 年的 118 百萬瓩時增加至 2025 年的 1,160 百萬瓩時，複合年均成長率（一項投資在一段期間內的年平均報酬率）將高達 58％。金額方面預估將從 2020 年的 123 億美元增加至 2025 年的 768 億美元，2030年則會進一步擴大至 1613 億美元。從實際企業的銷售額來看這還算是保守的數值，預計車用電池的市場規模與成長速度日後將會進一步加快。

韓國生產車用電池的三家公司 ——LG 新能源、三星SDI、SK 創新的全球市占率，在 2020 年時將近 40％，推測上述企業同年的車用電池銷售額約 92 億美元。隨著電動車市場的成長，銷售額估計也會迅速增加。

中國最具代表的電動車用車用電池製造商寧德時代，2020

電動車用車用電池製造商排行

順位	企業名稱	2020.1~2020.9（百萬瓩時）	營收成長率（％）	市占率（％）
1	寧德時代	28.1	3.1	26.8%
2	LG 新能源	26.4	142.0	25.1%
3	Panasonic	22.3	-8.5	21.2%
4	三星 SDI	6.8	74.1	6.5%
5	SK 創新	6.5	244.7	6.2%
6	比亞迪	6.3	-36.4	6.0%
Total		105	17.8	100%

資料來源：SNE Research

2020 年後車用電池製造商股價漲幅

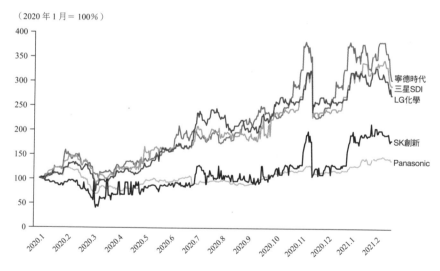

（2020 年 1 月＝ 100%）

資料來源：NH 投資證券

如果把各家企業的 2020 年 1 月股價設定為 100%，以 2021 年 2 月底為基準，各家企業的股價漲幅如下：LG 化學 272%、SK 創新 179%、寧德時代 303%、Panasonic 138%，五家企業的股價皆大幅上漲。

年銷售額為 65 億美元，以 24.2％的市占率位居全球第一，營業利益率則高達 13％，在業績方面領先全球。基於對電動車與車用電池市場快速成長的期待心理，2021 年 1 月寧德時代的總市值高達約 1200 億美元。2021 年寧德時代的預估銷售額為 88 億美元，股價營收比（price selling ratio，PSR）將達到十四倍左右，反映出了銷售額遽增的擴張，與對隨之而來的利潤所產生的期待感。

📈 寧德時代（中國）

寧德時代成立於 2011 年，是全球最大車用電池生產商。寧德時代是電池業者 ATL（Amperex Technolgy Limited）在 2011 年所成立的電動車電池專門分公司，業務範圍包括車用電池、儲能系統、電池管理系統（battery management system，BMS）。

中國政府從 2010 年開始針對電動車所使用的電池，特別是在中國境內生產的電池，發放大量補助金，使中國的車用電池產業快速成長。

寧德時代、孚能（Farasis）與力神（Lishen）等中國車用電池企業，由於中國政府擴大發展電動車的策略，內需銷售量大幅成長。寧德時代在 2015 年開始向 BMW 的中國合資企業

（由兩家以上之公司為達成特定目所組成的共同事業體）供應車用電池，這成為了寧德時代提高產品信賴性與更積極進行技術開發的契機。2016年韓國部署因薩德（THAAD）反飛彈系統所導致的政治問題，韓國車用電池企業倍排除在供應清單之外，加速了寧德時代的成長。雖然從2021年開始，中國政府的車用電池補助金大幅減少，但是過去五年的保護政策，使寧德時代在外在規模與技術皆大幅成長，成為全球頂級企業。

初期以中國內需電動車市場為重點成長茁壯的寧德時代，最近正在增加與BMW、戴姆勒、福斯、特斯拉等全球汽車公司的事業合作，藉由建設海外廠房拓展市場。以2020年為基準，寧德時代以13％的營業利益率，在競爭公司中拔得頭籌，但是在產能、能源密度、穩定性、訂單庫存方面，相較於韓國的LG新能源仍處於劣勢。

寧德時代在2018年6月於中國深圳證券交易所上市，交易第一天相較於開盤價（股票市場當天最初形成的價格）上漲了43.99％，總市值高達123億美元，上市時吸引了全世界的關注。估計寧德時代上市所募集的資金約為7.6億美元，把這筆錢用來增設設備，對於外在規模成長將會有所幫助。

至2021年1月，寧德時代的總市值已經成長至1,445億美元，比上市第一天上漲了十二倍。寧德時代在中國創業板市場（Chi-Next，如同美國那斯達克，是提供中國中小型企業或新創

各家企業的車用電池產能變化

（單位百萬瓩時）

		2019 年	2020 年	2021 年	2022 年	2023 年	2024 年
韓國	LG 化學	75	100	120	177	200	211
	三星 SDI	22	32	42	56	69	85
	SK 創新	5	21	50	65	85	85
日本	Panasonic	54	85	126	137	137	137
	Primearth EV Energy	2	7	7	7	9	9
中國	寧德時代	43	65	109	115	143	179
	比亞迪	28	35	56	73	80	81
	孚能科技	15	35	35	35	39	42
	力神	20	21	24	35	37	37
歐盟	Northvolt	-	-	-	6	11	11
	TerraE	-	-	-	7	14	14
	福斯	-	-	-	-	10	10

資料來源：SNE Research

公司得以順利籌措資金的股票市場）上市，可惜的是外國人並無法直接投資寧德時代。但是我們可以透過投資成分股中包含寧德時代的 ETF，間接投資寧德時代。這會在第 5 章詳細說明，包含寧德時代的 ETF 股票代號有美國的「LIT」與「BATT」，韓國境內則有「TIGER 中國電動車 SOLACTIVE」等。

〰 LG 化學（韓國）

LG 化學從 1995 年開始開發鋰離子電池，1999 年成為韓國首間開發成功的公司，也是繼日本之後，世界第二個成功量產鋰離子電池的公司。LG 化學從 2000 年開始研發車用電池，並在 2007 年供應給現代的 AVANTE HEV，2010 年供應給通用汽車的雪佛蘭 Volt，車用電池開始出現可見的成績。目前 LG 已經和福斯、戴姆勒、雷諾、通用等全球主要車廠簽訂電池供貨合約，在產品技術、信賴性與顧客基礎方面上，獲得了全球認可。

LG 化學在車用電池事業登頂之前，歷經多年的考驗。1995 年之後，雖然 LG 長時間進行投資，但是品質不敵日本，量產性也不足，車用電池事業無法做出明顯的成績。2005 年光在車用電池事業上，LG 就虧損將近 1.5 億美元，許多人認為 LG 應該停止車用電池的事業，但是 LG 前會長具本茂深信：「車用電池事業是為來成長的動能，只要堅持不懈必定能取得成果。」他持續投資並鼓勵拓展事業版圖。最終在車用電池事業開始 20 年之後的 2020 年下半季，車用電池創下盈餘，隨著日後出貨量逐漸增加，營業利益率估計也會隨之攀升。LG 設定目標，2024 年之際，光是車用電池就要達到 230 億美元以上的銷售額。

LG 生產的產品包含圓柱形、方形、聚合物等小型電池，以及儲能系統（energy storage system，ESS）用、電動車專用的大型電池。車用電池市場預估會是日後投資集中並快速成長的產業。LG 化學的車用電池事業，在能源密度等技術、生產能力、出貨量、銷售額、訂單庫存方面排名世界第一。廠房位於韓國、波蘭、美國與中國，車用電池的產能，以 2020 年底來說是 120 百萬瓩時，產能規模大幅高於排名世界第二的日本 Panasonic（85 百萬瓩時）與世界第三的寧德時代（65 百萬瓩時）。

⩘ 三星 SDI（韓國）

三星 SDI 是經營車用電池與電子材料事業的企業。2019 年的整體銷售額為 77 億美元，其中 61 億美元來自電池部門，其餘才是生產半導體、顯示器元件為主的電子零組件部門。雖然目前電子零組件部門的營業利潤規模較高，但預估電池部門的銷售額將會大幅成長，獲利規模將會出現逆轉。

三星電子在手機與筆記型電腦等小型 3C 產品電池的市場領先，銷售額穩定且維持在 10％左右的營業利益率。至於車用電池方面，三星採保持收益性為主的投資策略，因此在生產設備的增設速度上，多少落後於其他競爭公司。

三星 SDI 取得了 BMW、福斯、奧迪等大多數歐洲車廠的電池訂單，現代、起亞與福特等車廠的訂單量也正在增加。為了因應歐洲車廠的訂單量增加，三星 SDI 在匈牙利建設車用電池廠房，並計畫依照訂單增加趨勢，進一步擴展廠房加以應對。

　　除此之外，三星 SDI 的電池有較高的使用穩定性，保持著市占率第一的地位。全球為了減少溫室氣體排放，正在努力設置太陽能與風電等可再生能源設備，但由於不規則的電力發電，也愈來愈多公司會同時設置儲能系統。日後隨著可再生能源擴大設置，儲能系統的出貨量與業績預估也會進一步增加。三星 SDI 擁有 15.2％的三星顯示持股，以 2020 年底為準，帳面價值評估為 53 億美元，除了持股的價值本身可能增加，如果有新的目標投資產業，這筆錢也可以被應用為投資的資金來源。

〽️ SK 創新（韓國）

　　SK 創新和 LG 化學、三星 SDI 相比，是最晚建設電動車車用電池量產線的公司，但 SK 創新憑藉著集中投資，是一家成長趨勢非常快速的企業。雖然 SK 創新的主業是生產汽車燃料等煉油事業，但在低碳轉型的趨勢下，車用電池的開發必要性愈來愈大。SK 創新從 1996 年開始研發鋰離子電池，2012 年忠清南道瑞山建設了電池量產線，並且在 2016 年又增設新

的量產線，在韓國境內擁有 4.7 百萬瓩時規模的生產設備。SK 創新也在積極推動海外產房的建設，2020 年在匈牙利與中國分別完成了 7.5 百萬瓩時規模的生產設備，目前正在建設第二廠房。SK 創新也正在美國建設廠房，目標是在 2022 年完成第一廠房、2023 年完成第二廠房。戴姆勒集團與現代汽車集團等全球汽車客戶的訂單也出現增加。SK 創新也製作車用電池的隔膜，除了供應自家使用以外，同時也對外販售。隔膜事業是由子公司 SKIET（SK IE Technology）所進行，擁有世界最高水準的技術能力與產能。SKIET 在 2021 年進行 IPO，經由 IPO 流入的資金，預計會使用在隔膜與車用電池的事業之上。

不能忽略固態電池的發展

雖然鋰離子電池現在是電動車的主流，但是等到固態電池（solid-state battery）研發完成後，當今的鋰離子電池生態系統將有可能變成無用之物。所以說，推估固態電池什麼時候可能商業化，是一件極為重要的事。

電動車上一般搭載的電池都是鋰離子電池，如果想要發電的話，鋰離子就必須在正極與負極之間游移，鋰離子移動的通道由液體電解質所組成，正極與負極之間則是由隔膜做為分隔。

固態電池指稱使用固體電解質取代液體電解質的電池。由

於液體電解質容易著火，當溫度上升或火花飛濺時，存在爆炸的風險，但是固體電解質是相對穩定的物質，優點在於爆炸或起火的可能性非常之低。除此之外，固態電池不需要只用隔膜與負極材料，體積可以更薄，又可以在短時間內充電，電池容量也可以擴增，優點非常之多。然而這些目前都只是理論，還沒有達到可以商業化的階段。

2020 年 3 月三星電子綜合技術院表示，他們開發出了一款可以提升負極穩定性的技術，又朝固態電池商業化邁進了一步。如果這項技術得以實現，電動車只需要充電一次，就可以行駛 800 公里，是現有電動車的兩倍，而且還可以充、放電一千次以上。但如果想要穩定使用該技術，就必須要進一步開發與完善其他幾種複合技術。也就是說，為了解決一個問題，必須同時解決新出現的其他二到三種問題，在這個過程中，最後會導致生產成本增加，理論上可行的性能會逐漸衰弱，可能導致離商業化的可能性愈來愈遠。

1980 年代固態電池的概念首度被提出時，也有很多對商業化的否定意見。因為固態電池跟現有的鋰電池不同，使用固態電解時的話會使離子的傳導度大幅下降。但是日本豐田汽車在 2010 年使用硫化物（sulfides）做為固態電池的電解物質，大幅提升了離子的傳導度。爾後，固態電池研發又再次活躍了起來，大部分的後續技術開發都基於硫化物電解質之上。但是

到目前為止，硫化物還是有傳導度低於液體電解質，容易受潮，製造過程繁瑣等缺點，而且硫化物必須在濕度維持在0.1％以下的除濕工廠進行生產，這會大幅提升工廠維護的費用。想要改變材料所產生的費用更高，所以就算轉型為固態電池，是否能降低生產費用也還是個問號。這也是為什麼固態電池「還離你我很遙遠」。

2020 年 12 月《日本經濟新聞》頭版上出現了一篇報導，題目為〈日本固態電池實用化正在加速進行中〉，從這篇報導上我們可以感受到日本想要透過固態電池，在輸給韓國與中國的車用電池產業上，重新找回市場主導權。日本成功率領全球實現車用電池的商業化，但是在這個電動車市場門戶大開的時代，日本的存在感卻已蕩然無存。由於日本沒能在電池型態轉型做出應對，也沒能進行赤字產業的先行投資，因為這種封閉式的事業戰略，使得日本在車用電池市場上，除了供應傳統圓柱形電池的 Panasonic 以外，沒有其他公司得以嶄露頭角。日本在鋰離子電池產業上已經沒有勝算，只能夠暫時旁觀。但是在新技術上，日本抱持著一定要掌握主導權的信念，大學、企業、研究所正在卯足全力研究固態電池。豐田汽車正在進行一項計畫，目標是在 2030 年把固態電池的生產費用與充電時間，降到比目前的鋰離子電池的三分之一以下。綜合日本與韓國固態電池專家的意見，固態電池想要商業化並且使用在電動

車上，至少必須等到 2030 年。

固態電池估計會先在小型、行動通訊設備上率先商業化，後續才會在電動車上商業化。小型的固態電池，電流量不需要太高，製造相對簡單，也可以使用穩定的氧化物做為電解質。氧化物電解質電流量不高，因此難以做為大量電池所使用，但是因為穩定性高，所以可以輕鬆用於移動裝置或穿戴裝置上。電動車需要使用可以經過大量電流的硫化物電解質，但需求量的電流移動量仍高於目前的水平，唯有技術比現在更先進，提高量產性，並且降低製作成本，才有可能取代現在的鋰離子電池。我們的周遭就連據說很簡單的小型固態電池都還找不到，難度更高的電動車用固態電池什麼時候可以商業化還是一個未知數。

⩘ QuantumScape（美國）

QuantumScape 是一家開發電動車用鋰離子固態電池的美國企業。2010 年由傑迪普・辛格（Jagdeep Singh）與史丹佛大學的弗里德里希・普林茨（Frits Prinz）教授所創辦，並從 2012 年開始與福斯合作。福斯先後投資兩次 3 億美元，成為了 QuantumScape 的最大股東。2020 年 11 月透過 Kensington Capital Acquisition 與特殊目的收購公司在紐約股市上市，上市

後股價飆漲，創下總市值 483 億美元的紀錄，甚至些微超過美國福特汽車的總市值，也超過了全球最大汽車零件公司德國馬牌（Continental）的 246 億美元的總市值。

QuantumScape 在 2020 年 12 月表示，自家公司的固態電池已經達到十五分鐘可以充電 80％的水準，並且在充電 800 次後仍然可以維持 80％以上的電池容量。福斯汽車表示，計畫在 2025 年推出搭載 QuantumScape 固態電池的電動車。

另一方面，不同於剛上市的期待感，隨著愈來愈多人開始懷疑 QuantumScape 的成長可能性，股價又大幅下跌。QuantumScape 到目前為止還沒有銷售額，預計最快要到 2025 年才會有銷售額產生；而固態電池技術還停留在實驗室開發階段，要花多少時間才能夠商業化、能否技術性解決穩定性問題、需要額外追加多少開發費用等，外界正在提出各種疑問。但是以 2021 年 3 月為基準，QuantumScape 的總市值仍然維持在 218 萬美元，做為開發新世代電池的新創企業，市場對於 QuantumScape 抱持高度期待。

∿ Solid Power（美國）

Solid Power 是 2014 年在美國科羅拉多州成立的固態電池研發公司。Solid Power 架設了試產線，嘗試生產 20 安培時

（Ah，ampere-hour）用[3]的固態電池，正在與BMW、福特、現代汽車、三星電子等全球八家公司合力開發固態電池。2018年三星電子與現代汽車總共在 Solid Power 投資 2,000 萬美元，正在加快固態電池合作開發的進程。

從車用電池結構中找尋機會

鋰離子電池的驅動原理如下。車用電池在接受外部電力充電時，鋰原子會位於負極內側。充電完成使用電池的時候，鋰原子會分離成鋰離子與電子，電子會為了供應電力，透過電線跑到外部，鋰離子則會成為在車用電池內部朝反方向移動的正極材料。也就是說，原先是負極材料的鋰離子會經由電解質通過隔膜，接著轉換為正極材料移動到另一邊，從而供應電力。

車用電池充電的時候，則會往反方向作動。獨自做為正極材料的鋰離子，會與在外供應電力的電子相遇，皆由電解質通過隔膜，接著成為負極材料，在這裡，當鋰離子與電子結合成為鋰原子，充電就完成了。鋰離子從正極材料來回移動的工具與停留的地方，就是車用電池的四大材料 —— 正極材料（cathode materials）、負極材料（anode materials）、隔膜

3　電量單位，1 安培時是 1 安培的電流通電一小時的電量。

（seperator）與電解質（electrolyte）。

四大材料的比例是正極材料約 35％、負極材料約 20％、隔膜約 20％、電解質約 13％與其他材料 12％。鋰離子電池的性能提升取決於四大材料的品質與改良程度，唯有提升四大材料的效率，才能夠提升能源儲存用量、達到快速充電、提升充電次數、提升電力等一連串過程；同樣地，安全性當然也取決於四大材料的品質。

正極材料是儲存鋰離子的材料，是在做為支撐體的鋁箔上，利用接合劑塗上正極活性物質所壓制而成。電動車的車用電池正極活性物質主要使用鎳（Ni）、鈷（CO）、錳（Mn）所結合的 NCM 三元正極。為了降低製造成本，必須減少價格較高的鈷用量，但如此一來的缺點是，電極的穩定性會下降。過去製作時使用的是鎳、鈷、錳的比例為 5：2：3 的 NCM523；但是為了提升穩定性，現在較多使用減少錳比例，增加鎳比例的 NCM622；預估日後等技術進一步提升，將會開發出 NCM811 與 NCM9，生產成本將會下降。韓國生產正極活性物質的公司有 EcoPro BM、L&F、Cosmo 先進材料、E&D 等。代表性的海外企業有比利時的優美科（Umicore）與中國的寧波杉杉。鋁箔扮演著支撐正極活性物質，也是電子移動路徑，並可以防止熱快速發散到電池外部，韓國國內生產鋁箔的企業有 DI Dong Il、樂天鋁業與 Sama Aluminium，這些都是值

得關注的企業。

　　負極材料要在充電狀態下儲存鋰，是以銅所製成的薄膜上塗上負極活性物質所壓制而成。負極活性物質的大小、形狀與排列，對於提升充電速度而言很重要，主要是由石墨製成，天然石墨與人造石墨皆可，但為了提高產品的均勻性，人造石墨的使用正在增加。做為負極活性物質支撐體的銅箔是車用電池的核心材料，在提升電池性能方面扮演著非常重要的角色。銅箔在負極材料中所占的材料費用較高，生產工序也較為繁雜，製作銅箔的核心在於薄的同時也要維持強度。製作銅箔的韓國企業有 SKC（由子公司 SK Nexilis 生產）、日進材料、索路思高新材料，高麗亞鉛也在準備開拓這項新事業。日本則有古河電氣與日本電解，中國有華勝等。在負極活性物質生產成本上具有高度競爭力的中國企業產品，在全世界擁有大量市占率。負極活性物質的代表性企業有中國的寧波杉杉、日本的東海碳素（Tokai Carbon），以及韓國的浦項化學。

　　隔膜用於分化正極與負極，是提升車用電池穩定性非常重要的材料。化學原料高密度聚乙烯（HDPE）是隔膜的主要材料，隔膜必須讓鋰子可以順暢地移動，因此強度必須要高。隔膜是將 HDPE 融解，製作成薄片，形成氣孔，為了提升熱能與機械方面的強度，隔膜的表層還會經過陶瓷塗層。製作隔膜的企業有韓國的 SK 創新（由子公司 SKIET 生產），以及在韓

國、中國、香港設置分公司的日本 W-Scope。日本的東麗與旭化成（Asahi Kasei）是隔膜市場上歷史最悠久的公司，技術能力也處於領先地位。中國企業則是緊追在後，中國的雲南創新新材料擁有全球最大的隔膜產能。至於隔膜的原物料 HDPE，韓國的大韓油化以 40％的市占率成為全球第一大企業；韓華綜合化學後續也參與其中，開始向中國供貨，樂天化學則是緊追在後，正在準備生產隔膜專用的 HDPE。海外企業還有美國的塞拉尼斯（Celanese）與日本的三井化學（Mitsui Chemicals），旭化成則正在生產隔膜專用的 HDPE。

所謂的電解質是溶解在如水一般具有極性的溶液中形成離子，讓電流可以通過的物質。車用電池中使用可溶解電解質的電解質溶液，鋰電子會透過電解質溶液在正極與負極之間移動。我們目前還需要開發可以讓鋰電子快速移動，並且可以在低溫下順利運作的高效能電解質與機能性添加劑。韓國有生產電解質的企業有天保、厚成與東華企業，中國則有廣州天賜高新材料、深圳新宙邦科技與多氟多化工等。

電動車與車用電池產業整理

類別	企業名稱（國家）	股票代碼
電動車	現代汽車（韓）	005380.KS
	起亞車（韓）	000270.KS
	特斯拉（美）	TSLA.US
	蔚來汽車（中）	NIO.US
	比亞迪（中）	002594.CN
	小鵬汽車（中）	XPENG.US
	理想汽車（中）	LI.US
	上海汽車（中）	600104.CN
車用電池	LG 化學（韓）	051910.KS
	三星 SDI（韓）	006400.KS
	SK 創新（韓）	096770.KS
	寧德時代（中）	300750.CN
	Panasonic（日）	6752.JP
	比亞迪（中）	002594.CN
	國軒高科（中）	002074.CN
正極材料	EcoPro BM（韓）	247540.KQ
	L&F（韓）	066970.KQ
	Cosmo 先進材料（韓）	005070.KS
	E&D（韓）	101360.KQ
	優美科（比）	UMI.BE
	寧波杉杉（中）	600884.CN
	當升科技（中）	300073.CN
	中國寶安（中）	000009.CN
	格林美（中）	002340.CN
負極材料	浦項化學（韓）	003670.KS
	大洲電子材料（韓）	078600.KQ
	三井化學（日）	4188.JP
	寧波杉杉（中）	600884.CN

隔膜	SK 創新（韓）	096770.KS
	W-SCOPE（日）	6619.JP
	大韓油化（韓）	006650.KS
	雲南創新新材料（中）	002812.CN
	星源材質（中）	300568.CN
銅箔	SKC（韓）	011790.KS
	日進材料（韓）	020150.KS
	斗山索路思（韓）	336370
電解質	天保（韓）	278280.KQ
	厚成（韓）	093370.KS
	東華企業（韓）	025900.KQ
	廣州天賜高新材料（中）	002709.CN
	深圳新宙邦科技（中）	300037.CN
	多氟多化工（中）	002407.CN
零件	新興 SEC（韓）	243840.KQ
	FPW（韓）	312610.KQ
	Sangsin Energy Display（韓）	091580.KQ
設備	mPLUS（韓）	259630.KQ
	Cowintech（韓）	282880.KQ
	PNT（韓）	137400.KQ
鋰、鈷原料	贛鋒鋰業（中）	002460.CN
	天齊鋰業（中）	002466.CN
	華友鈷業（中）	603799.CN
	寒銳鈷業（中）	300618.CN
	洛陽鉬業（中）	603993.CN

（注：根據《天下雜誌》報導，台灣電動車與車用電池相關之企業，主要有 29 家，包括馬達動力的和大、富田、中鋼、江申、智伸科，車電系統的和碩、台積電、廣達、群創、宸鴻、義隆電、台達電、亞光、同欣電，車身的聯嘉、世德、恒耀、巧新、建準、元山，車用電池的長春、貿聯、康普、美琪瑪、順德、和勤、乙盛，以及充電系統的健和興、岳鼎。）

4-2 │ 環保能源綠氫

告別碳經濟，邁向氫經濟時代

在氣候變遷加劇的現在，全世界已經預告著從碳時代轉移到氫時代的能源轉型必定會發生。從 2018 年，日本開始規畫氫經濟的藍圖，到 2020 年的德國、美國、歐盟等國也都制定完成相關政策，韓國也從 2019 年開始著手跟進。

2020 年 2 月，韓國訂定《氫經濟培育與氫安全管理相關法》（氫法），並從 2021 年 5 月開始實行。2020 年 7 月韓國公布「韓版新政」，9 月推出新政基金，10 月推出 K-New Deal ETF 等，正在快速朝著氫經濟邁進。氫氣是全球暖化問題的根本解決方案，現在除了風力、太陽能等可再生能源產業以外，為了開啟氫時代，綠氫投資的大門也逐漸敞開。

氫氣為什麼會成為受到關注的能源？氫氣是位於週期表上的第一號元素，是所有元素中最輕的，占地球質量的 75％，是非常豐富的元素。雖然氫氣能源化還存在著技術方面的困難，但是氫氣的優點非常明確，它是一個無所不在的普遍能源，而且是不會有溫室氣體排放的綠色能源。

多數人只關注氫氣的環保性，但是它沒有地區分布的限制、具備普遍性。過去在仰賴石油的能源霸權爭戰中，在中東

與頁岩氣革命後，美國就一直獨占著能源霸權。能源的地區不平均導致許多政治與經濟面的問題，特別是像韓國與日本這種能源自給率較低的國家，就更有必要培育氫產業。

當然，中東、澳洲身為過去的資源強國，也正在加快氫產業的發展。煤資源豐富的澳洲，在 2019 年超過卡達成為全球第一大天然氣出口國，但即便如此，澳洲準備氫經濟轉型上也毫不懈怠。澳洲的西南海岸地區有著適合風力的地理優勢，內陸地區則有適合太陽能發電的地理優勢，澳洲正在計畫將風力與太陽能發電的能源餘量，轉換為氫氣儲存與出口事業。

從澳洲的氫氣出口策略中我們可以看出，氫氣是很受矚目的能源載體。風力與太陽能雖然可以生產大量電力，但是生產出來的電力很難出口至其他國家。所以當沒有電力系統可以儲存可再生能源所產生的電力時，電力就會流失。如果可以把閒置的電力轉換成氫氣做為中間體儲存，就可以實現遠距離運輸，如果這個方式可以商業化，就可以解決可再生能源電力生產的不穩定性，在減少使用化石燃料方面具有一石二鳥的效果。除此之外，氫氣是一個存在於所有地方的普遍元素，可以實現穩定進出口，優點是可以降低對特定地區（例如中東）的能源仰賴度，在能源安全方面也頗具意義。

這裡所說的概念就是 P2G（power-to-gas，即「電轉氣」）。所謂的 P2G，是利用風力、太陽能等可再生能源生產的電力，

在水中產生氫氣，或把產生的氫氣與二氧化碳做反應，以甲烷等燃料型態儲存並利用。以 P2G 方式儲存的燃料，後續將會被用於發電燃料或運輸燃料。P2G 的技術開發之所以重要，是因為目前可再生能源雖然正在擴大普及，但是以目前的技術來說，功率變動性高，電力系統的穩定性會出現問題。

順帶一提，P2G 與儲存電力本身的儲能系統不同，是將電力轉換為氫氣或甲烷等燃料型態儲存。儲能設備容量最大僅有 2 萬瓩時，但是 P2G 的容量則是 1 百萬瓩時，高達儲能系統的五十倍，更適合用於大容量設備。

氫氣依照生產的方式可分為灰氫、藍氫與綠氫。灰氫是石油化學與煉鐵產業製程中所排放的副生氫氣，指天然氣在高溫高壓下分解而出，或是煤在高溫下氣化所排放出來的氫氣。藍氫指使用碳捕捉與封存所生產的氫氣，是捕捉並儲存製作灰氫時所產生的二氧化碳。最後，綠氫是指純可再生能源電力中所產生的氫氣，或是利用水電解所產生的氫氣。

其中只有綠氫，是真正沒有產生二氧化碳的環保氫氣，但是綠氫的價格競爭力不及灰氫，因此還需要相當多的時間與投資才能商業化。以韓國來說，除了投資綠氫以外，還需要同時建設基礎設施以利進口國外所生產的環保氫氣。

現在最值得關注：副生氫氣產業

由於我們還需要相當多時間，才得以開始正式生產綠氫，所以短期內副生氫氣應該會被大量使用。副生氫氣是從石油化學或是煉鋼產業公上所產生的附屬物，因此副生氫氣是生產的成本最低的經濟製氫法。

韓國的氫氣產能約為 192 萬噸，大部分由蔚山（50％）、麗水（34％）、大山（11％）的石油化學園區所生產。氫氣是被應用在半導體、顯示器製造、氨製造、光纖製造、石油精煉、化學肥料、電池製造、煉鐵、太空船與火箭燃料（液氫）等多種產業的重要工業原料。

2019 年韓國能源經濟研究院與產業通商資源部所公布的《氫經濟促進藍圖制定研究》資料中顯示，除了產業內部的用量以外，韓國氫氣的剩餘產能約為 5 萬噸，足以供給 25 萬台氫能車運行。同一份資料中還指出，氫能車的運行量目標是 2022 年 81,000 台，並在 2040 年達到 620 萬台以上，順帶一提，韓國唯一可生產氫能車的企業是現代汽車，截至 2020 年 10 月已銷售 5,097 台氫燃料電池車，全球累積銷售量超過一萬台。

全世界副生氫氣相關企業，目前有德陽、SPG 氫氣、林德（Linde）、Air Products & Chemicals、液化空氣（Air Liquide）等。

〰 林德（德國）

林德是一家跨國氫氣生產商，2019 年德國林德與美國普萊克斯（Praxair）合併，成為全球規模最大的工業氣體生產零售商。此外，林德還在 2019 年 10 月收購英國水電解公司 ITM 能源（ITM Power）20%的持股，企圖將事業拓展到生產綠氫上。

林德擁有可以將氫氣容積減少八百分之一的液化設備與約兩百多座的充電站，他們也在韓國計畫利用自家的氫氣液化技術，使用曉星化學龍淵廠所生產的副生氫氣生產液氫。截至2022 年的投資規模總共約 2.3 億美元，每年可生產 13,000 噸，單以這項設備來說，規模是世界之最。

〰 Air Products（美國）

Air Products（注：台灣三福氣體的母公司）是 2019 年銷售額達 89 億美元的工業用氣體製造商。2020 年 7 月與沙烏地阿拉伯的新未來城（NEOM，該國西北部一座規畫中的城市）簽訂了總體規模 70 億美元，以環保氫氣為基礎的綠氨生產與分解設備契約，這個規模每天可以生產 650 噸的氫氣與每年可生產 120 噸的綠氨，帶來每年減少 300 萬噸以上二氧化碳排放量與 70 萬台以上車輛排放之溫室氣體的效果。

☑ 德陽、SPG 氫氣（韓國）

德陽成立於 1982 年，占韓國氫氣產量 60％以上，是韓國最大的工業用氣體製造與銷售商。德陽在韓國境內的蔚山、麗水、瑞山、群山等地，擁有九家生產工廠，製造半導體工程、金屬熱處理、焊接、汽車燃料所使用的氫氣、碳酸氣體與氮氣等工業用氣體，並供給 SK 能源、樂天化學與韓國液化空氣等公司。

SPG 氫氣也是工業用氣體的製造商，是韓國第二大的氫氣生產公司。SPG 氫氣的主要顧客有雙龍煉油（S-OIL）、SK Siltron、SK Air Gas、梨樹化學等公司。

德陽 2019 年的銷售額約 2.75 億美元，SPG 氫氣約為 1.28 億美元，而同業排行第三以後的公司，銷售額都還偏低。德陽的業績從 2015 年的虧損中持續改善，2019 年的營業利益率已經上升到 8.7％，從這裡我們可以間接看出，氫氣與工業瓦斯的產業狀況有所好轉。

☑ 液化空氣（法國）

液化空氣是法國的工業用與醫療用氣體製造商，2019 年的銷售額高達 219 億歐元，是一家過去五年來年均成長 7.4％的企業。主要產品有液態氮、氬、二氧化碳、氧氣等，為了減

少溫室氣體的排放與對石油的仰賴度，液化空氣正專注在氫氣之上。液化空氣在巴黎市中心設置了全球第一座市中心型配套式氫能充電站，並且擁有氫氣相關核心技術——液氫充電技術。液氫技術現在只有法國液化空氣、美國 Air Products 和德國林德等少數企業才有。此外，液化空氣還計畫成立由韓國石油公社、現代汽車、曉星等十三家企業所參與的特殊目的公司 HyNet（Hydrogen Network，韓國氫能充電站擴展塔台），計畫建造 100 座氫能充電站。

過渡期的觀察重點：氫氣提取技術

綠氫中除了副生氫氣以外，還有氫氣提取。由於綠氫商業化還需要一點時間，因此副生氫氣與氫氣提取業者的表現在過渡期中會更加突出。氫氣提取相關的企業有 JNK Heaters 與現代樂鐵等。氫氣提取是指在天然氣重整（天然氣分解為高溫、高壓的水蒸氣，使天然氣的化學結構改變）或煤在高溫下氣化所提取出來的氫氣。但由於生產氫氣的過程中，會產生相當於氫氣十倍的二氧化碳，因此人們正在討論運用捕捉與封存二氧化碳的 CCS 方式（藍氫）做為應對方案。雖然最終我們還是得要朝生產綠氫的方向邁進，但是在可再生能源發電量短缺的韓國，提取碳氫並同時進口綠氫將成為現實中可行的對策。

⎍ JNK Heaters（韓國）

JNK Heaters 是 1998 年從大林工程的加熱器事業部中分離出來，生產用於石油化學設備之工業用加熱火爐的公司。目前正在計畫建設就地供應（on-site）氫能充電站做為新事業，預計還會執行國家政策，結合氫氣提取技術。韓國是以甲烷做為主成分的天然氣供給基礎設施最完善的國家，比起使用高壓氫氣長管拖車供給（off-site）的氫能充電站，利用氫氣提取設備就地供應的氫能充電站可以節省掉相當部分的運輸費用。

⎍ 現代樂鐵（韓國）

現代樂鐵是 1977 年成立的的鐵路公司，除了鐵路以外，還有國防與設備事業，目前正致力於拓展氫能領域的事業。為了架構氫能移動生態系統，現代樂鐵進軍了氫能充電設備供應事業，近期還承攬到兩台氫氣重組器的訂單。氫氣重組器是從液化天然氣中提取高純度氫氣的氫氣提取設備。這項技術正在從國外接受轉移，轉移完成後預計可以比國外的重組器節省15％以上的費用。韓國的工廠每年可以製造 20 台的氫氣提取設備，氫氣產量每年約為 4,700 噸，以 NEXO 來說，這個規模足以滿足 85 萬台氫能車的燃料。現代樂鐵也正在開發可以做

現代樂鐵正在開發氫能列車

資料來源：現代樂鐵

為城市型交通工具的氫能列車，氫能列車的優點在於不需要電
纜與發電廠，可以節省掉電力基礎設施的建設與維護費用。另
一方面，現代樂鐵還收到 HyNet 正在推動的唐津氫氣出貨中
心的工程訂單，預計即將完工。

真正符合「綠色精神」的綠氫

在轉型成為綠氫時代的過程中，最重要也最必要的就是擁

有綠氫相關的技術。近期除了 SK 集團收購了美國普拉格能源以外，現代汽車、韓華、浦項集團等企業也紛紛提出取得綠氫技術的投資與未來願景。

做為環保氫氣的綠氫，擁有利用可再生能源的電力分解水，然後生產出氫氣的水電解技術是必要條件。水電解的方式根據電解質的種類分為鹼性水電解（AEC）、質子交換膜（PEM）與固態氧化物燃料電池（SOFC）。韓國政府計畫在 2022 年之前開發出十萬瓩級再生能源相關水電解技術，並推動再生能源相關實證。綠氫相關的企業有 NEL Hydrogen、旭化成、西門子（Siemens）、氫能公司（Hydrogenics）、ITM 能源等。鹼性水電解方面的代表性企業有挪威的 NEL Hydrogen 與日本的旭化成。質子交換膜方面有德國的西門子、加拿大的氫能公司與英國的 ITM 能源等。

NEL Hydrogen 開發了鹼性水電解與質子交換膜的水電解設備，康明斯（Cummins）與液化空氣分別持有 81％與 19％的氫能公司股份，德國林德則取得了 20％的 ITM 能源持股，以跨國公司為首，各家公司目前正在積極投入取得水電解的技術。氫能公司正在加拿大魁北克建造世界最大 20,000 瓩規模的質子交換膜水電解設備，林德藉由與 ITM 能源開設合資公司，正在進行 10,000 瓩級水電解生產計畫。

未上市的韓國企業 Elkemteg，從 2003 年開始著手進行綠

氫相關開發，參與各項實證事業，擁有 3,000 平方公分大型電池堆（stack）與 1,000 瓩的水電解技術。在國外，綠氫相關企業們已經開始積極行動，但韓國卻到現在才開始以大企業為中心，正式提出氫能相關的投資與未來願景，這一點多少令人感到遺憾。

〰 SK（韓國）

SK 已經透過子公司 SK E&S 完成液化石油氣產業鏈（天然氣田、液化設備、輸送、接收站、發電等）。SK 在國內外都正在進行太陽能與風力發電等再生能源事業。另外，SK 為了擴大氫事業，還新設立了「SK 氫事業促進團」，SK 計畫從 2023 年開始，每年 3 萬噸規模的液氫生產設備，供給液氫給首都圈，副生氫氣（灰氫）則由 SK 創新提供。SK 還計畫每年直接進口 300 萬噸以上的液化石油氣，透過 SK E&S 生產 25 萬噸的藍氫。除此之外，SK 為了建構出氫生產、流通、供給於一體的韓國國內氫生態系統，計畫在 2025 年以前要擁有共 28 萬噸的藍氫產能。

2021 年的時候，SK 與 SK E&S 共同收購美國氫能企業普拉格能源 9.9％的持股，正在為氫時代做準備。普拉格能源擁有車用燃料電池（PEMF）、水電解核心設備──電解池、液

氫設備與氫能充電站建設技術等氫事業產業鏈中的多項核心技術，因而受到全世界的關注。

∿ SK Gas（韓國）

SK Discovery 的子公司 SK Gas 分別持有 SK D&D 與 SK 先進 31％與 45％的持股。SK GAS 正在推動利用現有的液化石油氣（LPG）建設氫能充電站的方案。SK 先進在製造丙烯的過程中，每年會產生 3 萬噸的副生氫氣，預計會經由氫能充電廠進行銷售與流通。SK Gas 還與開發氫氣液化技術的新創公司 Hylium Industries 簽訂諒解備忘錄（MOU），正在討論利用蔚山液化石油氣接收站所產生的冷熱能生產液氫。

∿ 浦項（韓國）

浦項是韓國最大鋼鐵廠，由於製造產品需要用的高爐（熔爐）主要原料是煤，因此一直脫不了碳排放元兇的烙印。浦項為了跟上綠色浪潮，也宣布正式進軍氫產業，並公布氫相關的中長期事業藍圖，表示 2050 年以前要建造 500 萬噸的氫氣生產體系，氫事業銷售額要達到 231 億美元。目前浦項利用鋼鐵製程中產生的副生氣體與液化石油氣，每年可以生產 7,000 噸

氫氣，其中 3,500 噸正為自己所用。浦項計畫 2050 年以前，副生氫氣產能會達到 7 萬噸，2030 年以前藍氫 50 萬噸，並在 2040 年以前讓綠氫產能達到 200 萬噸。2050 年以前實現以綠氫為基礎的氫還原製鐵廠（用氫氣替代煤做為還原劑），達成碳中和。

∿ 韓華思路信（韓國）

韓華思路信與 OCI 並列韓國最具代表性的太陽能公司。韓華思路信同樣也在為氫時代做準備，2021 年將負責再生能源發電的綠能計畫（Green Energy Solution，GES）進行擴編。以 P2G 的核心技術──水電解技術為基礎，正在提前確保大量生產綠氫的技術能力。2020 年 12 月，韓華思路信透過 9 億美元的現金增資，決定從 2021 年開始，進行為期五年投資 21.6 億美元進入新時代太陽能與綠氫之上。此外，韓華思路信收購了美國國家航空暨太空總署（NASA）內部創投所成立的美國高壓氫氣瓶公司 Cimarron，計畫推動超大型氫氣瓶事業。韓華思路信在大規模現金增資後，首先就選擇收購氫氣瓶公司，由此可看出整個集團正致力於擴大氫事業。

〽️ 曉星重工（韓國）

　　曉星重工是 2018 年 6 月，由曉星將重工業與營造業部門分割後成立，經營超高壓變壓器等供電設備、儲能系統、營造業。曉星重工以壓縮天然氣（CNG）充電站事業經驗為基礎，企圖拓展氫能充電事業。根據政府的氫經濟藍圖，從 2021 年起 540 座以上的充電站。

　　曉星重工在 2020 年承攬了政府的氫能充電站新事業、氫能巴士充電站、氫能生產基地充電站等作業，會正式迎來氫相關事業的成長。2020 年 4 月曉星重工決定與林德集團共同投資約 2 億美元，在蔚山設立全球最大規模的液氫工廠。把蔚山曉星化學 PDH 工程（生產丙烯）中產生的副生氫氣液體化，每年規模可達到 13,000 噸。

全球兩大氫能車廠對決：豐田 vs 現代

　　最急需使用氫氣的產業是運輸業。各國政府也開始推動氫能運輸，特別是積極推動氫能車產業。美國的目標是在 2030 年達到氫能車 120 萬台、氫能貨車 30 萬台、氫能充電站 4,300 座。日本則是計畫在 2030 年氫能車達 80 萬台、氫能巴士 1,200 台、氫能充電站 900 座。韓國所提出的藍圖則是在 2040 年氫

能車累積達 620 萬台、氫能充電站達 1,200 座以上。

愈來愈多地方開始禁止銷售新的燃油車。以 2017 年為基準，全球電動車市場約會達到 2 兆美元，就算其中只有 10％是氫能車，氫能車的市場規模也大於全球顯示器 1,300 億美元的市場規模，相當於半導體市場 4,200 美元規模的一半。

到目前為止，小型車方面電動車比氫能車更具有價格競爭力，但是當車子放大就不一樣了。如果想要提升行駛距離，電動車必須增加電池數後，氫能車則必須增加氫氣瓶的數量，但

主要國家的氫能車、氫能充電站現況與普及展望

類別		2018 年 2 月之現況	2025 年（累積）	2030 年（累積）
氫能車 （台）	日本	1,800	20 萬	80 萬
	中國	60	5 萬	100 萬
	德國	－	65 萬	180 萬
	美國	－	－	120 萬
	韓國	900	10 萬	63 萬
氫能充電站 （座）	日本	92	640	900
	中國	5	300	1,000
	德國	50	400 （2023 年）	1,000
	美國	－	－	4,300
	韓國	39	400	600

資料來源：國土交通部

是氫氣瓶的重量比電池更輕，因此在卡車的行駛距離與充電時間上，氫能車都比電動車更具備優勢。主要負責物流運輸的大型卡車，很有可能都是在特定的區域內移動，因此只要具備優良的充電站基礎設施，在運輸工具部門氫能車有望大幅成長。

全球氫能車製造商，有現代、豐田、本田等公司。2020年現代汽車的氫能車 NEXO 超越主要競爭對手，占據銷售量第一。2020 年 1 至 9 月全球市場上所銷售的 6,664 台氫能車中，現代的 NEXO 銷售 4,917 台（74％）、豐田 Mirai 銷售767 台（11％），本田 Clarity 銷售 187 台（3％），現代汽車獲得壓倒性的勝利。然而 2020 年底本田推出性能大幅優化的Mirai 第二代，預計日後的競爭將會愈演愈烈。

〽 豐田汽車（日本）

豐田與現代正在共同主導著氫能車的市場。2020 年 12 月豐田推出氫能車 Mirai2，行駛距離比先前的 Mirai1 增加 30％，來到 850 公里，氫容量則增加了 20％。Mirai1 在和現代的 Tucson IX 的競爭中取勝，但是隨著 2018 年現代汽車推出 NEXO 後戰局出現逆轉。對此豐田推出新型 Mirai，2021 年氫能車市場上兩位玩家的競爭值得我們一覽究竟。目前跨國汽車公司激烈的競爭，將有助於處於打開還處在初期階段的氫能車市場。

📈 現代汽車（韓國）

現代汽車在 2020 年 12 月公開氫燃料電池品牌 HTWO（Hydrogen ＋ Humanity，指兩個 H 的意思），把氫能事業升格成為三大核心事業。

現代汽車是在傳統全球汽車製造商中，極少數不僅生產電動車，同時還生產氫能車的集團。2018 年 12 月現代摩比斯的氫燃料電池系統二廠開工，計畫將氫能車專用的燃料電池堆產能（CAPA）從每年 3,000 台，至 2022 年擴大至每年 4 萬台，並且公開表示 2030 年以前要擁有每年 50 萬台產能的願景。

為了達成目標，現代汽車計畫投資 58.6 兆美元，進行研

現代汽車的燃料電池技術

資料來源：現代汽車

究開發與擴大設備。除此之外，也正在推動於中國廣東省廣州市成立氫燃料電池系統工廠。

現代汽車的 Tucson IX 成為世界首度量產的氫能車，2018年推出第二代氫燃料電池車 NEXO，2020 又開發出全球第一台氫能卡車 Xcient Fuel Cell 出口至瑞士。除此之外，現代汽車計畫以燃料電池技術為基礎，除了汽車領域以外還要擴大至船舶、火車、緊急發電、城市空中移動等非汽車事業領域。

現代汽車與沙烏地阿拉伯國家石油公司簽訂了供給氫氣、擴大氫燃料充電站與開發氫氣瓶材料碳纖維的備忘錄。還與美國康明斯簽訂了供應北美商用車市場的氫燃料電池系統，以及進軍數據中心緊急發電專用氫燃料電池系統的備忘錄等，積極拓展全球氫能網路。

現代汽車將逐漸使用燃料電池取代自家的燃油引擎，並透過堆高機、挖土機等特殊車種，以及城市空中移動等其他運輸方式，供給氫燃料電池系統。為此，現代汽車計畫在 2050 年以前投資 31.6 億美元。綜如上述，現代汽車集團除了電動車之外，也是最積極為氫能車等未來移動做準備的企業。

豐田希望能夠經由中國的燃料電池開發合資公司擴大市場。該家公司豐田擁有 65% 的持股。，中國的清華大學與四家汽車企業（北京、第一、東風、廣州）分別出資 5% 至 15%。這家合資公司計畫在 2022 年以前，將旗下開發的氫能車系統

提供給中國卡車與巴士使用。

除此之外，豐田在 2020 年的拉斯維加斯國際消費電子展（CES）上公開名為「網城」（Woven City）的原型氫能城市造城計畫。網城會經由重新開發豐田汽車位於富士山腳下的工廠舊址而體現。網城中的建築物電力供應來源使用氫燃料電池與太陽能，主要幹道上只能行駛無公害車輛，會結合機器人機場、自動駕駛、智慧住宅、個人運輸、人工智能等技術。

豐田汽車的「網城」氫能城市計畫

圖片來源：豐田汽車

氫燃料電池零件製造

氫燃料電池最核心的零件就是電池堆。電池堆就等同於是

氫能車的心臟，是一個可以結合氫氣與空氣中的氧氣進而產生電氣的裝置，在氫能車生產費用中占比約 40％，是非常重要的零件。

電池堆是數個由膜電極組件（Membrane Electrode Assembly，MEA）、氣體擴散層（Gas Diffusion Layer，GDL）、隔膜、墊片所組成的單電池串聯而成。電池堆中成本高到低依序為膜電極組件、氣體擴散層、隔膜，其中膜電極組件的價格占電池堆價格的約40％。膜電極組件是在PEM燃料電池[4]中扮演核心角色的零件，可以促進氫氣轉換成電能的電氣化學反應。被投入氧化極的氫氣會與催化劑產生反應，分解成質子與電子。質子會經由膜電極組件朝還原極移動與氧氣結合，透過催化劑的幫助產出水，主要原理是無法通過膜電極組件的電子會流出燃料電池成為電能，由此可知膜電極組件需要只允許氫離子通過的高度技術，因此新企業想進入該產業的門檻很高。

〰 SFTC（韓國）

SFTC（SANG-A FRONTEC）是韓國唯一以生產氟碳塗料

4　PEM 燃料電池是質子交換膜（Proton Exchange Membrane）或高分子電解質膜（Polymer Electrolytc Membrane）燃料電池，運作溫度比其他燃料電池低，啟動時間較短，常用於家電或運輸等方面。

為基礎的企業，SFTC 所生產的產品會供應給顯示器、充電電池、半導體等各種上游產業。SFTC 近期備受矚目的原因是他們以自家的 ePTFE（聚四氟乙烯）專利為基礎，開發出了一款氫燃料電池堆的隔膜（膜電極組件組合用電解質膜）。做為膜電極組件材料的 ePTFE，被應用在服飾、醫療、過濾器等各個產業。氫燃料電池的膜電極組件在氫能車中屬技術難度與進入門檻較高的材料，一直以來都受到美國戈爾公司（GORE）的壟斷，但是 SFTC 卻成功將其在韓國生產。經過大約三年的開發與測試，SFTC 已經在著手準備量產流程，實際商用銷售額令人期待。

氫能車專用的膜電極組件是燃料電池堆中的核心材料，大約占氫能車成本的 15％，如果可以大量生產，預估會有較高的成長潛力。除此之外，為了生產出綠氫，我們還需要高分子電解質膜的設備，而膜電極組件也被用做為當中的主要材料。相較於氫能車所使用的膜電極組件，水電解設備的膜電極組件尺寸更大，因此在事業長期成長的層面上，也值得給予關注。

〰 現代鋼鐵（韓國）

現代汽車是韓國第二大鋼鐵公司，目前正透過現代汽車集團的子公司，穩定供應車用鋼板。除此之外，為了配合集團擴

大氫能產業的策略，現代鋼鐵也正在生產副生氫氣與氫燃料電池車的金屬隔板，金屬隔板占電池堆成本的18％。此外，現代鋼鐵也正在開發電動車專用的不銹鋼電池盒。使用鋼製雖然會比鋁製電池盒更重，但是可以提升耐久性與承撞性等配置，可以輕鬆符合各種法規。除此之外，現代鋼鐵也正在強化氫氣基礎事業。目前現代鋼鐵的副生氫氣產能為3,500噸，正在討論是否投資2億美元，把每年的產量最高提升至37,200噸。

〰️ 曉星高新材料（韓國）

曉星高新材料是一家輪胎補強與安全氣囊材料原紗領域市占率全球第一的公司。除此之外，曉星正在加強對尖端材料芳

可放大能源效率的碳纖維

資料來源：曉星高新材料

香聚醯胺原紗與碳纖維的投資。值得一提的是碳纖維的重量比鋼鐵少 25％，但是強度卻高於鋼鐵十倍以上，做為可以經由輕量化放大能源效率的尖端材料，備受矚目。全球碳纖維市場每年都成長 10％以上，氫燃料電池車與氫燃料電池堆也使用了碳複合材料。

碳纖維除了在氫能車以外，還應用在多個領域。在風力發電中，容量增加使葉片長度加長，為了滿足可以承受如此重量的物理特質，碳纖維材料的需求也正在增加。此外，為了改善燃油效率，預估在航空方面等要求材料必須輕量化並具有高強度的產業，對碳纖維的需求會進一步快速擴大。雖然碳纖維目前還是由日本東麗獨霸市場，但曉星高新材料也有望逐漸提升市占率。曉星的產能從 2019 年的每年 2,000 噸，在 2020 年增加一倍來到 4,000 噸，曉星計畫經由投資 8 億美元，最終能在 2028 年把產量增加至世界最大規模的 24,000 噸。

📈 日進鑽石（韓國）

日進鑽石是一家製造工業用合成鑽石的企業。這家公司之所以受到關注，是因為他擁有子公司「日進複合材料」（非上市公司）86.9％的股份。日進複合材料的前身是 1999 年成立的韓國複合材料研究所，該公司在 2011 年被日進集團收購。日

進複合材料的產品包括高壓壓縮天然氣罐、氫氣瓶、廢氣減排裝置等，也是韓國唯一一家供應氫燃料電池車專用氫氣瓶的業者。

按照韓國政府的氫經濟藍圖，預估氫能基礎建設擴大政策與現代汽車擴充氫能車車款的計畫將會持續進行，因此日進複合材料中長期的營運環境還不錯。日進複合材料在 2019 年現金增資增設設備，預計日進複合材料會為了籌措後續氫氣瓶製造工序與建設研究開發中心的資金，在 2021 年上市。

日進複合材料繼現代第一款氫能車 Tucson IX 之後，又獨家提供 NEXO 氫氣瓶，關於技術層面，目前正在製造 Type 4 氫氣瓶。順帶一提，高壓氣瓶依照容器結構可以分成 Type 1 至 Type 4。Type1 的容器整體是以金屬材質（鋼、鋁）內襯所組成；Type2 是只在軀幹部分，利用在金屬材質內襯加上碳纖

可以承受 700 巴高壓的日進復合材料氫氣瓶

圖片來源：日進複合材料

維的複合材料進行補強；Type3 是在整體的鋁製內襯上加上碳纖維複合材料進行補強；Type4 是在塑膠等非金屬內襯上使用碳纖維複合材料補強整個容器的型態。Type 1 至 Type 4 可以承受的壓力分別為 200、300、400、700 巴（壓力單位 bar），汽車所使用的氫氣儲藏容器是 Type4 的氫氣瓶。也就是說，如果要打造出超輕量燃料箱就必須要有 Type4 的技術，但目前只有豐田汽車與日進複合材料持有 Type4 相關生產技術。

　　正如同我們從現代汽車集團的未來移動計畫中所見，日後物流業界備受矚目的氫燃料無人機、氫燃料卡車、氫燃料巴士等，隨著氫氣的應用範圍擴大，氫氣瓶的應用範圍也正在擴大。儘管受到新冠肺炎的影響，但預計氫燃料無人機在高壓電線、建築物、大規模輸氣管等方面的使用將會有所增加，氫氣瓶產業的前景看來也是一片光明。

📈 世鍾工業（韓國）

　　世鍾工業是現有燃油車排氣系統領域排名第一的汽車零件公司，主力產品是淨化排氣的轉化器與減少噪音和震動的消音器。為了擺脫以內燃機為主的銷售結構，世鍾工業於 2014 年收購車輪轉速感應器（Wheel Speed Senso，WSS）業者 Asentec（100％持股）。2019 年 11 月車用電子裝配件業者 Asentec 的

環保高效能汽車電子裝配件

氫氣洩壓閥
（氫燃料供應系統）

氫氣感測器
（氫燃料供應系統）

氫氣感測器
（車輛室內）

壓力感應器
（氫燃料供應系統）

氫氣感測器
（氫燃料儲藏瓶）

氫氣感測器
（燃料電池堆）

輪胎速度感應器
（車輪）

冷卻水溫度感應器

壓力感測器
（氫燃料輸送管）

Urea--SCR系統

水位感應器

水閘

排氣系統專用感應器

● 排氣系統電裝　　○ 智能型車　　● 氫燃料電池車

資料來源：世鍾工業

越南廠完工，擁有每年 1,000 萬台規模的產能，隨著現代汽車與起亞拓展東南亞市場的策略，需求預計會有所增加。

　　世鍾工業持有 42％ Mobyus & Value Chain 的持股，該公司經營自動駕駛型堆高機（Autonomous Fork Lift，AFL）、自動導引車（Automated guided Vehicle，AGV）、自動輸送設備管理系統等事業。隨著電子商務市場急遽成長，預估物流服務對自動駕駛型堆高機的需求將會增加。

2020 年 5 月世鍾工業為了供應氫燃料電池車專用零件給現代摩比斯，成立了世鍾 EV（100％持股）。目前現代汽車用的金屬隔板由現代鋼鐵供應，但是為了對氫能車銷量增加做準備，世鍾 EV 正式進軍氫能車零件產業。EBEST 證券推測，現代汽車的氫能車銷售量會從 2020 年的 1 萬台，在 2025 年快速增加至 5 萬台，世鍾工業也將受惠於現代汽車的氫能車銷量增加。產品地位方面上，電池堆是氫能車的核心零件，而電池堆的主要零件如前所述，有膜電極組件、氣體擴散層、金屬隔膜等，因此世鍾工業也將負責生產氫能車的主要零件。

氫能發電配額制為燃料電池帶來新契機

隨著做為環保、高效率能源的發電用燃料電池，成為分散電力來源的最佳能源，燃料電池的全球市場有愈來愈大的趨勢。可再生能源配額制（Renewable energy Portfolio Standard，RPS）是規定大規模發電業者有義務在總發電量中供應一定比例的新再生能源的制度，韓國以這項制度為基礎，在 2020 年第三季末設置了 606,000 瓩規模的發電用燃料電池。包括公家電力公司在內，總共有 21 間發電業者需要遵守可再生能源配額制，義務供給比例要持續增加，2030 年時必須增加至 28％。

可再生能源義務供應量比例趨勢

年度	2017年	2018年	2019年	2020年	2021年	2022年	2023年	2026年	2030年
比例（%）	4	5	6	7	9	10	10	16	28

資料來源：產業通商資源部

　　另一方面，韓國能源管理公團會確認發電業者是否有利用可再生能源設備生產與供應電力，發放可再生能源證書（Renewable Energy Certificate，REC），透過電力交易所以1,000 韓圜（約新台幣 23 元）為單位進行交易，燃料電池比太陽能更具備優勢。依照容量與設置位置的不同，太陽能的加權值為 0.7 至 1.5，但如果將太陽能與儲能系統連接，加權值就會提高至 5.0，從 2020 年 7 月至 12 月的加權值是 4.0，但是從2021 年開始這項條款卻成為日落條款，失去效力。反之設置過程繁瑣的離岸風力根據連接距離，加權值落在 2.0 至 3.5，燃料電池也有 2.0 的高加權數值。

引進氫能發電配額制度

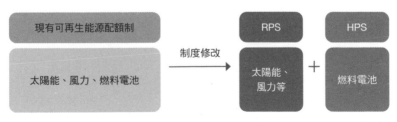

資料來源：氫經濟委員會

根據韓國的氫氣法，2020年7月成立的氫能經濟委員會為了擴大氫燃料電池的普及，引進了氫能發電配額制（Hydrogen energy Portfolio Standard，HPS）。從現有的可再生能源配額制中，額外建立氫燃料電池的義務供給市場，為的是讓氫能產業能更加活躍。根據可再生能源配額制度指出，電力公司所生產的電力中，有7％必須是可再生能源，但是可再生能源中，氫燃料只占了13％。但是按照氫能發電配額制的規定，從2022年開始韓國電力整體中要有一定比例必須購買由氫燃料電池所生產的電力，這對於氫燃料電池業者來說是個新的機會。

氫經濟促進之國家願景與燃料電池成長目標

類別		2018年	2022年	2040年
發電用燃料電池	整體	30.7萬瓩	150萬瓩	1,500萬瓩
	（內需）	－	（100萬瓩）	（800萬瓩）
家用、建築物用燃料電池		7,000瓩	5萬瓩	210萬瓩
氫燃料供給（每年）		13萬噸	47萬噸	526萬噸以上
氫燃料價格（每公斤）			140 NTD	70 NTD

資料來源：相關部門

同時，原本只能提供給城市燃氣業者的天然氣供應體系也有所變更。韓國石油公社允許大規模製造氫燃料的業者可以直接供應天然氣給非城市燃氣業者，必要時還允許業者設置高壓都市瓦斯管路。政府宣布目標是在2040年以前將燃料電池的

普及量提升至 15 百萬瓩（8 百萬瓩內需、7 百萬瓩出口），並且會在二十年內投資 193 億美元。除此之外，政府還計畫與地方自治團體、企業共同設立特殊目的公司「KOHYGEN」（Korea Hydrogen Energy Network），建設商用車輛的氫燃料充電站，參與其中的企業有現代汽車、SK 能源、湖南煉油、雙龍煉油、現代煉油、E1、SK GAS、韓國區域供熱公司等。

上述的氫燃料電池高 REC 權重、為了復興氫能產業而全新引進的氫能發電配額制度，以及政府公布的燃料電池中長期成長藍圖等，有望帶動燃料電池市場的成長。

⚟ 斗山燃料電池（韓國）

斗山燃料電池借助於政府強勁的氫能產業支持政策，把握住了大幅成長的機會。為了達成 2040 年以前氫燃料電池達到 800 萬瓩（以內需為準）的目標，政府提出了氫能發電配額制以及相對的具體方案，若要達成這個數值，每年平均必須建設 35 萬到 40 萬瓩的氫燃料電池發電站。斗山燃料電池擁有韓國發電用燃料電池 70 ％以上的市占率，非常有可能大幅超出氫燃料電池市場平均成長率。隨著 2022 年開始實施的發電用燃料電池友善制度，訂購市場的預估值將會上漲。

斗山燃料電池計畫利用 2020 年現金增資的 3,360 億韓圜，

將燃料電池（PAFC）每年的產能從 63,000 瓩增加至 260,000 瓩，為了讓產品組合多元化，除了原有的磷酸燃料電池以外，也正在生產固態氧化物燃料電池。除此之外，斗山燃料電池也正在執行固體氧化物燃料電池技術開發的相關國策課題，在技術層面上與英國的 Ceres Power 共同開發電池堆量產技術，預計於設立工廠。

在未來產業方面，斗山燃料電池計畫利用高分子電解質膜燃料電池技術，建設供應當地的氫燃料充電站設備。除此之外，斗山燃料電池也利用磷酸燃料電池技術，在天然氣儲存站中推動可以銷售電、熱、氫的 Tri-Gen（三重熱電聯產）產品

氫燃料電池發電相關訂購市場展望

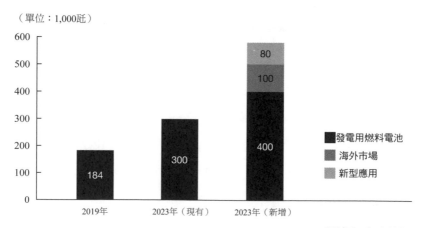

（單位：1,000瓩）

資料來源：斗山燃料電池

開發，計畫在 2022 年商業化。另一方面，斗山燃料電池以高分子電解質膜技術為基礎，進軍大型移動工具（巴士、卡車）市場。雖然目前巴士與卡車的普及速度相較於氫能客車更為緩慢，但是斗山燃料電池進軍 OEM 事業與大型移動工具專用氫能電力模組市場，正在推動 2024 年以後的事業。此外，斗山燃料電池也運用固態氧化物燃料電池技術，準備進軍船舶專用燃料電池市場。現階段的船舶為了減少溫室氣體的排放量，正在增加液化石油氣燃料的用量，但為了最終可以達成真正的綠色航運（Green ship），目前正在推動使用清淨燃料（氨、氫）的氫燃料電池系統。

斗山燃料電池的燃料電池增設計畫

（單位：1,000瓩）

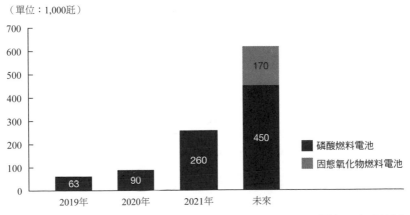

資料來源：斗山燃料電池

以電解質種類與運作溫度為依據的燃料電池分類

項目	高溫型燃料電池		低溫型燃料電池	
	熔融碳酸鹽 MCFC	固態氧化物 SOFE	磷酸型 PAFC	高分子電解質 PEMFC
用途	發電用、家電 與建築物用	運輸用、家用 與建築物用	運輸用、家用 與建築物用	運輸與攜帶 用、建築物用
催化劑	鈣鈦礦	鎳	鉑	鉑
電解質	熔融碳酸鹽	固態氧化物	磷酸鹽	高分子電解質
電效率	45～60%	50～60%	40～45%	< 40%
運作溫度	550～700℃	600～1,000℃	150～250℃	50～100℃
特徵	發電效率高 可內部重組 可熱電聯產	發電效率高 可內部重組 可複合發電	CO 耐久性大 可熱電聯產	低溫運作 高能量密度

資料來源：韓國能源公團

〰 普拉格能源（美國）

　　普拉格能源是 1997 年成立的美國氫能公司，擁有車用燃料電池（Proton-Exchange Membrane Fuel Cell，PEMFC）、水電解核心設備電解槽、液化氫設備與氫燃料充電站建設技術。普拉格能源計畫在 2024 年以前建設五間生產綠氫的工廠，目標是在 2022 年以前啟用兩家工廠，這個規模可以生產出 500,000 瓩水電解與 6 萬個電池堆。此外，普拉格能源正在與英國石油公司 BP 共同開發綠氫計畫，並與德國林德共同開發車用燃料

電池。另外，普拉格能源還向亞馬遜與沃爾瑪等公司供應氫能堆高機，也正在進行氫能卡車等以氫能為基礎的移動事業。

最近 SK 與 SK E&S 分別出資 6 億美元，收購了普拉格能源 9.9%持股。普拉格能源基於拜登總統當選與 SK 集團收購等利多消息，股價從 2020 年底的 33.91 美元，在 2021 年 1 月上漲至 53.78 美元，總市值飆漲至 238 億美元。從當初的收購金額，就可以看出普拉格能源獲得高企業價值的認可。雖然普拉格能源的銷售額從 2019 年的 2.3 億美元，於 2020 年上漲至約 3 億美元，業績有所成長，但是營業利潤方面仍然是赤字，推測 SK 與 SK E&S 是基於普拉格能源的未來成長潛能而進行收購。

另一方面，斗山燃料電池 2019 年的業績是銷售額 1.7 億美元，獲利 1500 萬美元；2020 年則是銷售額 3.6 億美元，獲利達 2000 萬美元；證券公司分析師對其未來業績預測，銷售額會落在 4 億美元，獲利 2500 萬美元。

雖然燃料電池應用的領域有點不同，但是目前斗山燃料電池（發電用燃料電池）的業績比普拉格能源（車輛用 PEMFC、擁有生產氫氣的電解槽技術）更好，但是總市值卻更低。由於普拉格能源是北美這個大市場中的玩家，產品組合多樣化，因此有所溢價，但是從同產業的公司獲得高評價被收購的這點來看，不管從市場對該產業的關注度，或是從斗山燃料電池的立場來看，該產業都可以說是前途似錦。

氫能產業整理

類別		企業名稱 （國家）	股票代號
氫氣生產	生產計畫	SK（韓）	034730.KS
		SK GAS（韓）	018670.KS
		曉星重工（韓）	298040.KS
		浦項（韓）	005490.KS
		韓華思路信（韓）	009830.KS
	副生氫氣	德陽（韓）	未上市
		SPG（韓）	未上市
		現代鋼鐵（韓）	004020.KS
		林德（德）	LIN.GR APD.
		空氣化工產品（美）	US
		液化空氣（法）	AI.FP
	氫氣提取	JNK Heaters（韓）	126880.KQ
		現代樂鐵（韓）	064350.KS
	鹼性水電解	NEL Hydrogen（紐）	NEL.NO
		旭化成（日）	3407.JP
		日立佐森（日）	7004.JP
		EMKorea（韓）	095190.KQ
	PEM 水電解	西門子（德）	ENR.GR
		ITM 能源（英）	ITM.LN
		東芝（日）	6502.JP
		斗山燃料電池（韓）	336260.KS
		Elkemteg（韓）	未上市
氫燃料電池車	車輛	現代汽車（韓）	005380.KS
		豐田汽車（日）	7203.JP

氫燃料電池車	主要零件	現代摩比斯（韓）	012330.KS
		曉星高新材料（韓）	298050.KS
		科隆工業（韓）	120110.KS
		翰昂系統（韓）	018880.KS
		友利產業（韓）	215360.KQ
		日進鑽石（韓）	081000.KS
		世鍾工業（韓）	033530.KS
		Motonic（韓）	009680.KS
		Unick（韓）	011320.KQ
		INZI Controls（韓）	023800.KS
		DK-Lok（韓）	105740.KQ
燃料電池		巴拉德動力（美）	BLDP.US
		普拉格能源（美）	PLUG.US
		Bloom Energy（美）	BE.US
		燃料電池能源（美）	FCEL.US
		斗山燃料電池（韓）	336260.KS
		S-Fuelcell（韓）	288620.KQ
燃料電池堆	MEA	SFTC（韓）	089980.KQ
	催化層	京瓷（日）	6971.JP
	GDL	東麗（日）	3402.JP
	隔板	現代鋼鐵（韓）	004020.KS
氫氣瓶		NK（韓）	085310.KS
		曉星高新材料（韓）	298050.KS
		日進鑽石（韓）	081000.KS
氫燃料充電站		曉星重工（韓）	002980.KS
		EMKorea（韓）	095190.KQ
		GS（韓）	078930.KS

（注：根據台灣氫能與燃料電池夥伴聯盟資料，目前氫能產業相關的企業有高力、中興電、台達電、亞氫、三福氣體、鼎佳能源、富堡、群翌、鎧鋒、碧氫、川普世、漢氫、台灣德國萊因等。）

4-3 │ 風電

風力在發電成本與效率層面上，被認為是再生能源當中最具競爭力的能源。21 世紀可再生能源政策網（Renewable Energy Policy Network for the 21st Century，簡稱 REN21）的資料中指出，以 2018 年為基準，全球風力發電的累積安裝量為 591 百萬瓩，占全球可再生能源累積安裝量 2,378 百萬瓩中的 25％。

風力發電有助減少溫室氣體排放，因應氣候變遷，成為各國政府極力推動的產業，也是與建設、鍛造、鋼鐵、機械、電氣、電子等上下游產業相關效果較高的勞動與技術密集型綜合產業。除此之外，風電也是有大規模資金投入，各家中小企業可以共同成長的未來產業。

風力發電機由風力渦輪機、塔架、葉片、水下結構等部分所組成。發電原理是用葉片，將風的動能轉換成機械旋轉的動力，再利用動力增速器放大，然後再透過發電機轉換成電能。

風力發電機主要由大面積迎風旋轉的葉片、負責支撐的塔架、連接葉片與塔架的風力發電渦輪機，以及將塔架牢牢固定在地面（以風力發電來說是海底）的水下結構所組成。負責生產能量的風力發電渦輪機是由將葉片旋轉之動力轉換為電能的馬達和將轉軸摩擦降至最低的軸承等零件所組成。

風力發電分為陸域（onshore）與離岸（offshore），初期

主要以陸域發電為主，但是陸域風力受限於選址條件，而且有著噪音引發民怨與難以大型化等問題，目前逐漸轉移到可擁有大面積用地，並且社會接受度較高的離岸風力。但是把發電站設置在海上的離岸風力，也有著工作面積較廣、初期建設與維護費用較高的缺點。為了達成初期扶植，離岸風力需要上網電價補貼政策（feed-in tariff，FIT）或可再生能源配額制等政府政策的補助。

離岸風力又可分為兩種，一種是可以設置在沿海的傳統型固定式發電，另一種是設置在深海的浮動式發電。初期以固定

風力發電機的組成

- 葉片
- 風力發電渦輪機
- 塔架
- 海下結構

式發電為主，預計日後相會漸漸轉換成為浮動式發電。

全球風能協會（Global Wind Energy Council，GWEC）在《2019 風能報告》中指出，全世界累積風電普及量從 2010 年的 198 百萬瓩持續增加至 2019 年的 651 百萬瓩，呈現出年均增加 50 百萬瓩左右的趨勢。特別是 2019 年新設置的風電數量為 60.4 百萬瓩，是繼 2015 年 63.8 百萬瓩後的最大規模。值得關注的地方在於，被視為風電市場未來成長動能的離岸風電，這兩年來新設數量相當於 10.2％的 6.1 百萬瓩，達到史上最高數值，這個比例到 2021 年的現在還在逐漸顯著增加。

以各地區設置的現況看來，2019 年陸域風力累積與新設數量最多的國家是中國、美國、印度，離岸風力累積設置數量最多的國家是英國、德國，新設數量最多的則依序是中國、英國與德國。

陸域風力發電以擁有遼闊陸地的國家為中心，在中國離岸風力被視為是未來成長產業，新設數量快速攀升，成為了正在追趕著英國與德國的新興強國。中國的海岸線長度高達 18,000公里，是具有離岸風電規模 1,000 百萬瓩以上潛力的巨大市場。以 2019 年底為基準，中國建設中的離岸風電規模達到 10百萬瓩以上，獲得許可的計畫整整高達 30 百萬瓩。

台灣版補充資料：台灣風電發展現況

年發電量	22.1 億瓩時（2021 年）
占再生能源發電量比	12.7%
瞬時發電量最高紀錄	117.3 萬瓩（2022/11/30）
外資投入	新台幣 3840 億元（2022 年）

資料來源：經濟部

國際可再生能源機構（International Renewable Energy Agency，IRENA）透露，離岸風力市場 2030 年將會達到 228 百萬瓩的規模，接下來十年預計每年平均會成長 20.6％。預計 2021 年到 2050 年之間亞洲市場將會大幅成長，超越先前以歐洲為中心的成長，具體來說，預估亞洲的全球離岸風力占有率會從 2018 年的 20.8％，在 2030 年上漲至 55％，並於 2050 年提升至 61.3％。

各國為了刺激風力發電發展已經推出各種政策。歐洲為了生產綠氫，宣布會投資 80 至 120 百萬瓩規模的再生能源，其中大部分計畫以風力發電來滿足。美國在 2021 年迎來拜登時代，以 2035 年電力部門碳排淨零為目標，制定了 120 至 180 百萬瓩規模的可再生能源建設公約。

在亞洲，台灣的離岸風力累積設置目標數量是 2025 年 5.7 百萬瓩、2030 年 10.5 百萬瓩、2035 年 15.7 百萬瓩。日本政府

全球陸域、海上風電累積設置量

（單位：1,000瓩）

資料來源：GWEC

全球陸域、海上風電新設數量

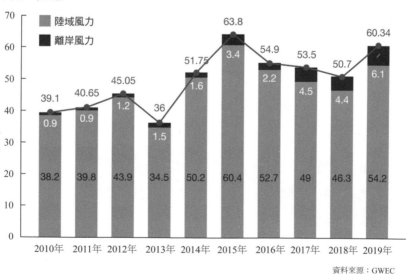

（單位：1,000瓩）

資料來源：GWEC

2019 年各國陸域、離岸風力累積與新設分佈率

陸域風力			
累積		**新設**	
中國	37%	中國	44%
美國	17%	美國	17%
印度	9%	印度	4%
西班牙	6%	西班牙	4%
瑞典	4%	瑞典	3%
法國	3%	法國	2%
墨西哥	3%	墨西哥	2%
德國	2%	德國	2%
阿根廷	2%	阿根廷	2%
澳洲	2%	澳洲	2%
其他	16%	其他	18%

離岸風力			
累積		**新設**	
英國	33%	中國	39%
德國	26%	英國	29%
中國	23%	德國	18%
丹麥	6%	丹麥	6%
比利時	4%	比利時	6%
其他	8%	其他	23%

資料來源：GWEC

在 2020 年 12 月底宣布，離岸風力累積設置目標數量將會從 2030 年的 10 百萬瓩大幅上調至 2040 年的最多 45 百萬瓩。雖然時間點方面有所差異，但相較於美國東北部 2035 年 28 百萬瓩與英國 2030 年 40 百萬瓩的目標數量，日本的數值最高。

韓國在 2020 年 12 月第九次電力供給基本計畫案中宣布，將會維持第八次《再生能源 2030 實施計畫》（在 2030 年以前使可再生能源發電比例達到 20％）中的基本計畫（2025 年調升中期目標）。雖然計畫中沒有準確區分風電與太陽能，但是以風電來說，韓國在 2017 年的累積設置數量僅有 1.2 百萬瓩，但是預估在 2030 年會擴大至 17.7 百萬瓩左右。綜合各國的計畫，預估接下來十年之間，全球離岸風力市場每年將會成長 20 百萬瓩。在全球各地掀起的這股新風潮，也就是所謂的風電熱潮才剛開始。

離岸風力水下結構

離岸風力不同於陸域風力，必須要在不是陸地的海洋環境中建設堅固的水下結構。歐洲風能協會（Wind Europe）指出，離岸風力的投資費用比例中，風力發電渦輪機占 28％，塔架與水下結構占 24％，設置與試運行占 20％。在塔架與水下結構中，又以水下結構的比例較高。

水下結構雖然是超大型結構物，但必須在非常微小的誤差範圍內製作，因此建設的技術進入門檻很高。水下結構設置的方式分為沿海固定式與深海浮動式，在陸地上不需要的水下結構在海上卻是非常重要，預估固定式與浮動式水下結構市場的規模將會比塔架市場分別高出四倍與十六倍。

　　假如未來全球離岸風電的新設規模是十年來每年平均 20 百萬瓩，那麼就代表是過去三年建設 5.6 百萬瓩的四倍左右的大。也就是說每年建設 20 百萬瓩，水下結構的市場規模將會每年高達 77 億美元。

∿ SamKang M&T（韓國）

　　成立於 1999 年的 SamKang M&T，當時是全數仰賴進口，成功將厚壁鋼管國產化的企業。厚壁鋼管指最大直徑 3 至 4 公尺，厚度達 60 公釐的大型鋼管，是用於石油與天然氣鑽探等離岸設備與造船業的產業用管。除了厚壁鋼管以外，SamKang M&T 還把版圖拓展到了巨型總段事業，透過橋式起重機製作船段，供貨給造船廠，船公司再利用其供應的船段進行船舶組裝。

　　SamKang M&T 還收購了 STX 造船海洋旗下的高成造船海洋，進軍船舶維修市場，並在 2019 年承攬台灣離岸風力固定式水下結構作業，特別是 SamKang M&T 還供貨給全球離岸風

力開發龍頭公司沃旭能源，隨即被認為是離岸風力產業的強者。SamKang M&T 擁有沃旭能源台灣計畫水下結構中 50% 以上的市占率，SamKang M&T 之所以能夠培養出如此高度的競爭力，這背後我認為 2009 年生產海洋模組交貨給三星重工的經驗起到了關鍵性的作用。

由於水下結構的體積非常巨大，確保擁有製造設備的工廠用地非常關鍵，SamKang M&T 透過收購 SamKang S&C，成功追加持有 15.1 萬坪的腹地。如同前述，每年 77 億美元的水下結構市場已經開啟，除了現有歐洲、中國業主以外，亞洲市場也有望成為 SamKang M&T 的主舞台。

不僅如此，2021 年 3 月 24 日 SamKang M&T 與全球最大綠色能源投資管理公司——丹麥 CIP（哥本哈根基礎建設基金）簽訂了離岸風力業務協議。CIP 是一家由約 154 億美元規模的基金所組成，以全球為對象開發綠色能源的公司，預計 SamKang M&T 將經由 CIP 向包括韓國在內的整體亞洲地區，提供離岸風力發電園區的固定式、浮動式離岸風力水下結構。

到 2024 年為止，亞洲的新設離岸風力機主要以台灣為中心進行，但是從 2025 年開始，隨著韓國、日本、越南的加入，風電市場預估會進一步成長，而日本宣布大幅提升離岸風力發電目標也會帶來正面的影響。

⚘ 世進重工（韓國）

世進重工的事業範圍涉及造船器材零件與設備，子公司日勝與 Eco Marine Tech 也都是造船器材公司。主要的產品有甲板室、安裝在液化石油氣船上的液化石油氣瓶、上甲板、離岸建築物等。主要客戶是現代重工與現代尾浦造船。

世進重工之所以受到矚目，是因為他們計畫進軍離岸風力變電站（offshore high voltage station，OHVS）與浮動式水下結構（TRI-floater）市場。世進重工計畫在東海天然氣田，以及涵蓋蔚山在內的東南地區，開發 6 百萬瓩規模的浮動式海上風力園區，並且為了製造浮動式水下結構，與荷蘭 GustoMSC 公司簽訂備忘錄。比起固定式水下結構，進軍市場更大的浮動式水下結構更有價值。不過要等 2025 年東海的 20 萬瓩園區商轉後，才能再確認 6 百萬瓩的開發計畫是否能夠如期進行。

⚘ 世亞製鋼（韓國）

世亞製鋼是韓國最大的鋼管業者，擁有 150 萬噸的產能，主要以美國為對象出口輸油管與油井管，出口的比例占產能的一半。世亞鋼鐵所生廠的鋼管，被用來做為離岸風力發電的水下結構（單樁式、套筒式等）材料。雖然世亞鋼鐵目前離岸風

電相關的銷售額微乎其微，但是世亞擁有參與歐洲和台灣離岸風力計畫的經驗，預估銷售比例會伴隨市場成長逐漸增加。

世亞製鋼的母公司世亞製鋼控股也公開表示，會在英國建設每年可生產 16 萬噸離岸風電專用單樁式水下結構的工廠，集團整體將離岸風力視作新的成長動能。近期以美國為中心，正在進行全球規模的液化天然氣接收站計畫，世亞製鋼現有的厚壁鋼管、螺旋鋼管的銷售額也會增加。當然，世亞製鋼現有的能源鋼板製作事業很可能會因為油價變動而產生需求變化，也會因 2018 年美國實施「貿易擴張法 232 條之進口配額制」而產生變數，因此後續還需要仔細鑽研世亞的業績表現。

風力發電塔架

塔架是風力發電最重要的市場之一，塔架雖然不像渦輪一樣需要高度技術，但必須要滿足各個國家客戶的需求。由於塔架是體積龐大的零件，假如與顧客的距離太遠，運輸費用就會增加，所以在需求地擁有生產設備是一種競爭力。因為每個國家的進出口規範與關稅不同，假如在需求地有廠房，才得以順利供應產品。

〰 CS Wind（韓國）

CS Wind 的特別之處在於越南、中國、馬來西亞、土耳其、台灣等地都擁有工廠，市占率約 16％，是全球最大的風力塔架公司。雖然 CS Wind 的生產基地分散在多個國家，但是他擁有可以靈活對應各國政策與關稅的能力。

我們之所以要注意 CS Wind 的原因在於，隨著風電市場逐漸擴大，全球風力發電渦輪機製造商維斯塔斯、西門子歌美颯等都成為了 CS Wind 的客戶。過去十年來風力發電市場成長了兩倍，CS Wind 在這段時間裡，公司價值成長將近五倍，日後得益於客戶帶來的效果，CS Wind 的成績很有可能會高於市場平均成長率。隨著技術的成長，陸域與離岸風電渦輪機的規模正在擴大，所以塔架的尺寸也必須要等比例一起擴大，風力發電技術的發展對 CS Wind 而言是一個大好的利多。

CS Wind 在 2020 年 11 月 20 日宣布進行 2.7 億美元規模的現金增資，目的是在美國東北部海岸建設離岸風力塔架工廠，並在中部地區建設陸域風力塔架工廠，這項舉動這是根據拜登政府的政策，為日後風力發電設置需求增加所做的事前應對。CN Wind 進行現金增資之後，美國政府在 12 月份公佈經濟振興方案，其中風電與太陽能的聯邦補助金被指定為必須通過之項目，從這一點看來，這是一項非常出色的舉動。

美國東部沿岸的離岸風力計畫

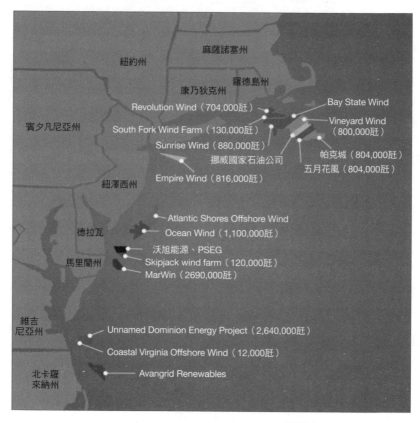

資料來源：BOEM、AWEA、GWEC

美國的太陽能聯邦投資稅收抵免（ITC，Investment Tax Credit）與風電生產稅收抵免（PTC，Production Tax Credit）等依照可再生能源電力產量給予補助金的制度，是可再生能源需求最主要的變數之一。過去曾退出巴黎協定的美國，由於在歐巴馬執政時期決定將 ITC、PTC 補助金延長五年，成為在川普任期之內還能夠發展美國本地可再生能源事業的主因之一。拜登跟川普一樣，主張《購買美國貨》（*Buy America*）[5]，因此我認為 CS Wind 肯定會在美國當地新建工廠。順帶一提，在第 5 章所討論的環境友善 ETF 中、CS Wind 約以 2％的比例被納入 FAN ETF 之中，ETF 的資金有入有望帶來快速成長的正向效果。

📈 東國 S&C（韓國）

　　東國 S&C 是 2001 年從東國產業中拆分出來的風力發電塔架製造業者，除了塔架以外，還透過子公司 DK 東信經營彩色鋼板與風力園區開發事業。東國 S&C 風塔的出口比例高達 93％，出口國大部分是美國。出口的產品主要用於陸域風力，東國 S&C 在美國擁有約 15％的陸上塔架市占率，客戶有 GE、西門子歌美颯（Siemens Gamesa）、維斯塔斯、諾德克斯

5　購買美國貨（Buy America）是規定接受美國政府財務金援所推動的公共事業，必須要使用美國製的鋼鐵與工業產品的貿易保護條款。

（Nordex）等主要渦輪機企業。離岸風力很有可能日後在中國、台灣、韓國、日本、越南等亞洲市場逐漸擴大，在這個情況下，我們很值得關注曾經出貨給日本與韓國示範離岸風力園區的東國 S&C，是否能同時成長。

📈 Speco（韓國）

Speco 是成立於 1979 年的柏油設備、混凝土設備、船艦穩定舵等國防設備的製造商。Speco 在韓國忠北陰城、中國上海與墨西哥設有工廠，並在 2008 年 Speco 出資設立墨西哥分公司（持股率 86.4％），因而備受關注。Speco 的墨西哥分公司製造風力塔架，出貨給維斯塔斯、西門子歌美颯等主力業者。據墨西哥風能協會（AMDEE）表示，墨西哥 2018 年的風電市場規模是 4 百萬瓩（全球排行第十二位），預估至 2031年將會擴大至五倍以上。此外，墨西哥的地理位置非常靠近美國德州，因此非常具有地理優勢。美國風能協會（American Wind Energy Association，AWEA）指出，2020 年美國整體設置的風力發電渦輪機中，德州占比高達 28％。此外，以 2020年度美國能源廳發表日後的潛在風電用量上看來，德州占比13％，是美國的第一大地區。所以說 Speco 墨西哥法人的銷售額中，從 2020 年開始在美國的業績超過墨西哥。

美國正在建設中的風力發電設置規模

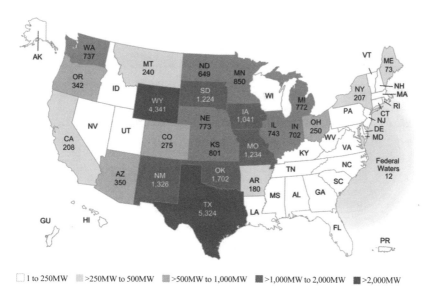

□ 1 to 250MW ▨ >250MW to 500MW ▨ >500MW to 1,000MW ■ >1,000MW to 2,000MW ■ >2,000MW

資料來源：AWEA

　　除了營運方面之外，Speco 的最大股東金鍾燮會長和 Speco 分別以 18％與 13％持有三益樂器的股份。

📈 CS Bearing（韓國）

　　CS Bearing 是我們前述提過的全球風力塔架第一大業者 CS Wind 的子公司，也是一家風力軸承（葉片軸承、轉向軸承）業者。風電專用（3,000 瓩基準）的軸承是必須要達到直

CS Bearing 的全球銷售計畫

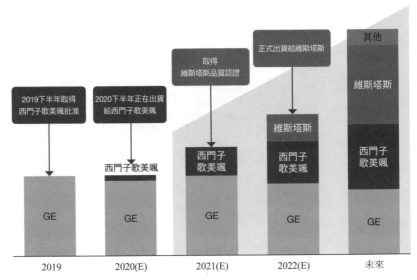

2019下半年取得西門子歌美颯批准

2020下半年正在出貨給西門子歌美颯

取得維斯塔斯品質認證

正式出貨給維斯塔斯

其他

維斯塔斯

西門子歌美颯

GE

| 2019 | 2020(E) | 2021(E) | 2022(E) | 未來 |

資料來源：CS Bearing

徑 3 公尺、壽命二十年以上，荷重 150 噸以上，具備高品質與信賴性的高難度產品。大部分全球主要的風力渦輪機業者都是 CS Wind 的客戶，而 CS Bearing 在 2018 年成為 CS Wind 的子公司。CS Bearing 目前致力於運用母公司 CS Wind 的事業網絡創造協同效應，透過引進生產管理系統，提升產能。

CS Bearing 的產品在 2018 年拿下斗山重工 3,000 瓩級陸域風力專用、5,000 瓩級離岸風力專用許可與首批訂單，2019 年又再度拿下西門子 2,000 瓩級轉向軸承的首批訂單。近期正在準備交貨 12,000 瓩級離岸風力專用軸承給 GE，以及交貨 3,000

瓩與 4,000 瓩級陸域風力專用承軸與 8,000 瓩級離岸風力專用軸承給西門子。以 2019 年為基準，CS Bearing 在 GE 內部的風電用軸承占比高達 37％。CS Bearing 將以和主力業者成為核心夥伴的地位為基礎，計畫拓展業務與西門子歌美颯和到維斯塔斯合作。

　　CS Bearing 正在準備開拓風電的發電機更新市場。近期因為優秀的發電效率及性能提升，重新發電的費用有所降低，歷時 15 到 20 年的風力發電機更換需求正在增加。由於更換發電器的時候，葉片軸承是發電機的核心連接部位，必須得要更換，因此 CS Bearing 很有可能成長。CS Bearing 為了強化全球應對能力，增設了越南工廠，產能計畫會從 2020 年的 3,000 片，在 2023 年增加至 8,000 片以上（目前韓國境內產能為 7,500 片）。

風力發電渦輪機技術

　　風力發電渦輪機是將機器的旋轉動力轉換成電力的裝置，是決定風電系統效率的核心零件。隨著離岸風力規模逐漸擴大，渦輪機出現逐漸大型化的趨勢，目前正在致力於將風力渦輪機連接能源儲存裝置，降低發電成本。維斯塔斯、西門子歌美颯、金風科技等主要業者幾乎占有一半的市占率。韓國雖有斗山重工業、Unison 等公司，但目前技術能力仍落後歐洲業

2019 年風力發電渦輪機市占率

排行	風力發電渦輪機（綜合）		陸域風力發電渦輪機		離岸風力發電渦輪機	
	企業名稱（國家）	M/S	企業名稱（國家）	M/S	企業名稱（國家）	M/S
1	維斯塔斯（丹）	18.0%	維斯塔斯（丹）	20.1%	西門子歌美颯（西）	39.8%
2	西門子歌美颯（西）	15.7%	金風科技（中）	13.6%	菱重維特斯（丹、日）	15.7%
3	金風科技（中）	13.2%	西門子歌美颯（西）	13.0%	上海電氣（中）	10.0%
4	GE 可再生能源公司（美）	11.6%	GE 可再生能源公司（美）	12.5%	遠景能源（中）	9.5%
5	遠景能源（中）	8.6%	遠景能源（中）	8.6%	金風科技（中）	9.4%
6	明陽（中）	5.7%	明陽（中）	5.6%	明陽（中）	7.3%
7	諾德克斯（德）	4.9%	諾德克斯（德）	5.5%	GE 可再生能源公司（美）	4.3%
8	愛納康（德）	3.0%	愛納康（德）	3.3%	中船重工海裝（中）	2.3%
9	浙江運達（中）	2.5%	浙江運達（中）	2.8%	Senvion（德）	1.6%
10	東方電氣（中）	2.1%	東方電氣（中）	2.4%	XEMC（荷）	0.1%

資料來源：GWEC

者，不過搭配政府的支持與亞洲風電市場的成長，有望得以快速成長。

∿ 維斯塔斯（丹麥）

維斯塔斯是全球第一大風力發電渦輪機製造商，特別是維

斯塔斯是目前市場規模較大的陸域風力產業中,排行第一的企業。不過,預估未來市場成長動能較高的離岸風力產業,西門子歌美颯較占優勢,其次則是日北三菱重工業(MHI)與維斯塔斯合資的菱重維特斯。2020年10月維斯塔斯取得菱重維特斯全數的股份,維斯塔斯日後在離岸風力市場上的大刀闊斧指日可待。

〰 金風科技(中國)

金風科技是在中國深圳與香港交易所上市的中國第一大風力發電企業。以2019年為基準,金風科技在陸域風力發電渦輪市場上排行全球第二,離岸風力市場排名第五。

2019年全球風電設置規模60.4百萬瓩中,中國占據26.15百萬瓩(市占率43%,排名第一),市場正在快速擴大。除此之外,按照中國政府2060碳中和宣言,2025年以前中國每年都會開啟50百萬瓩的新風力發電市場,2025年以後每年更達到60百萬瓩。離岸風力方面,目標是以中國東部沿岸地區為主,建設66.5百萬瓩規模的風力發電機。

另一方面,雖然中國的風電市場會繼續成長,但中國在選擇企業時,會選擇本土業者為主,因此對於其他海外國家或韓國來說並無涓滴效應。中國業者光是內需市場就已經有足夠的

規模，因此沒有必要到海外展開激烈的競爭，從一這一點來說，韓國的零件業者可以在中國以外的海外市場上試著尋找機會。

如果認為中國風電市場的快速成長非常具有吸引力，可以直接投資中國境內第一大業者金風科技，或者是間接投資第 5 章會提到的美國 ETF——FAN，在 FAN ETF 中金風科技的占比約為 2.6%。

⟋ 斗山重工業（韓國）

斗山重工業的事業組合裡，包含了過去與未來的產業。斗山重工業原本的主力事業是核電、燃煤發電，受到韓國脫核與脫碳的趨勢影響，正在經歷一段艱辛的時期，於是斗山重工業開始經由 15 億美元的現金增資、出售子公司斗山工程機械、從持有者身上獲得斗山燃料電池 23% 持股、接受國策銀行資金援助等來克服障礙。

在困難重重的情況下，斗山重工業可以藉由「韓版新政」與綠色基金等方面，尋找扭轉的機會。斗山重工業是韓國唯一同時擁有海域風力與離岸風力業績的公司，目前擁有陸域風力 143.5,000 瓩、離岸風力 196,000 瓩共 339.5,000 瓩的合約績效。斗山重工業目標放在完成 8,000 瓩級風力渦輪機的開發。除此

之外，還有發展氫燃料電池事業的斗山燃料電池，也是斗山重工業的子公司。

⎍ Unison（韓國）

2020 年是 Unison 的大轉捩點。Unison 大股東從原本的日本東芝變成韓國的私募基金。東芝在 2006 年收購的美國核能公司西屋電氣（Westinghouse）破產後，因為巨額虧損而整頓了子公司，而整頓的其中一環，就是將手邊持有的 Unison 賣出，後續三千里資產管理公司透過私募基金的特殊目的法人 Anemone 取得了該股份。

隨著韓國風電市場陷入困境，韓國本土的風電渦輪機業者目前只剩下斗山重工業與 Unison。Unison 在風電相關方面，擁有國內外共 439,000 瓩的安裝業績，目前正在自行開發與製作風力渦輪的發電機與塔架。正在跟蔚山市一起開發浮動式 5,000 瓩級離岸風力發電技術，除此之外，Unison 也正在開發 10,000 瓩級的風力渦輪機，目標是在 2023 年進行測試與認證。

基於「綠色新政」，韓國在 2030 年以前會開啟 17 至 18 百萬瓩的新風力發電市場，隨著大股東從日本東芝轉變成為擁有大部分國民年金資本的三千里資產管理公司旗下的私募基金，Unison 未來是否能夠順利成長，值得關注。

海底電纜

海底電纜是難度最高的電線產品，在這方面，隨著政府推動連接國家間電網以降低發電費用的政策，以及離岸風力市場快速成長，海底電纜的需求也正在持續增加。海底電纜負責在水下傳送長距離超高壓電，耐受性必須比陸上電纜更加強勁，因此進入門檻很高。除了製造方面的困難以外，安裝的時候也必須在海底下毫無誤差得串接好，避免電力損耗，就算在安裝線上搭載水下機器人進行埋設作業，還必須同時考慮岩層與自然災害等突發變數，作業非常困難。因此全球海底電纜市場由四大業者──法國耐克森（Nexans）、義大利普睿司曼（Prysmian）、日本住友商事（Sumitomo）與韓國的 LS 電纜為中心所組成。

∿ LS（韓國）

LS 經由子公司 LS 電纜（持股率 89.31％）應對離岸風力市場。我們需要海底電纜把在海上生產的電力傳送到陸地上。培育證券表示，離岸風力 1 百萬瓩的海底電纜安裝費用約需要 3.6 億美元，這表示接下來十年全球建設 205 百萬瓩離岸風力發電機時所使用的海底電纜，預估將會是約 720 億美元的龐大

市場。另一方面，移動式離岸風力的電力移動距離又比固定式更長，所以海底電纜的長度也會變長，電纜市場的規模日後也將進一步擴大。

LS 電纜 2020 年出貨到台灣，價值新台幣 117 億元高壓海底電纜。LS 電纜以台灣做為起點，抱持著雄心壯志向今後將會擴大的亞洲離岸風力市場下達了戰帖。LS 電纜已經透過 LS 電纜亞洲進軍越南市場，目前位居業界第一，有望在越南離岸風力市場上取得大量機會。LS 電纜在韓國國內也取得了莞島與濟州島之間規模 2,300 億韓圜（約新台幣 54 億元）的海底電纜訂單。

LS 持有非上市公司 LS I&D 92％的股份，而 LS I&D 則擁有美國通信電纜業者 Superior Essex（SPSX）100％的持股，基於美國擴大 5G 投資與電動車普及率的計畫，未來很可能會帶來利多的效果。

風電產業整理

類別	企業名稱（國家）	股票代碼
開發商或發電業者	Unison（韓）	018000.KQ
	SK D&D（韓）	210980.KS
	可隆全球（韓）	003070.KS
	沃旭能源（丹）	ORSTED.CO
	NextEra Energy（美）	NEE.US

風力發電渦輪	斗山重工業（韓）	034020.KS
	Unison（韓）	018000.KQ
	維斯塔斯（丹）	VWS.DC
	西門子歌美颯（西）	SGRE.SM
	金風科技（中）	002202.CN
塔架與鍛造	CS Wind（韓）	112610.KS
	東國 S&C（韓）	100130.KQ
	Speco（韓）	013810.KQ
水下結構	SamKang M&T（韓）	100090.KQ
	世進重工（韓）	075580.KS
	世亞製鋼（韓）	306200.KS
軸承	CS Bearing（韓）	279090.KQ
電纜	LS（韓）	006260.KS
	普睿司曼（義）	PRY.IM
零件	KPF（韓）	024880.KQ
	三瑩 M-Tek（韓）	054540.KQ
	祐林機械（韓）	101170.KQ
	Formetal（韓）	119500.KQ
葉片	TPI Composites（美）	TPIC.US

（注：根據《鉅亨網》報導，台灣主要風電概念股，包括風場開發的上緯投控、中鋼、力麗，水下結構的世紀鋼、中鋼構、新光鋼，變壓器有士電、大亞、華城，發電機有東元、大同，連接器有信邦，變流器有台達電，螺栓的春雨、桓耀，鑄件的永冠，電纜的華新、唐榮，海事工程有台船，營造統包則有中鼎。）

4-4 ｜太陽能

讓我們想像一下盛夏時海邊的樣子，清涼的海風與海浪的聲音，令人感到心曠神怡。陽光下金黃閃爍的沙灘，孩子們奔跑著的笑聲，大人們做著日光浴，盡情享受著溫暖的陽光，光

是想到這裡，就令人想要立刻到訪海邊，享受風帆的樂趣，這所有的一切都是來自太陽的禮物。太陽能的對流創造出風浪，讓我們可以在陽光下散步，紓解壓力，或許人類注定從誕生的那一刻，就已經懂的如何享受太陽帶給我們的恩典。

人類從很久以前就已經開始努力，想要盡可能珍藏這個無限量供應能源的太陽。1839 年法國物理學家埃德蒙・貝克勒（E. Becquerel）首度提出利用太陽能源的方法，他最初發現了特定物質暴露在陽光底下時，原子的電子與空穴會發生分離進而產生電壓，也就是所謂的「太陽能光電效應」（photovoltaic effect），這項研究成為了把太陽光線轉換成能源的起始點，直到 1873 年英國衛勒比・史密斯（Willoughby Smith）發現了元素硒（Se）的光電效應，而 1883 年美國的查爾斯・弗里茨（Charles Fritts）利用元素硒製作了太陽能電池。當時硒太陽能電池的光電轉換效率（太陽能轉換成為電能的比例）只有 1%，非常的低，而且價格很昂貴，需要長時間才能實現商業化。

後來人類為了提升光電效果，持續開發各種物質，最接近商業化的全球第一顆太陽能電池出現在 1954 年，美國貝爾實驗室以矽為基礎，製作出了一款太陽能電池，這次所製造的太陽能電池光電轉換效率高達 4%，後續貝爾實驗室持續優化效能，將光電轉換效率提升至 11%，打開了商業化的道路。是對於一般使用而言價格仍然昂貴，因此 1958 年才被搭載在人

造衛星上，剛開始只被應用在一些特殊目的之上。

　　1970 年開始，太陽能電池才開始回到陸地應用。當時太陽能生產成本從每瓦 100 美元大幅下降至 20 美元，因此電力無法送達的山區、離島、海上等地開始使用太陽能電池。1980 年代開始，電力可送達的地區也因為能源效率提升與環境保護意識提升，使太陽能電池的安裝逐漸擴大。1993 年太陽能發電系統首度連接到電力網，負責部分大規模電力供給。隨著持續優化的發電效率與生產成本的下降，太陽能電池成為了可以取代火力發電的清潔能源。

　　不過太陽能問題在於只限於在白天發電，就算是白天，發電量也會依照氣候狀況或時間點出現不規則的變化。如果要做為主要電力供給來源，就必須要可以 24 小時穩定發電，但是太陽能並不能滿足這項條件。基於這項根本性的限制，太陽能首先被應用在降低白天電尖峰負荷，並在電力輸送困難的地區被用來進行分散式發電，應用上有所局限。為了讓白天生產的電力也可以在晚上被使用，目前各界正在用 ESS 儲能系統等技術來克服這項缺點。

從沙子到太陽能發電設備

　　太陽能產業始於沙子。沙子由二氧化矽（SiO2）所組成，

從中將矽分離出來，提高純度加工成薄膜，就會成為太陽能電池的基本材料。

多晶矽（polysilicon）[6] 是利用沙子經過製作出高純度的矽塊。多晶矽製造商當中，中國的大全新能源、新特能源、通威等前五大企業，在全球擁有 61％的市占率。

而圓形薄片狀的矽薄膜，是由塊狀多晶矽鑄造而成的錠狀、柱狀或棒狀多晶矽，經過被切成薄片的晶圓工序製造而成。把多晶矽放在坩堝（冶煉金屬的容器）中，加熱至攝氏1,500 度以上使其熔解，慢慢拉成多晶矽條，就會形成圓柱形的矽晶錠，接著再使用鋸子（實際上是使用鋼絲）切割成薄片狀，就可以製作出晶圓。

把多晶矽融化後，放在方框中自然冷卻所製造而成的晶錠與晶圓，被稱為多晶片。雖然單晶片的光電效率高於多晶片，但價格稍高，近期的太陽能發電設備大部分都使用多晶片。太陽能晶錠與晶圓製造方面，韓國企業無法與中國企業的低生產成本匹敵，目前大部分都已關門大吉，中國在這方面擁有全球92％的市占率。

接下來談製造太陽電池的過程。首先，為了消除晶圓切割時表面所產生的痕跡，需要先經過蝕刻，利用特殊化學藥劑進

6　多晶矽是負責把太陽能電池中的光能轉換成電能的矽晶粒結晶體。

行軟化。接著為了讓晶圓表面接觸到太陽光的面積最大化,會經過一個把表面刮傷的作業,我們稱之為「絨面處理」。再來為了添加傳導性,會注入磷酸等雜質進行高溫處理,接著表面會蓋上薄膜以防止太陽光反射,然後利用銀的混合物畫上細線製作出電線,傳導太陽能所產生的電流,一面太陽能電池就完成了。把上述製作出來的數張太陽能電池放入方框中上下密封,就形成了太陽能模組(即太陽能板)。

一般來說太陽能電池與太陽能模組可以透過垂直系列化降低生產成本,中國企業在電池與模組的市占率分別高達 85％與 80％。韓國企業則有韓華思路信與 LG 電子,其中韓華思路信的太陽能電池與模組產程排名全球前五大,在光電轉換效率與產品信賴性方面,韓華思路信則被譽為最優秀的企業。

從多晶矽到太陽能模組的製造相關方面來說,中國具有絕對性的市占率。中國企業還持續在進行技術開發與降低成本,韓國企業難以長時間維持競爭力,只有開發次世代產品,或是利用太陽能模組設置太陽能發電廠,或者進行發電、銷售電力等,把事業版圖拓展到下游產業,才可能在太陽能產業中保有競爭力。基於這項原因,韓華思路信利用買進處於初期開發階段的太陽能發電事業,利用開發再轉售的方式創造收益,把事業版圖拓展到了下游產業。另外韓華思路信計畫在無法供電的地區設置太陽能模組,也正在準備進軍銷售電力的事業,還計

畫要把事業版圖逐漸擴張到能源發電產業。透過事業版圖的擴張，可以放緩中國的急起直追，創造出穩定的收益，預計韓華集團將會集中進行大規模的全球投資。

中國成為「電網平價」發動機

全球每年的太陽能建設規模 2010 年僅有 18 百萬瓩，但是 2019 年卻高達 118 百萬瓩，成長六倍以上，十年來的年均成長率為 23％。2020 年受到新冠肺炎影響，太陽能模組的製造與安裝並不順利，使漲勢停滯。但是為了達到低碳能源發電，太陽能與風電等環保再生能源的增加勢不可擋，因此日後太陽能的設置量也必定會快速增加。

新冠肺炎爆發後，世界各國都面臨著重建經濟與創造工作機會的課題，同時又必須進行低碳社會轉型，對此沒有比太陽能產業更好的選擇了。2017 年韓國就業勞動部指出，太陽能產業的就業創造力為每 10 億韓圜 6.5 人，比起燃煤火力（2.5 人）與天然氣火力（2.5 人）等傳統能源產業高出兩倍，分析指出，這是因為可再生能源產業是相對發展規模較小的勞動密集型產業。

發電費用持續下調也為太陽能發電設置數量的增加帶來貢獻。國際可再生能源機構調查指出，2019 年太陽能發電費用

是 0.068 美元 / 瓩時，相較於 2010 年的發電費用下降 82％。需要大規模設置的電廠設施等級型太陽能發電，費用下降幅度更大，目前以印度的 0.045 美元 / 瓩時紀錄最為低廉，比 2010 年下降了 85％，其次則是中國的 0.054 美元 / 瓩時，下降 82％，再來是西班牙的 0.056 美元 / 瓩時，下降 81％。隨著太陽能發電效率提升，以及規模經濟所帶來的太陽能模組生產成本下降，太陽能發電的費用預估會持續走跌。

太陽能模組製造成本下降要歸功於中國。2010 年中國掀起一股多晶矽增設潮，當時多晶矽的價格雖然高昂，但是預估太陽能的需求會增加，因此許多工廠如雨後春筍般進駐，使得市場出現嚴重供過於求的現象。光是 2011 年，多晶矽的價格

各年度全球太陽能發電設置規模

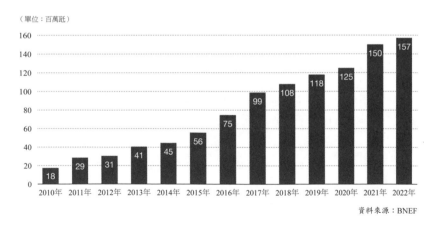

（單位：百萬瓩）

資料來源：BNEF

就下跌了 69％，最後只有具備規模經濟、可以降低生產成本的企業得以生存下來。除此之外，電費在多晶矽生產成本中占比約 40％，但是中國使用廉價的燃煤發電供應電力，可以大幅度下調多晶矽的製造成本，所以中國以外的企業紛紛喪失競爭力，因而關門大吉。

2010 年代，基於市場的期待與擔憂，太陽能市場經歷暴漲與暴跌，韓國化工企業 OCI 雖然在多矽晶生產上具備規模經濟，而且可以生產出純度較高的高品質產品，但最後仍不敵中國的低生產成本，2020 年 2 月不得不將暫停韓國國內工廠的產線，因為以低廉的電費大幅下調生產成本的中國製多晶矽，價格僅需要韓國產品的三分之一。

太陽能的生產成本隨著太陽能晶錠與矽晶圓、電池模組、中國過度擴廠而快速走跌。2019 年太陽能矽晶圓的價格比 2010 年下降 86％，電池和模組的價格分別下降 89％與 88％。隨著太陽能模組產業鏈價格整體大幅下修，相比化石燃料發電，在生產成本方面已經達成對等的「電網平價」（grid parity）[7]。

中國製的多晶矽產品市占率為 64％，而且這個比例還在持續上升。中國製的晶錠與矽晶圓產比比例為 92％，太陽能電池與模組的中國製比例分別為 85％與 80％，全球在太陽能

---

7 指發電方面，利用太陽能或風力發電等再生能源進行發電的費用等同於利用火力發電生產電力的費用，也就是所謂的發電成本達到相同的均衡點。

產業方面對中國的仰賴程度已經到達如此嚴重的地步。

　　然而，太陽能產業鏈成本靠著中國的力量大幅降低的同時，又出現了另一個問題。太陽能產品的中國生產比例過高，我們的目的是減少碳排放，提升太陽能用量，但是中國產的多晶矽與太陽能電池、模組，製造過程依然仰賴著大規模的燃煤發電，形成非常諷刺的局面。

未來太陽能發電技術

　　太陽能電池依照吸收光的物質，區分為矽基、化合物與有機物太陽能。依照商業化的順序，第一代太陽能電池是現在被廣為使用的矽基太陽能電池，第二代則是矽基或 CIGS 等薄膜型太陽能電池，第三代是染料敏化或有機物太陽能電池。薄膜型太陽能電池的優點在於可以使用低價的基板，工序相對簡單，並且生產成本較低，但由於光電轉換效率較低，加上矽基太陽能電池的成本下降，商業化計畫受到推延。新世代太陽能電池不僅光電轉換效率高，由於可以用薄膜型態製造，所以生產成本不高。除此之外，新世代太陽能電池在美觀方面的表現也很優秀，可以自由應用在城市之中，預計日後還可以附著在服裝上，成為可以穿戴的型式。為了研究出接近上述特性的太陽能電池，目前正在對染料敏化、有機薄膜、鈣鈦礦

（Perovskite）等材料進行大量研究。

　　染料敏化太陽能電池在 1991 年由瑞士的米夏埃爾‧格雷策爾（Michael Gratzel）教授所發明，二氧化鈦（TiO2）表面的圖層染料可以吸收光線，製作過程單純，材料價格低廉，還可以依照染料的顏色做出各種不同的色彩，不僅可以運用在發電上，還可以使用在建築物等其他地方。但是光電轉換效率停滯在 10％出頭，耐久性不高，還無法進入商業化的階段。

　　有機薄膜太陽能電池使用的是化學有機物材料，從很久之前就已經開發出多種有機物材料。有機薄膜電池與染料敏化電池一樣，有機材料的價格低廉，可以利用印刷或噴墨的方式上色，優點是可以大範圍使用，或應用在穿戴裝置等各種領域上。但是有機薄膜電池也跟染料敏化電池一樣，光電轉換效率不佳，在商業化方面有所限制。

　　目前韓國學術界與企業正在積極開發的是新世代產品——鈣鈦礦太陽能電池。鈣鈦礦是 1839 年在俄羅斯烏拉山脈上發現的礦物，名稱取自於俄羅斯礦物學家列夫‧佩羅夫斯基（Lev Perovsky）。鈣鈦礦的化學式是 CaTiO3（Calcium Titanium Oxide），後來泛指所有由 AMX3 物質組成的物質。鈣鈦礦太陽能電池的性質介於矽基無機太陽能電池與有機、染料敏化太陽能電池之間。製作工序跟薄膜電池一樣簡單，製作成本雖然低廉，但是光電轉換效率卻優於矽基太陽能電池，因此成為受

矚目的新世代產品。各界對於鈣鈦礦太陽能電池商業化抱持高度期待，但是如果想要商業化，就必須要開發出一款材料替代主材料之一的鈉，並且要優化得以長時間穩定水分或熱能等物質的長期穩定化技術。韓國企業目前正在積極研究鈣鈦礦電池，Dayou Plus 接受了量產型鈣鈦礦太陽能模組國策課題訂單，正在研究開發穩定的材料。

📈 韓華思路（韓國）

韓華思路信是韓國最大的太陽能電池與模組製造商，在電池和模組方面都具有 11.5 百萬瓩的產能，排名全球第五。2012 年收購了全球太陽能模組產能與產品效率排行世界第一的德國 Q-Cell，擁有全球最頂尖的技術，目前也不斷持續推出高效率的新產品。韓華思路信使用鈍化射極與背面技術（passivated emitter and rear cell，PECR），在電池背面插入反射膜提高效率，並且透過導入雙面發電模組、無縫微透鏡模組、P 型模組等技術，一舉甩開緊追在後的中國。新世代產品方面，預估韓華思路信會利用 N 型模組與鈣鈦礦太陽能電池，在技術能力方面維持差異性。除此之外，由於太陽能電池與模組的製造隨著時間推移，與國外競爭對手的差距肯定會縮小，韓華思路信為了擴大規模與保持穩定收益，計畫積極開拓下游

事業。其中一種方式是，在美國與歐洲收購太陽能發電專案，做出高收益之後再把專案賣給能源企業。到 2025 年為止，韓華思路信會收購 35 百萬瓩以上的專案，計畫會重新賣出 16 百萬瓩的專案。

另一個事業方向是以虛擬發電（virtual power plant，VPP）為基礎進軍能源事業。所謂虛擬發電廠，指稱在中央發電廠以外的獨立地區發電並銷售的事業，透過在工業區、企業、家庭空地等地方設置太陽能模組，進行設備租賃與發電事業，創造穩定的收益。韓華思路信的目標是利用太陽能模組製造，把事業版圖拓展到建設、再銷售與發電事業上，轉型成為一家綜合能源解決方案公司。

韓華思路信也正在大舉投資氫產業，具體來說，是為了生產氫氣正在開發高效電解槽技術。目前全球還沒有商業化的電解槽技術，如果韓華思路信成功開發出這項技術，就可以透過銷售電解槽與技術轉移，取得氫產業的主導權。另一個與氫能有關的產業是儲存和銷售氫氣所需要的儲氫氣瓶。

2020 年韓華思路信收購一家名為 TK Fujikin 的公司，取得了汽車小型儲氣瓶的技術。同年 12 月，韓華思路信公開了要收購 Space X 高壓氣瓶供應商 Cimarron 持股的計畫，決定在 2025 年以前投資 1 億美元在 Cimarron，把事業版圖拓展到大型高壓氣瓶產業上。韓華思路信的目標是擁有從汽車專用的

小型氣瓶到太空飛行器專用的大型氣瓶的氫氣儲藏技術，在氫氣儲存和零售的產業上成為全球的領頭羊。

　　韓華思路信在 2020 年 12 月決定進行 9 億美元的現金增資，目的是集中投資太陽能與氫能產業，將分別投資 8 億美元進入太陽能產業，與投資氫產業 1.5 億美元。

📈 晶科能源（中國）

　　晶科能源（JinkoSolar）2010 年以太陽能專用晶圓生產商為起點出發，現在則是一家持有全球最大太陽能模組產能的中國企業。晶科能源 2020 年的太陽能模組產能為 21 百萬瓩，銷售額 44.7 億美元，營業利潤 2.6 億美元（營業利益率 5.8％）。

　　晶科能源從太陽能晶片到太陽能電池與模組都進行了垂直整合，也具備規模經濟，所以比其他競爭對手有更高的報酬率。晶科能源正在嘗試從製造業轉型為服務業，目前正經由子公司，將事業範圍拓展至太陽能系統設置與發電事業。2010 年，晶科能源在紐約證交所上市，2021 年 1 月的總市值為 26 億美元。

📈 隆基綠能科技（中國）

　　隆基綠能科技是全球最大的太陽能晶錠與矽晶圓製造商。

由於隆基可生產太陽能電池與模組，在太陽能產業上達到垂直整合，電池與模組的產能排行全球第二。隆基在矽晶圓方面具有絕對的市場支配力。

2018 年，隆基擁有全球 40％的市占率，由於晶錠與晶圓的市場競爭加劇，中小企業紛紛退出市場，對隆基市占率的上升也帶來影響。2019 年第三季由於晶錠與晶圓的主材料──多晶矽的供應受阻，使原物料價格飆漲，但是成本上漲的部分大多都轉嫁到售價之上，隆基從而得已維持原本的收益性。隆基 2019 年的銷售額大約是 43.2 億美元，營業利潤則是 8.5 億美元，營業利益率高達 19.1％。隆基於 2012 年在中國證券市場上市，2021 年 1 月的總市值是 370 億美元。全球期待太陽能市場擴張，加上隆基在市場上有強大影響力，反應在了股價之上，2020 年隆基的股價上漲了 383％。

⎍ 通威（中國）

中國的通威集團主要經營電纜與能源事業，2020 年通威的太陽能電池產能達到 30 百萬瓩以上，規模是世界之最。通威比起擴大晶圓或模組等上下游產業鏈，更著重於擴大太陽能電池產能，強化規模經濟。通威在 2020 年初公開的太陽能電池事業計畫中指出，目標是在 2023 年以前將太陽能電池的產

能擴大至 80 至 100 百萬瓩，在業界引起一陣軒然大波。以 2020 年太陽能電池需求量約 125 百萬瓩來說，通威的電池產能目標值占全球用量 60％以上，規模十分龐大。通威的太陽能事業始於 2009 年，並於 2013 年開始大規模生產太陽能電池，目前則是一心一意只專注在電池生產之上。

⟋ 大全新能源（中國）

大全新能源是中國的多晶矽製造商，擁有 85,000 噸的產能，是排名全球第四大的企業。工廠位於煤資源豐富的中國新疆地區，可以使用價格低廉的煤做為原物料，大全的優勢在於生產成本比競爭對手更低。2018 年多晶矽嚴重供給過剩的時候，大全也率先成功轉虧為盈，體現出了大全優秀的生產競爭力。大全已經在紐約證交所上市，2020 年受益於競爭對手的多晶矽工廠發生火災，股價上漲了 200％。

太陽能產業整理

類別	企業名稱（國家）	股票代碼
多晶矽	OCI（韓）	010060.KS
	保利協鑫能源（中）	3800.HK
	大全新能源（中）	DQ.US
晶錠／晶圓	隆基綠能科技（中）	601012.CN
	TCL 中環（中）	002129.CN

太陽能電池	韓華思路信（韓）	009830.KS
	通威（中）	600438.CN
	隆基綠能科技（中）	601012.CN
太陽能模組	韓華思路信（韓）	009830.KS
	LG 電子（韓）	066570.KS
	晶科能源（中）	JKS.US
	晶澳太陽能科技（中）	002459.CN
	隆基綠能科技（中）	601012.CN
	加國太陽能（加）	CSIQ.US
太陽能玻璃	信義光能（中）	968.HK
	福萊特玻璃集團（中）	601865.CN
逆變器	陽光電源（中）	300274.CN
	華為（中）	未上市
EVA	福斯特應用材料（中）	603806.CN

4-5 | 綠色船舶

液化石油氣載運船

2018 年全球共新造 72 艘液化石油氣載運船，韓國拿下其中 66 艘的訂單，2019 年全球的 60 艘中，韓國則有 48 艘的訂單，在這方面韓國以超前的技術引領著全球市場。

液化石油氣載運船是為了儲存與運輸主成份為甲烷的天然氣，將液化的天然氣冷卻至攝氏零下 162 度的狀態，再進行運輸的船舶。天然氣低溫冷卻，可以讓體積減少為六百分之一。

2021 年主要液化石油氣載運船預訂計畫與訂貨數量

計畫適用國	訂貨方	訂貨數量
卡達	卡達能源公司	40
美國	埃克森美孚	20
莫三比克	道達爾	16
	埃克森美孚	20
加拿大	殼牌	8
紐幾內亞	埃克森美孚	8
合計		**112**

資料來源：Clarksons、三星重工

　　1990 年代以前，液化石油氣載運船市場由日本主導，但是 1990 年代末期開始，主導權轉移到了韓國手上。液化石油氣載運船需要極低溫技術的貨倉（液化石油氣儲罐），日本原本以高穩定性的球型結構摩斯型液化石油氣儲罐[8]主導市場，但是隨著韓國造船廠，選擇使用法國 GTT 公司所開發出的薄膜型儲罐，不僅裝載容量比摩斯型儲罐高出 40％，並且穩定性也獲得優化，市場開始發生變化。

　　隨著全球液化石油氣需求增加，擅長製作液化石油氣載運船的韓國造船業者的訂單也隨之增加。各國加強綠色能源消費

8　液化石油氣儲罐依照外觀一般區分為摩斯型（Moss type）與薄膜型（Membrane type）。摩斯型儲罐技術由挪威的克瓦納摩斯公司所持有，薄膜型儲罐技術則是由法國的 GTT 公司持有。薄膜型儲罐的優點是相較於摩斯型更容易將船舶大型化，從 2000 年代開始，薄膜型就完全擠下摩斯型，掌握了主導權。

政策，使液化石油氣的需求量增加，隨著國際海事組織
（International Maritime Organization，IMO）加強規範，船舶的
液化石油氣燃料需求也隨之增加。

在海上也存在著環境規範。國際海事組織就是負責規範船
舶所排放的氮氧化物、硫氧化物、二氧化碳、懸浮微粒等有害
物質的組織。國際海事組織指出，全球船舶的溫室氣體排放量
約為 10.36 億噸，占全球溫室氣體排放量的 2.8％（二氧化碳
方面占 3.1％）。按照船舶種類，整體船舶排放量中貨櫃船、
散貨船、郵輪占整體排放量 60％。

國際海事組織實行的《IMO 2020 規範》的目標，是在
2050 年以前，把船舶所排放的硫氧化物從 3.5％以下減少到
0.5％以下，並把二氧化碳的排放量減少至 2008 年的一半。如
果要在 2050 年達成目標，最終必須要開發出不會發生碳排放
的零碳船舶，但是 IMO 規範卻主要以使用低硫燃油、安裝脫
硫設備、開發液化石油氣動力船等內容所組成。

現有的船舶大多都使用 C 級重油（Bunker C）這類的高硫
燃油，但基於 IMO 規範，必須要改為使用低硫燃油；如果要
繼續使用高硫燃油，就必須安裝可以從排放的氣體中去除硫的
脫硫設備。不過低硫燃油的價格高昂，而脫硫設備安裝費與額
外的電費會使船舶的營運費用增加。愈來愈多國家與港口禁止
安裝脫硫設備的船隻進港，因此使用液化石油氣做為燃料的液

化石油氣動力船等方式，成為了替代方案。最近航運業界的動向，主要以下訂可以同時使用液化石油氣與 C 級重油做為動力燃料的雙燃料動力船舶為主。

　　液化石油氣相較於 C 級重油可以減少 85％至 90％的氮氧化物、20％的二氧化碳、100％的硫氧化物，在油耗表現相同的情況下，價格比石油燃料更便宜，除此之外，液化石油氣還是符合能源效率設計指數（（Energy Efficiency Design Index，EEDI）等國際環境標準的環保燃料 [9]。但是液化石油氣依然是會排碳的能源，造船產業最終還是要走向零碳船舶的產業結構。目前韓國的造船業者在液化石油氣載運船與液化石油氣動力船方面具有競爭優勢，特別是在液化石油氣動力船核心部件方面，如燃料罐、引擎、燃料供給系統上占有技術優勢，但如果想在往後的零碳船舶市場，也持續保有競爭，就必須不斷努力搶占核心技術。

　　零碳船舶時代的燃料以研究氫、甲醇、氨或生質燃料等為主。生質燃料是從農作物、木材、廢材料等物質中萃取而出，二氧化碳排放量非常低，但是某些特定生質燃料在儲存六個月以上時，會發生氧化與效率不足的問題，而且還有供應基礎設施不足的缺點。比起 C 級重油，甲醇在氮氧化物、硫氧化物、

9　一艘使用 C 級重油的貨櫃船，會排放出等同於 5,000 台柴油車的硫氧化物，並且會排放出 50 萬台卡車的超細懸浮微粒，因此液化石油氣等環保燃料的必要性愈來愈高。

懸浮微粒的排放較少，但是缺點在於甲醇本身就是由溫室氣體較多的煤所生產而出。所以預估主要開發會以氫和氨為主，只是還要先解決技術方面的問題。首先，如果想要以液體的型態儲存氫氣，就必須保持在攝氏零下 253 度的極低溫狀態，還要防止液體在轉換成氣體時所產生的熱損失。氨長期以來都被做為肥料的原物料進行分析，由於氨具有腐蝕與毒性的問題，如果想要應用在造船業，就必須要先研究相關材料的零件技術。所以韓國的造船業除了在轉型為綠色船舶的過渡階段中，著手開發可以使用混合燃料的低碳船舶技術以外，同時也要加快氫與氨等零碳船舶的技術開發。

此外，就如同前述風電產業所見，如果把造船業與可再生能源發電聯想在一起，就會得出離岸風電渦輪愈來愈大型化，大型安裝船舶的需求也會隨之增加的結果。英國造船海運現況分析公司 Clarkson 預估，2020 至 2026 年風機安裝船（Wind Turbine Installation Vessel，WTIV）年均訂貨量為八艘。亞洲離岸風電市場有望從 2025 年開始成長，屆時安裝船的訂單規模也有望隨之擴大。

隨著國際海事組織加強溫室氣體規範與歐盟實施排放權交易制度，全球造船與海運市場迎來了將油船轉型綠色船舶的新模式。2020 年 12 月 24 日，韓國的產業通商資源部與海洋水產部為此發表了第一次綠色船舶基本計畫，其主要內容是：開

發未來綠色船舶的先導技術、推動韓國型實證計畫《2030 Greenship-K》、普及綠色船舶、建造燃料供應基礎設施與營運體系等。

　　開發綠色船舶的前提是，先開發出氫燃料電池、氨燃料動能船等核心技術，以及燃料儲罐、燃料供應動力系統等未來船舶技術。韓國產業通商資源部在 2020 年 12 月 24 日發表的報告指出，2030 年成功轉型成為綠色船舶之際，期待將可由此帶來比油船減少 70％溫室氣體排放量的效果。

　　韓國政府正在推動實證計畫《2030 Greenship-K》，計畫從老舊的公務船開始更換為綠色船舶，再逐漸推動至民間船舶的更替。除此之外，韓國政府也計畫要擴大綠色燃料的基礎供應設施。

綠色船舶產業整理

類別	企業名稱	股票代碼
液化石油氣載運船或綠色船舶開發	韓國造船海洋	009540.KS
	三星重工業	010140.KS
	大宇造船海洋	042660.KS
保冷劑	Hankuk Carbon	017960.KS
	Dongsung FineTec	033500.KQ

4-6│各大企業的 ESG 產業動向

　　2021 年韓國各大企業領導者的賀歲祝詞上，幾乎都出現了一個共同關鍵字——「ESG」，企業對「環保」更加重視，這股風潮從歐美吹到韓國，追求獲利的企業，面對「ESG」時表現出團結一致的精神。

SK 集團加入 RE100 拼氫氣產能

　　SK 集團的崔泰源會長還親自出面，透過 ESG 導向的新創模式，鼓勵子公司透過「永續性」來提升企業價值。SK 把集團的四大未來成長動能設定是「材料、環保、生物、數位」，2025 年為止，SK 計畫產出 28 萬噸的氫氣產能，除此之外，集團旗下的六家子公司也決定共同加入全球 RE100 倡議。

　　子公司之一的 SK 創新以傳統化石燃料事業——煉油業為基礎，拓展到車用電池業務，計畫在 2024 年以前把電池產能增加到 100 百萬瓩時，並以強化未來事業領域為目標，計畫成立氫事業推動小組。另一間子公司 SKC 除了現有的化學事業，也在研發充電電池的核心材料銅箔，預計會透過子公司 SK Nexilis 在馬來西亞新設工廠，馬來西亞工廠為 RE100 簽訂了可再生能源購買契約。而 SK 建設與美國燃料電池業者

Bloom Energy 合資，正式進軍燃料電池事業；SK D&D 的目標則是專注於成長為風電、燃料電池、太陽能事業等再生能源的開發商。

現代汽車正在改變未來運輸面貌

現代汽車則加緊腳步為未來型綠能氫燃料與電動車事業做準備，受到世界的關注。現代汽車逐漸從現有核心企業燃油車上脫穎而出，正在想辦法做出結構性變化，往電動車、氫能車等運輸事業發展。

現代汽車 NEXO 成為氫能車銷售全球第一的車款，2021年 2 月還以電動車專用平台 E-GMP 為基礎，推出純電車 Ioniq 5。除此之外，現代汽車把城市空中移動做為未來事業，正在為其做準備，同時推出氫燃料電池系統品牌 HTWO。

現代汽車同時以集團和鄭義宣會長個人名義，併購美國以機器人開發聞名的波士頓動力（Boston Dynamics），這是鄭義宣會長就任後的第一個大規模併購計畫。雖然機器人跟環保沒有直接的關係，但判斷是機器人相關技術可以為未來帶來諸多幫助，因為機器人開發會大量使用人工智能與感知技術等，對於在自動駕駛與城市空中移動，想要掌握主導權的現代汽車而言，是一個不可或缺的要件。另外，現代摩比斯正致力於氫燃

料電池車的燃料電池模組，現代威亞致力於氫燃料罐與電動車熱管理模組，現代樂鐵致力於推動低碳、環保列車、氫燃料充電基礎設施，現代鋼鐵則致力於增加氫能車金屬隔板與氫氣產能。

浦項扭轉鋼鐵業重工污染形象

　　浦項集團為了擺脫大量排碳製造環境污染的鋼鐵業形象，正在擴大氫氣的生產，並且透過子公司浦項化學，加強做為充電電池核心材料的正極材料與負極材料事業。浦項計畫 2050 年以前要完成生產副生氣體 7 萬噸的目標，計畫 2040 年要生產 200 萬噸綠氫。

　　浦項化學預計要透過開發阿根廷的奧布萊莫埃爾多（Hombre Muerto）鹽湖，取得充電電池的核心材料——鋰。浦項透露奧布萊莫埃爾多鹽湖的鋰儲量比 2018 年收購時所推估的 220 噸多出六倍，高達 1,350 萬噸，如果生產鹽湖中所埋藏的鋰，以 2021 年 3 月的市價為基準計算，預計累積銷售額可達 270 億美元，是當除收購鹽湖價格的一百倍以上。

　　除此之外，浦項化學在 2020 年進行 7.7 億美元的現金增資，計畫利用這筆錢增設正極材料工廠，同時取得石墨與鋰原物料。

韓華目標成為再生能源領導者

韓華的金升淵會長在 2021 年的賀歲祝詞中提到，目標是強化 ESG 領域，成為全球再生能源產業的領導者，積極應對氣候變遷，引領時代邁向零碳排。因此太陽能公司韓華思路信在 2021 年 1 月成立氫技術研究中心，並擴大改組負責新再生能源發電計畫的全球綠能計畫事業部，計畫在 2025 年實現每年從可再生能源發電廠開發事業上創造 5 兆韓圜（約新台幣1172 億元）以上的銷售額。韓華也對生產高壓氫氣罐、綠氫表現出興趣，目前正以水電解技術為中心，致力於提早取得大量生產綠氫的技術。

韓華現有的太陽能事業也正在開發新世代產品——鈣鈦礦串疊型電池（Perovskite Tandem cell）。鈣鈦礦是新世代的太陽能，成本只有現有多晶矽的三分之一，透過簡易電子移動可以讓厚度比多晶矽電池薄 20 倍以上，可以適用於手機、電動車、住宅、建物等大面積物體上，應用領域非常多樣。串疊型電池是在現有的矽基太陽能電池上堆疊鈣鈦礦所製作而成，可以獲得比現有太陽能電池更佳的效率。鈣鈦礦串疊電池目前仍在開發中，目標是在 2023 年商業化。

韓華為了進行上述這些氫能與太陽能相關投資，決定在2020年12月進行1.2兆韓圜（約新台幣281億元）的現金增資。

籌措資金後，韓華率先收購由美國國家航空暨太空總署內部創投所成立的美國高壓氫氣瓶業者 Cimarron，正在為未來努力打造一套投資組合。此外，韓華旗下的六家金融公司發表脫碳金融宣言，表示日後不再參與國內外燃煤發電廠建設專案融資。

斗山、LG 投入電池生產

斗山集團也為了擺脫現有的煤、核能開發事業，正在努力著手準備未來事業。斗山重工業計畫建立燃料電池、風力發電技術、中小型核子反應爐、燃氣渦輪製造等環保可再生能源發電產品群，並且計畫以風力渦輪製造商的身分，在 2025 年以前達成 1 兆韓圜（約新台幣 234 億元）的銷售目標。斗山燃料電池是斗山旗下氫燃料電池公司，在 2020 年底進行 3,360 億韓圜（約新台幣 79 億元）的現金增資，大舉擴大投資，計畫日後將開發綠色船舶專用燃料電池與固態氧化物燃料電池。

LG 新能源是從 LG 化學旗下分割出來的子公司，LG 集團透過 LG 新能源正在積極開拓車用電池事業。LG 新能源 2020 年的車用電池出貨量位居世界第一，目標是將產能從 2020 年的 120 百萬瓩時至 2023 年提升到 260 百萬瓩時。LG 電子計畫與全球第三大汽車零件業者麥格納國際合作生產電動車電裝零件。LG 正在整頓持續大規模發生赤字的智慧型手機事業，家

電事業則進行高端化企圖做出差異性，並加強電裝事業部門等，積極重組投資組合。

曉星集團也藉由氫事業與開發環保材料為未來事業做準備。曉星重工業與林德集團共同投資 3,000 億韓圜（約新台幣 70 億元）成立了液化氫工廠，並且計畫加強氫燃料充電站的事業版圖。此外，曉星集團還計畫透過曉星高新材料，增加氫燃料罐的核心材料——碳纖維的產量。

承如上述，韓國的大企業們正在加快腳步朝向世界 ESG 的潮流邁進。特別是在技術與投資層面上，為了達到加乘作用，韓國企業也與擁有技術的外國企業合資，加快綠色車輛開發的速度，例如：2020 年底 LG 電子與麥格納國際合作、2021 年 1 月 SK 的美國氫燃料電池公司收購普拉格能源股份、現代汽車的 Apple Car 專案商議等。

值得慶幸的是，韓國是少數在幾乎所有產業底下，都擁有具競爭力之產業鏈的國家之一。中美貿易戰與新冠肺炎爆發後，韓國在製造業國家的地位反而有所提升，對於外國投資人而言，韓國擁有許多可以與自家成為戰略合作夥伴的企業，這樣優勢可能會更加鮮明，這也是 2021 年 1 月 25 日韓國綜合股價指數突破 3,200 點創下歷史新高的背後因素，期待日後海外與韓國企業之間的綠色相關議題會愈來愈多。如果不想要錯失如此值得關注的話題，企業和投資人就要在全球轉型為碳中和

社會的過程中，在產業模式快速轉變的轉捩點上，好好把握投資機會。

大企業的 ESG 策略整理

SK 集團	
SK	• 崔泰源會長要求各家子公司透過以 ESG 帶領的創新事業模式，確保永續，提升企業價值 • 2021 年張東賢會長在賀歲祝禱上表示會集中培養材料、環保、生物、數位等四大成長動能 • 利用集團基礎設施，架構生產、流通、供應一連串的氫產業鏈，加速 ESG 經營 • 2025 年以前擁有總共 28 萬噸的氫氣產能，並且為集團層面額外創造 30 兆韓圜（約新台幣 7033 億元）的資產淨值（NAV） • 集團旗下六家公司（SK、SKT、SK 海力士、SKC、SK Materials、SK Siltron）參與全球 RE100 倡議 • SK 與 SK E&S 分別出資 8,000 億韓圜（約新台幣 187 億元）取得美國氫燃料電池業者普拉格能源 9.9% 持股
SK 創新	• 正在美國喬治亞與匈牙利建造電池工廠，目標是在 2050 年將產能擴大至 100 百萬瓦時 • 利用 1.9 兆韓圜（約新台幣 445 億元）規模的綠色基金籌措建設喬治亞州第二座電池工廠的建設投資資金 • 子公司 SK IE Technology 正在中國與波蘭增建隔膜工廠 • 動用 SK 創新、SK E&S 等 200 位專業人力，成立推動氫事業的專門小組 • 把鄰近首都圈的 SK 仁川石油化學所產生的副生氫氣供應給 SK E&S
SK 海力士	• 發行 ESG 債券
SKC	• 子公司 SK Nexilis 在馬來西亞增設銅箔工廠

SK Materials	• 投資 1,300 萬美元進入運用矽基開發負極材料的美國企業 Group14 Technologies。
SK E&S	• SK 與 SK E&S 分別出資 8,000 億韓圜（約新台幣 187 億元）取得美國氫燃料電池業者普拉格能源 9.9%持股
SK E&S	• 目標是依靠目前的電力、液化石油氣、都市瓦斯等環保投資組合，在氫能產業成為世界第一 • 2020 年以第一個外資企業的身分，取得中國民間液化天然氣接收站持股等，為全球液化石油氣產業鏈打下基礎 • 2023 開始每年建設 3 萬噸規模的液氫生產設備，供應給首都圈 • 透過每年直接進口 300 萬噸液化石油氣之天然氣，從 2025 年開始生產 25 萬噸藍氫（二氧化碳捕捉） • 2020 年 9 月新萬金太陽能發展園區達成 200,000 瓩級
SK 建設	• 與美國 Bloom Energy 合作開始燃料電池事業。京畿華城、坡州的氫燃料電池發電站竣工 • 收購污水、廢水與廢棄物處理業者 EMC Holding，正式進軍環保事業
SK Siltron	• 通過碳信託認證、綜合測量產品生產過程中所產生之碳排放量的碳足跡認證
SK D&D	• 目標成長為風力、燃料電池、太陽能事業等可再生能源之開發商

現代汽車集團	
現代汽車	• 現代汽車集團 2022 年於中國廣東省新建氫燃料電池系統工廠 • 2019 年包含韓國在內，NEXO 於全球市場上銷售 4,987 台，成為氫能車銷售第一 • 與英國化學企業 Ineos Group 簽訂氫事業 MOU • 計畫在 INEOS Automotive 正在開發的 SUV 上搭載現代汽車車輛專用氫燃料電池系統，推出新款氫能車

現代汽車	• 2021 年 2 月以 E-GMP 為基礎推出純電車 Iqniq5 • 2022 年推出 Level 3 自動駕駛量產車、2028 年推出純電 UAM • 2030 年銷售 70 套氫燃料電池，2040 年將核心市場全線自動化 • 推出氫燃料電池系統品牌 HTWO • 收購美國機器人開發公司波士頓動力
起亞	• 全面更新公司名稱、商標與標語，正式啟動未來戰略 Plan S • 從燃油車向電動車發展
現代摩比斯	• 負責現代汽車與起亞的驅動馬達、電池模組、逆變器、氫燃料電池
Hyundai WIA	• 負責現代汽車與起亞的熱管理模組、馬達減速器、氫燃料瓶
Hyundai AutoEver	• 吸收合併現代 M nSOFT（導航）與 Hyundai Autron（電裝軟體），統整車輛數據雲端
現代鋼鐵	• 計畫將氫氣產能從現有的 3,500 噸提升至最高 37,200 萬噸 • 擴大建設氫能生產與物流設施、在主要事業範疇引進 FCEV 與擴大使用運輸車輛、燃料電池發電系統
現代格洛維斯	• 與挪威海上集團 Wilh.Wilhelmsen 合作發展環保海運事業，期待日後進軍海上運輸業、氫能船營運
現代樂鐵	• 推動低碳、環保列車、氫燃料充電基礎設施。啟動氫氣提取設備產品群。

現代重工業集團	
韓國造船海洋	• 取得挪威、德國船級協會 DNV 的燃料電池發電系統設計基礎認證
現代尾浦造船	• 業界首度從英國勞氏船級設取得氨動力船的基礎認證書
現代煉油	• 2021 年計畫發行屬於 ESG 債券之一的綠色基金做為第一支公司債

現代 Electric	• 與蔚山港灣公社簽訂合力開發世界第一個以氫氣為基礎的移動式海陸電源供應裝置 MOU

浦項集團	
浦項	• 2050 年以前建立 500 萬噸氫氣生產體系、計畫額外達成 30 兆韓圜（約新台幣 7033 億元）銷售額 • 2025 年以前計畫生產 7 萬噸副生氫氣、2030 年生產 50 萬噸綠氫、2040 年生產 200 萬噸綠氫 • 2050 年以前以綠氫為基礎，實現氫還原製鐵廠及脫碳時代的構想 • 建構原物料－中間材料－正極－負極等充電電池材料的產業鏈。 • 收購阿根廷鹽湖奧布萊莫埃爾多，取得電動車的核心材料——鋰
浦項化學	• 通過 1 兆韓圜（約新台幣 234 億元）規模的現金增資，用於增設正極材料工廠，並取得石墨、鋰原料 • 建設歐洲正極材料廠房。浦項化學將同步生產做為充電電池主要原料的負極材料與正極材料。

韓華集團	
韓華	• 金昇淵會長在賀歲祝祠中提到，將強化 ESG 經營，成為全球可再生能源產業的領導者，積極應對氣候變遷，引領零碳時代
韓華思路信	• 2021 年 1 月 4 日重組太陽能事業部，並增設氫技術研究小組等進行組織重組 • 擴大新負責再生能源發電計畫的全球綠能計畫事業部 • 計畫 2025 年再生能源發電廠開發事業每年達到 5 兆韓圜（約新台幣 1171 億元）銷售額 • 進軍太陽能發電及風力發電產業 • 使用 P2G 水電解技術，提前取得大量生產綠氫的技術

韓華思路信	<ul><li>計畫 2021 年在太陽能與綠氫產業招聘 250 餘名國內外員工。</li><li>擴編新世代產品——鈣鈦礦串疊型電池、高壓氫氣罐、水電解產業的研發人員</li><li>2020 年 12 月進行 2,000 億韓圜（約新台幣 47 億）規模的現金增資。2021 年起五年內將在新世代太陽能及綠氫方面投資 2.8 兆韓圜（約新台幣 703 億元）</li><li>2025 年銷售額達到 21 兆韓圜（約新台幣 4918 億元），營業利潤達到 2.3 兆韓圜（約新台幣 468 億元），目標是成為世界級綜合能源解決方案公司。</li><li>1.2 兆韓圜（約新台幣 281 億元）的現金增資資金，其中 1 兆韓圜（約新台幣 234 億元）用於投資太陽能（鈣鈦礦等）、2,000 億韓圜（約新台幣 46 億元）用於投資綠氫</li><li>收購由美國國家航空暨太空總署內部創投所成立的美國高壓氫氣瓶業者 Cimarron</li><li>透過收購 Cimarron 取得汽車專用氣瓶、壓縮氫氣長管拖車專用氣瓶、充電站專用超高壓氣瓶之技術</li><li>將太陽能事業擴大到分散型發電能源事業</li><li>2020 年 5 月取得能源管理系統業者 SwitchDin 的 20.26% 持股</li><li>2020 年 8 月收購能源系統開發與銷售業者 Geli 的 100% 持股</li></ul>
韓華六大金融公司	<ul><li>韓華生命、韓華資產管理、韓華儲蓄銀行、Carrot General Insurance 等六家公司發表脫碳金融宣言</li><li>不再參與國內外燃煤發電建設的專案融資</li><li>不再收購國內外以建設燃煤發電廠為目標的特殊目的公司所發行之債券</li></ul>

斗山集團	
斗山	• 經營家庭、建築、發電用燃料電池、氫燃料無人機等環保氫產品與服務 • 推出無人機專用氫燃料電池組、氫燃料無人機
斗山重工業	• 建構燃料電池、風電、中小型核子反應爐、燃氣渦輪等環保發電技術產線
斗山重工業	• 目標是在 2023 年以前把燃煤火力發電的比例降低至目前的一半,並且離岸風力2025年的銷售額達1兆韓圜(約新台幣 234 億元)、燃氣渦輪 2026 年達 3 兆韓圜(約新台幣 703 億元)
斗山燃料電池	• 利用 1.2 兆韓圜(約新台幣 281 億元)現金增資擴大氫燃料事業 • 與國際船公司 Navig8 共同開發船舶專用燃料電池 • 開發韓國型高效率發電用固體氧化燃料電池。將電池與電池堆國產化,計畫在 2024 年量產。

LG 集團	
LG 化學	• 著重於新食品材料、環保塑膠、環保材料、新藥 • 以廢塑膠為基底的 PCR ABS 塑膠、以生物原料為基底的可生物分解材料、碳捕捉與封存
LG 新能源	• 2020 年成電動車電池第一大廠 • 計畫在 2023 年以前把 120 百萬瓩時的產量提高至 260 百萬瓩時
LG 電子	• 與全球第三大汽車零件公司麥格納國際合作生產電動車零件
LG Innotek	• 高附加價值車用照明模組、頂尖駕駛輔助系統專用相機、車用動力模組

曉星集團	
曉星重工業	• 2020 年 4 月與林德集團一起投資 3,000 億韓圜（約新台幣 70 億元），計畫設立液氫工廠，每年生產 13,000 噸，10 萬台氫能車用量
曉星 TNC	• 利用三多水寶特瓶推出環保纖維 Regen®jeju
曉星高新材料	• 2028 年以前總共投資 1 兆韓圜（約新台幣 234 億元），使碳纖維產量增加至 24,000 噸。碳纖維是製作氫能車氫燃料罐的材料
曉星化學	將環保工程塑膠材料聚酮擴大應用到建築材料、生活用品、休閒用品等

LS 集團	
LS	• 擴大子公司 LS 電纜的海底電纜事業 • 擴大太陽能電纜、太陽能板專用鋼絲等
LS 電氣	• 開發使用植物性絕緣油的模組型變壓器，架構環保器材產品群 • 為開發現代汽車氫燃料電池系統，製作發電系統、架構綜合解決方案
E1	• 環保液化石油氣業者 E1 在江原旌善的 8,000 瓩太陽能發電園區完工，寧越島風力發電開工

資料來源：各公司相關新聞與公告

第 5 章

穩健獲利的 ESG ETF

5-1 │ 環境友善 ETF 的選擇

第 4 章我們已經探討過核心綠色產業的產業鏈,以及具有投資潛能的各家企業。也許有些人已經以上述的內容為基礎,決定好了自己想投資的企業,確定了自己的投資方向;但肯定也有一些人是還沒有足夠能力分析個股的投資新手,或是雖然投資經驗豐富,但是想要一鼓作氣投資好幾個自己有興趣的產業,針對這樣的投資人,可以推薦「ETF」給你們。

我們知道 ETF 是由多檔股票組合而成的基金,在股市裡讓投資人可以像交易股票一般方便交易的商品,跟基金一樣由多檔股票所組成,優點是手續費很便宜,不僅交易費用低於公募基金,還可以進行小額分散投資,是非常具有吸引力的商品。

當然 ETF 最主要的優點還是在於「穩定性」。面對剛進入成長期的產業，我們很難判斷哪些企業最後可以在這場激烈的戰役中存活下來，所以我們可以藉由 ETF 規避個股變化所帶來的風險，持有相對穩定的投資組合。

ETF 市場以美國為中心，蔓延至全世界，如同我們在 PART1 所看到，美國股票市場具有強大的影響力。相較於目前陷入停滯期的公募基金，ETF 持續推出各種不同的商品，降低一般投資人的入門門檻，預估未來還會持續成長。特別是美國的 ETF 由各種標的資產所組成，選擇的範圍相對較廣，投資美國 ETF 的優點就是可以平均投資引領全球趨勢的大多數的核心企業。韓國的 ETF 市場當然也跟隨著全球趨勢，正在快速成長。

現在我們就開始來仔細探討，目前正在扶搖直上的環保 ETF 吧。

日益受到關注的 ETF 市場

自從主動式基金走開始走下波，美國的 ETF 便開始成長。2010 至 2014 年之間，美國大型股的主動式基金指數下滑將近 90％，收益率表現不佳。對此感到失望的投資者們，開始從主動式公募基金大舉轉移至指數型 ETF。以 2020 年 9 月為基準，

價值約6.8兆美元的全球ETF市場中，美國有69%相當於約4.7兆美元，共1,400檔以上的ETF上市。美國的總市值占全球證券市場39%，從這一點我們也可以看出ETF市場正在以美國為中心成長。

美國ETF不只單純追蹤道瓊指數、S&P500指數，還有可以投資科技、能源、健康照護、金融、不動產、工業材料、原物料、消費品、半導體等各種產業的ETF。除此之外，還有股票變動性高出二到三倍的槓桿ETF（投資期貨等衍伸商品，追求高於指數之報酬率的ETF），以及股價下跌中謀求獲利的反向與反向槓桿ETF。此外，還有可以投資歐洲、美國、中國、南美洲、亞洲、非洲等世界各地的美國ETF。金、銀、鈀、穀物、大麻、原油、天然氣、國債、公司債、高收益基金、各國貨幣等，美國ETF是一個幾乎可以投資各種全球資產的重要工具。

韓國在新冠肺炎爆發後，選擇直接投資美股的人數暴增，這些人正在投資Apple、特斯拉等美國個股，預計這波趨勢也會為ETF投資帶來增長。從各個產業來說，全球第一大企業大部分都有在美國上市，所以如果想投資該企業所隸屬的成長產業，就可以投資美國ETF，比投資個股更加穩定。現在散戶只要經由國內大多數的證券公司，也都能夠輕鬆直接交易美國ETF。

雖然韓國的 ETF 市場，和美國的巨型 ETF 市場相比，還處在新生時期，但也在快速成長。由於新冠肺炎引發超低利率、高流動性與增加市場變動性，導致許多散戶投資人積極加入股票投資，韓國綜合股價指數中散戶的比例從 2019 年的 47.7％，在 2020 年大幅增加至 65.9％。在這種趨勢之下，也愈來愈多散戶加入 ETF 市場，從這裡我們可以看出人們對於股市活躍與高風險的認知。2020 年 ETF 市場的日均成交額到達約 29 億美元，比 2019 年高出 188％。

　　韓國 2020 年 12 月的 ETF 資產淨額是 400 億美元，對比前一年同期增加大約 2 億美元，ETF 的數量也比前一年增加了 18 檔。以 2020 年 11 月底為基準，ETF 淨資產總額占整體股市總市值的比例分別是，美國 12.6％、英國 13.2％、德國 13.3％、加拿大 7.7％、日本 7.7％、韓國 2.4％。從這裡看來，韓國 ETF 市場還有很多成長的空間，預計高成長趨勢還會持續一段時間。ETF 中不斷有全球資金持續流入的產業就是 ESG ETF，所以這裡我想帶著大家一起觀察在美國與韓國市場上，特別值得關注的環境友善 ETF。

美國環境友善 ETF

　　以清潔能源、車用電池、太陽能、風電、低碳產業做為出

美國主要環境友善 ETF

2020 年 12 月 25 日基準

類別	股票代號	ETF 名稱	總費用率（%）	ESG分數	資產管理規模（百萬美元）	報酬率		
						YTD	1 年	3 年
清潔能源	ICLN	iShares Global Clean Energy	0.46	5.83/10	4,231	137.1	137.3	217.5
	QCLN	First Trust Nasdaq Clean Edge Energy	0.60	5.76/10	1,981	184.6	186.2	253.1
	PBW	Invesco Wilder Clean Energy ETF	0.70	5.21/10	2,263	217.1	221.5	339.9
	PZD	Invesco Cleantech ETF	0.68	7.08/10	459	50.2	50.2	79.5
	PBD	Invesco Global Clean Energy ETF	0.75	6.19/10	286	143.1	147.7	179.3
	ACES	ALPS Clean Energy ETF	0.65	6.09/10	775	140.3	139.1	-
車用電池	LIT	Global X Lithium & Battery Tech	0.75	4.75/10	1,798	117.8	118.5	61.2
太陽能	TAN	Invesco Solar ETF	0.71	5.22/10	3,703	234.1	234.3	318.3
風電	FAN	First Trust Global Wind Energy ETF	0.62	8.37/10	380	56.2	57.9	84.4
低碳	CRBN	iShares MSCI ACWI Low Carbon Target	0.20	6.17/10	594	15.6	15.8	34.3
	SMOG	VanECk Vectors Low Carbon Energy ETF	0.63	6.64/10	264	113.3	113.4	166.7

發點來看，2020 年初以後各個產業中報酬率表現最突出的 ETF 是 PBW（清潔能源）、LIT（車用電池）、TAN（太陽能）、FAN（風電）、SMOG（低碳）。

環境友善 ETF 的報酬率表現之所以這麼好，是因為新冠肺炎爆發之後，ESG 之中的「E」在全球經濟復甦對策上受到極大的關注，除此之外，全球主權財富基金偏向 ESG 的行為，以及各國政府基於對氣候變遷的擔憂所推出的碳中和政策，也帶來極大的影響。不僅如此，以貝萊德為首的大型資產公司，在感受到這股時代潮流後，使全球資金快速湧入 ESG ETF（特別是環境友善 ETF），才是成長的真正主因。以持有 ETF 的層面來說，電動車市場快速成長使特斯拉的股價大幅上漲，以及 2020 年底拜登當選美國總統，太陽能與風電做為環保培育政策的一環，相關股價也水漲船高。

上頁表格是每個產業的主要 ETF，可以參考後面的簡介。其中一欄是 YTD 報酬率（Year to Date，從該年年初到當下的報酬率），是從 2020 年初之後的報酬率，從 2020 年 3 月新冠肺炎爆發、全球股市崩跌開始看，報酬率會非常驚人。

只要記得這些最具代表性的 ETF，或者是把他們加入我的最愛，需要的時候參考 ETF 簡介，了解該 ETF 的成分股，再決定是否要投資就可以了。舉例來說，記得車用電池的股票代碼是 LIT，太陽能是 TAN，風電是 FAN 等，如果想要投資該

產業的股票，就可以參考各檔 ETF 的成分股，這將對你的投資帶來幫助。補充說明，我們接下來要討論的持有率前十大美國 ETF 可能會依照時間不同而出現變化，建議各位利用 etfdb. com 網站，要投資的時候再重新確認一次。

✓ ICLN——iShares Global Clean Energy

ICLN 是美國三大資產管理公司之一的貝萊德，在 2008 年所推出的環境友善 ETF。以 2020 年 12 月為基準，成分股共有 32 檔，平均估值 PER（本益比）為 45.0 倍，PBR（股價淨值比）

ICLN ETF 股價走勢

ICLN ETF 的前十大成分股

ETF 代號	成分 股代號	前十大成分股企業名稱	持有 比例	國家	產業
ICLN	PLUG	Plug Power Inc.	6.72%	美國	氫、 燃料電池
	ENPH	Enphase Energy, Inc.	5.71%	美國	太陽能
	MEL	Meridian Energy Limited	4.68%	紐西蘭	可再生能源
	968	Xinyi Solar Holdings Ltd.	4.68%	中國	太陽能
	FSLR	First Solar, Inc.	4.64%	美國	太陽能
	VER	VERBUND AG Class A	4.62%	奧地利	電力
	VWS	Vestas Wind Systems A/S	4.57%	丹麥	風電
	SGRE	Siemens Gamesa Renewable Energy, S.A.	4.46%	西班亞	風電
	ORSTED	Orsted	4.23%	丹麥	風電
	CEN	Contact Energy Limited	4.21%	紐西蘭	可再生能源

ICLN ETF 國家分佈

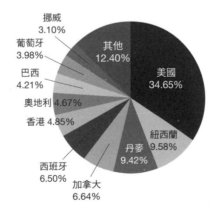

挪威 3.10%
葡萄牙 3.98%
巴西 4.21%
奧地利 4.67%
香港 4.85%
西班牙 6.50%
加拿大 6.64%
丹麥 9.42%
其他 12.40%
美國 34.65%
紐西蘭 9.58%

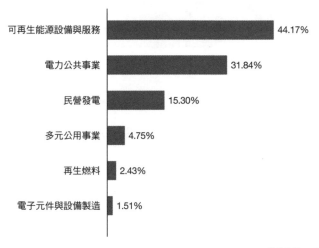

ICLN ETF 產業分佈

產業	比例
可再生能源設備與服務	44.17%
電力公共事業	31.84%
民營發電	15.30%
多元公用事業	4.75%
再生燃料	2.43%
電子元件與設備製造	1.51%

資料來源：etf.com

為 3.28 倍。MSCI 的 ESG 評級[1]為 A 級，總費用率是 0.46％，地區分佈為美國 34.65％、紐西蘭 9.58％、丹麥 9.42％等。目前的產業分佈為可再生能源 44.17％、電力公用事業 31.84％、民營發電 15.3％等，是一檔主要涵蓋太陽能、風電、燃料電池、可再生能源企業的 ETF。補充參考，ICLN 的成分股中，韓國股票斗山燃料電池占有 1.93％的比例。ICLN 的股價從 2020 年 3 月的 8.08 美元，在同年 12 月上漲至 28.36 美元，上

---

1 評級分為七級，ESG 表現最佳為 AAA，之後是 AA、A、BBB、BB、B，最差則是 CCC。

漲幅度達 3.5 倍，是一檔適合喜歡投資氫氣、太陽能、風電投資者的商品。

〰 QCLN──First Trust Nasdaq Clean Edge Energy

QCLN 由全球資產規模排名第六位的第一信託所營運，是 2007 年推出的環境友善 ETF。以 2020 年 12 月為基準，QCLN 的成分股有 45 檔，PER 是 318.8 倍，PBR 是 4.73 倍。 在 MSCI 的 ESG 評級中獲得 A 等級，總費用率為 0.60%、投資

QCLN ETF 的股價走勢

資料來源：webull.com

QCLN ETG 前十大成分股

ETF 代號	成分股代號	前十大成分股企業名稱	持有比例	國家	產業
QCLN	TSLA	Tesla Inc	8.28%	美國	電動車、太陽能
	ENPH	Enphase Energy, Inc.	7.98%	美國	太陽能
	NIO	NIO Inc. Sponsored ADR Class A	6.44%	中國	電動車
	SEDG	SolarEdge Technologies, Inc.	5.78%	美國	太陽能
	ALB	Albemarle Corporation	5.55%	美國	鋰
	PLUG	Plug Power Inc.	4.79%	美國	氫燃料電池
	CREE	Cree, Inc.	4.05%	美國	LED
	ON	ON Semiconductor Corporation	3.95%	美國	半導體
	FSLR	First Solar, Inc.	3.89%	美國	太陽能
	RUN	Sunrun Inc.	3.80%	美國	太陽能

資料來源：etfdb.com、各公司官網

QCLN ETF 國家分佈

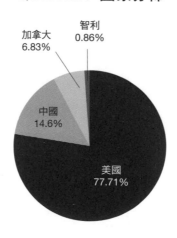

加拿大 6.83%
智利 0.86%
中國 14.6%
美國 77.71%

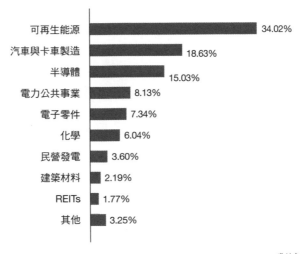

QCLN ETF 產業分佈

產業	百分比
可再生能源	34.02%
汽車與卡車製造	18.63%
半導體	15.03%
電力公共事業	8.13%
電子零件	7.34%
化學	6.04%
民營發電	3.60%
建築材料	2.19%
REITs	1.77%
其他	3.25%

資料來源：etf.com

組合的地區分佈為美國 77.71％、中國 14.60％、加拿大
6.83％、智利 0.86％等，產業分佈為可再生能源 34.02％、汽
車 18.63％、半導體 15.03％、電力公用事業 8.13％、電子零件
7.34％，是一檔主要由電動車、太陽能、燃料電池、電動車鋰
原料企業所組成的 ETF。新冠肺炎爆發後，2020 年 3 月
QCLN 跌到低點 16.14 美元，接著在 12 月上漲至 72 美元，漲
幅 4.5 倍。如果你對特斯拉等電動車感興趣，或是想投資太陽
能、燃料電池的投資人，這檔會是合適的 ETF 商品。

📈 PBW（Invesco WilderHill Clean Energy ETF）

　　景順（Invesco）以追蹤那斯達克的 QQQ ETF[2] 而聞名，而 PBW 是景順在 2005 年所推出的環境友善 ETF。以 2020 年 12 月為基準，持有 48 檔成分股，PER 是 -102.27 倍，PBR 是 3.60 倍。MSCI 的 ESG 評級為 BBB 級，總費用率 0.70％，投資組合的地區分佈依序為美國 82.10％、中國 10.48％、加拿大 4.79％。產業分佈為可再生能源 37.40％、汽車 10.77％、半導

PBW ETF 的股價走勢

資料來源：webull.com

2　QQQ 是一檔追蹤那斯達克 100 指數的 ETF。QQQ 以那斯達克的總市值為基準，投資前百大非金融企業。

體 8.26％等，是一檔主要由電動車與電動車充電站事業、氫燃料電池、太陽能企業所組成的 ETF。新冠肺炎爆發後，2020年 3 月 PBW 跌到低點 22.20 美元，在 2020 年 12 月上漲至110.30 美元，漲幅 5 倍。對於喜歡擴大充電基礎設施、特斯拉電動車、燃料電池、太陽能的投資人而言，是一檔合適的 ETF商品。

PBW ETF 的前十大成分股

ETF 代號	成分股代號	前十大成分股企業名稱	持有比例	國家	產業
PBW	BLNK	Blink Charging Co	6.91％	美國	電動車充電站
	FCE	FuelCell Energy, Inc.	6.20％	美國	氫燃料電池
	PLUG	Plug Power Inc.	3.64％	美國	氫燃料電池
	SPWR	SunPower Corporation	3.39％	美國	太陽能
	NIO	NIO Inc. Sponsored ADR Class A	3.20％	中國	電動車
	LTHM	Livent Corporation	3.05％	美國	鋰
	MAXN	Maxeon Solar Technologies, Ltd.	3.02％	美國	太陽能
	ENPH	Enphase Energy, Inc	3.00％	美國	太陽能
	DQ	Daqo New Energy Corp Sponsored ADR	2.59％	中國	太陽能
	JKS	JinkoSolar Holding Co., Ltd. Sponsored ADR	2.53％	中國	太陽能

PBW ETF 國家分佈

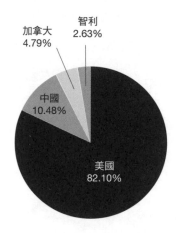

加拿大
4.79%

智利
2.63%

中國
10.48%

美國
82.10%

PBW ETF 產業分佈

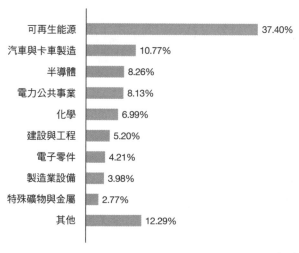

可再生能源 37.40%
汽車與卡車製造 10.77%
半導體 8.26%
電力公共事業 8.13%
化學 6.99%
建設與工程 5.20%
電子零件 4.21%
製造業設備 3.98%
特殊礦物與金屬 2.77%
其他 12.29%

資料來源：etf.com

📈 LIT（Global X Lithium & Battery Tech）

　　Global X 是韓國未來資產在 2018 年以 5 億美元收購的 ETF 管理公司，LIT 是由 Global X 於 2010 年推出的環境友善 ETF。以 2020 年 12 月為基準，LIT 持有 42 檔成分股，PER 是 60.15 倍，PBR 是 3.59 倍。MSCI ESG 評級是 BBB 級，總費用率 0.75％，投資組合的地區分佈為中國 37.22％、美國 19.33％、香港 12.33％、韓國 10.86％、日本 6.63％、智利 4.53％等，產業分佈為電子零件 31.99％、化學 24.66％、汽車 10.16％、機械製造業 5.82％、家電 5.10％等。這個商品用一

LIT ETF 股價走勢

資料來源：webull.com

句話形容，就是集中投資電動車與電池的 ETF。投資組合中包含鋰、電動車商特斯拉、電動車之電池業者（比亞迪、寧德時代、Panasonic、三星 SDI、LG 化學）、車用電池零件與設備等產業鏈，對於偏好電動車與車用電池成長潛能的投資人而言，是再適合不過的商品。

LIT ETF 前十大成分股

ETF 代號	成分股 代號	前十大成分股企業名稱	持有 比例	國家	產業
	ALB	Albemarle Corporation	12.32%	美國	鋰
	002460	Ganfeng Lithium Co., Ltd. Class A	6.05%	中國	鋰
	1211	BYD Company Limited Class H	5.35%	中國	電動車電池
	TSLA	Tesla Inc	5.14%	美國	太動車、太陽能
LIT	30075	Contemporary Amperex Technology (寧德時代)	4.96%	中國	電動車電池
	300014	EVE Energy Co. Ltd. Class A	4.84%	中國	電動車電池
	006400	Samsung SDI Co., Ltd	4.78%	韓國	電動車電池
	6752	Panasonic Corporation	4.73%	中國	電動車電池
	SQM	Sociedad Quimica Y Minera (SQM)	4.59%	智利	鋰
	051910	LG Chem Ltd.	4.56%	中國	電動車電池

資料來源：etfdb.com、各公司官網

LIT ETF 國家分佈

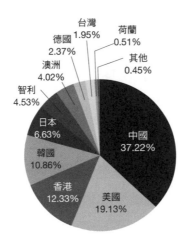

台灣 1.95%
荷蘭 0.51%
德國 2.37%
其他 0.45%
澳洲 4.02%
智利 4.53%
日本 6.63%
中國 37.22%
韓國 10.86%
香港 12.33%
美國 19.13%

LIT ETF 產業分佈

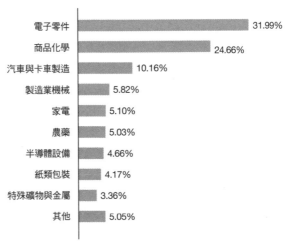

產業	百分比
電子零件	31.99%
商品化學	24.66%
汽車與卡車製造	10.16%
製造業機械	5.82%
家電	5.10%
農藥	5.03%
半導體設備	4.66%
紙類包裝	4.17%
特殊礦物與金屬	3.36%
其他	5.05%

資料來源：etf.com

📈 TAN（Invesco Solar ETF）

　　TAN 是由景順在 2008 年推出的環境友善 ETF。以 2020
年 12 月為基準，TAN 持有 31 檔成分股，PER 為 143 倍，
PBR 為 3.19 倍。MSCI 的 ESG 評級是 BBB 級，總費用率
0.69％。投資組合的地區分佈為美國 54.49％、香港 15.28％、
中國 10.81 ％、 德國 5.43 ％ 等。 產業分佈是可再生能源
68.67％、民營發電 18.61％、電力公共事業 5.76％、REITs
3.34％、半導體設備 1.87％等。TAN 的組成主要以太陽能企業
為主，新冠肺炎爆發後，TAN 從 2020 年 3 月的低點 21.14 美

TAN ETF 的股價走勢

資料來源：webull.com

元，在 12 月上漲至 107.33 美元，上漲 5 倍。這檔 ETF 商品適合偏好太陽能公司的投資者。

TAN ETF 的前十大成分股

ETF 代號	成分 股代號	前十大成分股企業名稱	持有 比例	國家	產業
TAN	ENPH	Enphase Energy, Inc.	11.18%	美國	太陽能
	SEDG	SolarEdge Technologies, Inc.	8.77%	美國	太陽能
	968	Xinyi Solar Holdings Ltd.	7.41%	中國	太陽能
	RUN	Sunrun Inc.	7.06%	美國	太陽能
	FSLR	First Solar, Inc.	6.28%	美國	太陽能
	SSO	Scatec ASA	4.24%	挪威	太陽能
	HASI	Hannon Armstrong Sustainable Infrastructure	4.11%	美國	太陽能、可再生能源
	3800	GCL-Poly Energy Holdings Limited	3.99%	中國	太陽能
	DQ	Daqo New Energy Corp Sponsored ADR	3.94%	中國	太陽能
	JKS	JinkoSolar Holding Co., Ltd. Sponsored ADR	3.91%	中國	太陽能

TAN ETF 國家分佈

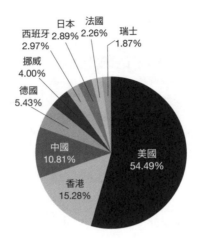

日本
2.89%

法國
2.26%

西班牙
2.97%

瑞士
1.87%

挪威
4.00%

德國
5.43%

中國
10.81%

美國
54.49%

香港
15.28%

TAN ETF 產業分佈

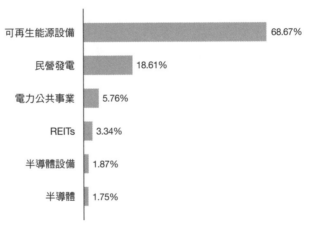

可再生能源設備	68.67%
民營發電	18.61%
電力公共事業	5.76%
REITs	3.34%
半導體設備	1.87%
半導體	1.75%

資料來源：etf.com

✓ FAN（First Trust Global Wind Energy ETF）

FAN 是由第一信託在 2008 年所推出的環境友善 ETF。以 2020 年 12 月為基準，持有 50 檔成分股，PER 是 29.71 倍，PBR 是 2.32 倍。MSCI 的 ESG 評級為 A 等級，總費用率 0.62 ％。投資組合的地區分佈為加拿大 18.67 ％、丹麥 16.86 ％、美國 12.24 ％、西班牙 11.93 ％、香港 8.12 ％、德國 5.93 ％等。產業分佈為電力公用事業 39.44 ％、可再生能源 25.30 ％、民營發電 11.60 ％、複合企業 6.82 ％、多元公用事業 6.19 ％，是一檔主要由全球風電相關產業鏈組合而成的 ETF，

FAN ETF 的股價走勢

資料來源：webull.com

其中包含擁有風電核心技術的業者維斯塔斯、西門子歌美颯與轉型成為離岸風電專門企業的沃旭能源等風電相關的重點企業。新冠肺炎爆發後，FAN 從 2020 年 3 月 10.17 美元低點，在 12 月上漲至 22.61 美元，漲幅 2.2 倍。這檔 ETF 商品適合看好全球風電市場成長潛能的投資人。

FAN ETF 的前十大成分股

ETF 代號	成分股 代號	前十大成分股企業名稱	持有 比例	國家	產業
FAN	VWS	Vestas Wind Systems A/S.	9.21%	丹麥	風電
	SGRE	Siemens Gamesa Renewable Energy, S.A.	8.85%	西班牙	風電
	ORSTED	Orsted	8.46%	丹麥	風電
	NPI	Northland Power Inc.	7.68%	加拿大	風電
	BLX	Boralex Inc. Class A	5.42%	加拿大	可再生能源
	916	China Longyuan Power Group Corp. Ltd.	4.45%	中國	風電
	INE	Innergex Renewable Energy Inc.	3.73%	加拿大	風電、可再生能源
	TPIC	TPI Composites, Inc.	3.29%	美國	風電
	2208	Xinjiang Goldwind Science & Technology Co.	2.62%	中國	風電
	GE	General Electric Company	2.58%	美國	風電、可再生能源

資料來源：etfdb.com、各公司官網

FAN ETF 國家分佈

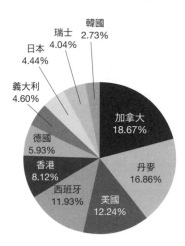

韓國 2.73%
瑞士 4.04%
日本 4.44%
義大利 4.60%
德國 5.93%
香港 8.12%
西班牙 11.93%
美國 12.24%
丹麥 16.86%
加拿大 18.67%

FAN ETF 產業分佈

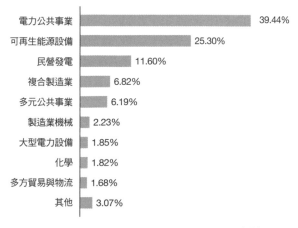

電力公共事業	39.44%
可再生能源設備	25.30%
民營發電	11.60%
複合製造業	6.82%
多元公共事業	6.19%
製造業機械	2.23%
大型電力設備	1.85%
化學	1.82%
多方貿易與物流	1.68%
其他	3.07%

資料來源：etf.com

台灣版補充資料：台灣主要 ESG ETF

台灣主要的 ESG ETF 有七支，包括富邦公司治理、元大台灣 ESG、國泰永續高股息、永豐台灣 ESG、中信關鍵半導體、中信小資高價 30，以及最新上市的群益台灣 ESG 低碳。富邦公司治理共有 100 檔成分股，占比最高的是台積電 38.63％，半導體業總占比高達 48.29％；元大台灣 ESG 成分採非固定檔數，占比最高的仍是台積電 29.88％；國泰永續高股息以「MSCI 臺灣 ESG 永續高股息精選 30 指數」為標的指數，故成分共 30 檔，目前占比最高前三位依序是華碩（5.58％）、仁寶（4.41％）、聯強（3.99％）；永豐台灣 ESG 也是不定成分，占比較高的是聯電（27.26％）和台積電（20.72％）；中信關鍵半導體追蹤 ICE Factest 台灣永續關鍵半導體指數，成分主要是聯發科、台積電等半導體大廠；中信小資高價 30，也是以台積電（22.35％）為主要成分。而群益台灣 ESG 低碳，於 2023 年 3 月上市，成分股直接排除高碳排產業後，取市值前五十名的公司。

2023 年 2 月 24 日基準

股票代號	ETF 名稱	資產規模（億元新台幣）	報酬率		
			YTD	1 年	3 年
00692	富邦公司治理	172.45	10.53	-12.90	13.29
00850	元大台灣 ESG	116.91	9.72	-11.00	14.26
00878	國泰永續高股息	1696.80	7.21	-5.35	--
00888	永豐台灣 ESG	70.11	10.83	-12.25	--
00891	中信關鍵半導體	209.19	22.22	-12.04	--
00894	中信小資高價 30	27.81	18.19	-7.08	--
00923	群益台灣 ESG 低碳	無資料	--	--	--

資料來源：雅虎股市

BBIG 題材正夯

　　韓國的綠色 ETF 中，最值得注目的就是車用電池或 BBIG 的相關 ETF。2020 年 10 月韓國政府發表新政基金政策後，未來資產管理公司便推出 K-New Deal ETF 後續又接著推出 TIGER KRX Bio K-New Deal、TIGER KRX Internet K-New Deal、TIGER KRX Game K-New Deal ETF 等，也就是在電池（B）、生技（B）、網際網路（I）、遊戲（G）等未來成長型產業上分別各推出一檔 ETF。而值得我們關注的環境友善 ETF 則包括了投資 BBIG 和車用電池的 ETF，如「TIGER KRX K-New Deal」、「TIGER KRX 車用電池 K-New Deal」、「TIGER 車用電池題材」、「KODEX 車用電池產業」等。

　　TIGER KRX BBIG K-New Deal 是按照 BBIG 的電池（三星 SDI、SK 創新、LG 化學）、生技（賽特瑞恩、SK 生物製藥、三星生物製劑）、網際網路（Kako、Naver、Douzone Bizon）、遊戲（珍艾碧絲、NC Soft、Netmarble）相關股票所組合而成的 ETF。如果不想侷限在電池上，想在全部 BBIG 成長型產業上都有持股，這是一檔很合適的 ETF。

　　TIGER KRX 車用電池 K-New Deal 是由電池製造三大公司三星 SDI、SK 創新、LG 化學，以及負極材料和正極材料業者浦項化學、EcoPro BM，銅箔業者 SKC 與索路思高新材料、

電解質與添加劑業者天保等公司所組成的 ETF。TIGER KRX 車用電池 K-New Deal 的股票數比 TIGER 車用電池主題與 KODEX 車用電池產業少，是以大型股為中心壓縮而成的 ETF。

TIGER 車用電池題材除了 TIGER KRX 車用電池 K-New Deal 所持有的大型股以外，還持有 L&F（正極材料）、厚成（電解質添加劑）、大洲電子材料（矽基負極材料添加劑）、Creative & Innovative Systems 與 PNT（車用電池設備公司）等車用電池相關的各種材料與設備公司，這檔股票的優點在於擁有以車用電池核心股為主的多元投資組合。

KODEX 車用電池產業 ETF 的成分股與 TIGER 車用電池題材很相似，只在前幾名股票上有點差異，投資的時候依照自己更偏好的股票作選擇即可。車用電池 ETF 中，以 KODEX 車用電池產業的交易量最多。

就連在 ETF 市場規模最大的美國，車用電池 ETF 也只有未來資產所推出的 LIT 等項目，數量並不多。但 ETF 市場還處在新興階段的韓國卻有各式各樣的車用電池 ETF，原因在於韓國的電池產業較為發達。電動車產業中，美國特斯拉處於領先地位，但是電動車最核心的零件終究是車用電池，而韓國的三大電池公司（LG 化學、三星 SDI、SK 創新）是全球最頂級的業者。除此之外，車用電池的正極材料、負極材料、銅箔、

韓國 BBIG 與車用電池產業相關 ETF 成分

基準日：2020.12.24

ETF 名稱	TIGER KRX BBIG K-New Deal		TIGER KRX 車用電池 K-New Deal		TIGER 車用電池題材		KODEX 車用電池產業	
股票代碼	364970		364980		305540		305720	
總費用率	0.40%		0.40%		0.50%		0.45%	
管理公司	未來資產管理		未來資產管理		未來資產管理		未來資產管理	
成分股比例（%）	珍艾碧絲	11.4	三星 SDI	26.65	浦項化學	10.93	LG 化學	19.42
	三星 SDI	9.47	SK 創新	25.33	三星 SDI	10.65	三星 SDI	14.6
	SK 創新	9.01	LG 化學	23.73	SK 創新	10.45	浦項化學	14.33
	賽特瑞恩	8.92	浦項化學	6.93	LG 化學	10.01	SK 創新	13.77
	LG 化學	8.51	SKC	5.23	SKC	8.9	EcoPro	12.89
	NC Soft	8.24	EcoPro BM	4.15	EcoPro BM	7.26	EcoPro BM	4.21
	Douzone Bizon	8.17	日進材料	2.94			L&F	3.61
	SK 生物製藥	8.03	天保	1.89			日進材料	3.21
	三星生物製劑	7.85	厚成	1.59	SoulBrain	5.48	CIS	2.93
	Kakao	7.2	斗山索路思	1.55	L&F	5.43	PNT	2.12
	Naver	6.65	韓元現鈔	0.02	日進材料	5.23	厚成	1.37
	Netmarble	6.41			EcoPro	4.42	DA Technology	1.13
	韓元現鈔	0.14			天保	3.23	Sang-A Frontec	1.01
					厚成	2.65	Cosmo 先進材料	0.91
					斗山索路思	2.59	大洲電子材料	0.88
					大洲電子材料	2.23	Cosmo 化學	0.5
					CIS	2.07	Soulbrain Holdings	0.45
					PNT	1.95	PNE solution	0.44
					Cosmo 先進材料	1.89	Philoptics	0.43
					PNE solution	0.99	mPLUS Chemtros	0.43
					Power Logics	0.95	Sangsin EDP	0.31
					栗村化學	0.85	Shin Heung	0.23
					Shin Heung Energy	0.56		
					mPLUS	0.51		
					Innometry	0.38		
					Daebo Magnetic	0.34		

| | | 韓元現鈔 | 0.05 | Energy NS | 0.22 |
| | | | | 韓元現鈔 | 0.24 |

資料來源：未來資產管理、三星資產管理、Naver 金融

ETF 的成分股與比例會持續變動，建議各位投資時務必要確認是否有變動。

添加劑與相關設備公司，形成緊密的電池產業鏈，所以韓國有許多值得投資的好公司。

目前電動車用電池市場由中國與韓國領導，預計這項市場主導性日後仍會延續下去，所以除了關注韓國的電池以外，我們還需要關注中國的車用電池相關企業與 ETF。順帶一提，未來資產在 2020 年 12 月 8 日推出了 TIGER 中國電動車 SOLACITVE ETF，以德國的全球金融指數業者 SOLACTIVE 所公布的「Solactive China Vehicle Index」為基準指數。這個指數由總部設在中國或香港的中國電動車企業所組成，包含了車商與相關零件、電池與化學企業，成分股有億緯鋰能（鋰）、比亞迪（電動車）、贛鋒鋰業（鋰）、先導智能（車用電池設備）、匯川技術（產業自動化控制）、寧德時代（電池）、欣旺達（電池模組）等。

除此之外，韓國的環境友善相關 ETF 數量並不多，上市的主要都以車用電池 ETF 為主。但是 2020 年 10 月 29 日上市的「KBSTAR Fn 氫經濟主題 ETF」很值得關注，這檔 ETF 的

韓國氫能、ESG 與碳效率相關 ETF 成分

基準日：2021.02.05

ETF 名稱	KBSTAR Fn 氫經濟主題		KODEX MSCI KOREA ESG 環球		KODEX 碳效率綠色新政	
股票 代碼	367770		289040		375770	
總費 用率	0.45%		0.30%		0.30%	
管理 公司	KB 資產管理		三星資產管理		三星資產管理	
成分 股 比例 （%）	現代摩比斯	17.08	三星電子	22.03	三星電子	29.74
	現代汽車	15.38	SK 海力士	8.58	SK 海力士	4.48
	翰昂系統	13.75	Naver	4.4	Naver	3.49
	斗山燃料電池	11.41	三星 SDI	4.16	LG 化學	3.43
	韓國石油公社	8.62	LG 化學	3.52	現代汽車	2.96
	曉星高新材料	4.93	三星電子特	3.38	起亞汽車	2.55
	三和電容器	3.57	LG 電子	3.31	三星 SDI	2.43
	Sang-A	3.33	Kakao	3.22	賽特瑞恩	2.14
	Frontec	2.58	新韓控股	2.74	現代摩比斯	2.01
	MiCo	2.11	SK	2.18	Kakao	1.47
	日進鑽石	2.02	浦項	1.92	SK 創新	1.31
	SK D&D	1.69	現代汽車	1.84	LG 生活健康	1.28
	Synopex	1.39	KB 金融	1.72	三星物產	1.24
	EM Korea	1.31	SK 創新	1.66	新韓控股	1.11
	INZI Controls	1.18	三星生物製劑	1.64	KB 金融	1.09
	JNK Heaters	1.15	賽特瑞恩	1.62	KT&G	0.99
	世鍾工業	1.11	NC Soft	1.59	NC Soft	0.96
	友利產業	0.91	LG 生活健康	1.52	LG 電子	0.95
	S-Fuelcell	0.86	三星物產	1.39	賽特瑞恩健康照護	0.86
	JINSUNG	0.78	起亞汽車	1.31	三星生物製劑	0.8
	T.E.C.	0.6	KT&G	1.15	三星電氣	0.79
	東亞化成	0.56	三星電氣	1.15	韓亞金融控股	0.77
	大宇電子	0.52	現代摩比斯	1.15	韓華思路信	0.71
	Pungguk	0.47	韓亞金融控股	1.07	SK 電訊	0.66
	Ethanol	0.47	SK 電訊	1.01	三星 SDS	0.63
	A-S Energy	0.43	LG	0.97	愛茉莉戴平洋	0.58
	GMB Korea	0.42	愛茉莉太平洋	0.72	高麗亞鉛	0.57

| 成分股比例（%） | DK-Lok G Enone Energy GnCenergy EG | 0.4 | 三星 SDS | 0.67 | 三星火災 | 0.54 |

資料來源：KB 資產管理、三星資產管理、Naver 金融

成分股有現代摩比斯、現代汽車、翰昂系統等同時擁有電動車和氫能車的汽車與零件業者，以及斗山燃料電池（發電專用氫燃料電池）、韓國石油公社（引進氫生產與海外綠氫、建設充電站等）、曉星高新材料（氫能車的核心材料——碳纖維）、Sang-A Frontec（燃料電池堆的核心零件——膜電極組件、日進鑽石（氫氣瓶）、MiCo（擁有固體氧化物燃料電池的核心技術——陶瓷零件製造技術）、JNK Heaters（氫氣提取技術）等氫氣相關的各種股票。以 2021 年 2 月來說，是韓國唯一的氫能相關 ETF。

雖然韓國還有「KODEX MSCI KOREA ESG 環球」等 ESG 相關的 ETF，但都不是專門針對環境的 ETF，就連「KODEX 碳效率綠色新政」也很難被視為是針對環境的主題式 ETF。所以說，目前在韓國的環境友善相關 ETF 中，主要先關注車用電池與氫能相關的 ETF 就行了。

綜合來說，我們雖然可以利用前面章節看過車用電池、風電、太陽能、綠色船舶等環保產業產業鏈的個股資訊來投資韓

國股市，但是這些產業的全球第一大公司，大部分都還是海外公司。所以同步投資成分股中包含這些全球企業的美國 ETF，就可以組合成更豐富的投資組合。目前我們只要透過韓國本地的證券公司，不僅可以交易美國個股，也可以輕鬆交易美國 ETF，因此我們可以選擇投資韓國本地的環保個股搭配美國 ETF，或者是單純利用 ETF 投資各個不同的產業，就可以建立起屬於自己的 EMP（ETF managed portfolio，即 ETF 投資組合）。除此之外，購買美國 ETF 本身就是持有美金的方法之一。在這個全球化的時代，比起單純只擁有以韓圜組合而成的資產，保有部分做為世界貨幣的美元，長期來說對金融資產投資組合也會帶來正面的效果。

5-2 ｜ 實用 ETF 投資指南

　　美國 ETF 是一種分散投資多元標的資產的商品，因此選擇非常多樣。所以我想介紹如何在網路上搜尋美股市場資訊的方法，並重點介紹投資美國 ETF 的時候必看的各種資訊與擁有這些資訊的網站。

finviz.com

　　finviz.com 是很適合了解整體美國股市的網站，只要點擊首頁上方的 Home，就可以即時看見美國三大指數——道瓊、那斯達克、S&P500 的盤中走勢。

　　旁邊的 News 則可以一覽最新的股票相關新聞，而點擊

可透過 finviz.com 查盤中走勢、市值資料

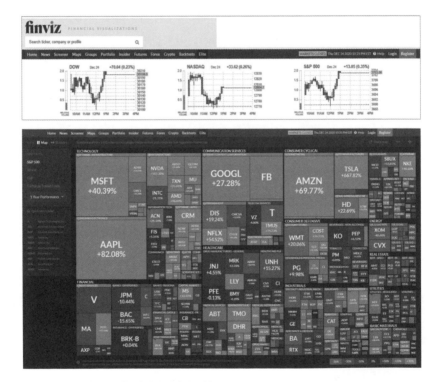

矩形大小表示企業在整體總市值中所占的比例

Screener 的話，設定好 Market cap（總市值）、Dividend Yield（殖利率）、Sector（產業分類）等選項，就會顯示出企業名稱與股票代號。

其中我最常使用的是 Maps，在這裡可以一目瞭然每個產業底下主要企業的股價漲跌幅。Maps 上的矩形大小，代表這家企業的市值在整體總市值中所占的比例，只要在左邊的 Map filter 上調整 Performance 的單位，就可以看到不同期間的報酬率。除此之外，點擊 Map filter 中的 Exchange Traded Funds (ETF)，系統就會把 ETF 的報酬率根據時間與產業以圖像化顯示。在 finviz.com 上搜尋報酬率較高的 ETF，然後再透過後續我們會介紹的 eftdb.com 研究高報酬的原因，是一種可以訓練投資實力與培養投資眼光的好方法。

Seeking Alpha

另一個很好用的網站是 Seeking Alpha。這個網站可以在智慧型手機上下載 APP，如果設定關注的話，系統就會針對該股票發送分析報告或新聞通知，可以即時確認感興趣的股票的相關資訊。由於分析報告上都有摘要，不需要看完整份報告也可以快速了解重點內容與結論。

Seeking Alpha 的操作介面

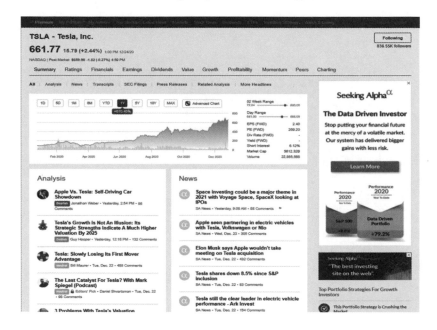

Webull

　　另一個網站是 Webull。很多提供美股或 ETF 即時股價資訊的網站是要付的，但是只要有了 Webull APP 或網站，設定好關注項目，就可以在畫面上輕鬆一覽即時股價資訊、新聞、財務報表、分析師意見。即使透過國內的證券公司投資美股或 ETF，也不必要為了即時確認股價而使用付費服務，只需要在 Webull APP 或網站上觀察股價趨勢，就會對投資過程帶來極大的幫助。

Webull 網站的股價資訊

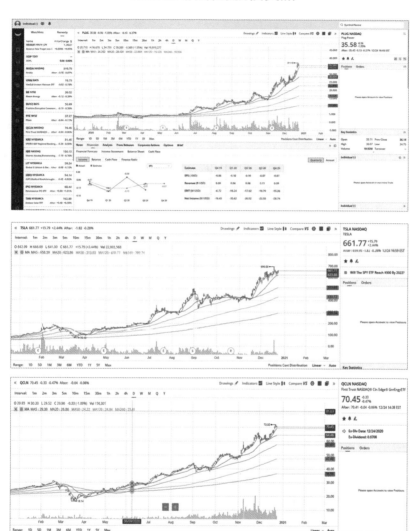

etfdb.com

　　etfdb.com 則是提供大量美國 ETF 市場趨勢資料的網站。例如，如果你想知道第一信託推出的環境友善 ETF——QCLN 的前十五大成分股，就可以使用 etfdb.com 做確認。只要在這個網站上搜尋 QCLN，從旁邊目錄中的 Holdings 就可以看到前十五大成分股，上面的 Symbol 意指股票代號，我們可以看到 QCLN 的前幾大成分股中有特斯拉（TSLA）、雅寶（ALB）、普拉格能源（PLUG）等，當然還能從中了解各檔股票的持有比例。點擊 Symbol 上成分股比例排行第一的 TSLA（特斯拉），就能夠查詢哪些 ETF 中含有這檔個股，畫面上我們可以看到，特斯拉總共在 133 支 ETF 的成分股比例中排行前 15 名，還可以按照特斯拉的持有比例排序重新搜尋 ETF。利用這種方式，我們可以在無數的 ETF 當中找出 IYK、XLY、FNGS、VCR 持有 11％至 16％的特斯拉股份。如果想要尋找哪一檔 ETF 持有高比例的特斯拉，而且又同時持有其他自己喜歡的個股時，就可以利用這種方式比較分析做出選擇。

　　此外，我們還可以經由 etfdb.com 取得 ETF 的發行機構、手續費、基金流量、報酬率等資訊。如果沒辦法對美國個股分別進行分析，或是想要在降低手續費的同時又能一口氣買進多檔股票，那麼 ETF 會是不錯的投資選擇。

在 etfdb.com 搜尋 ETF 成分

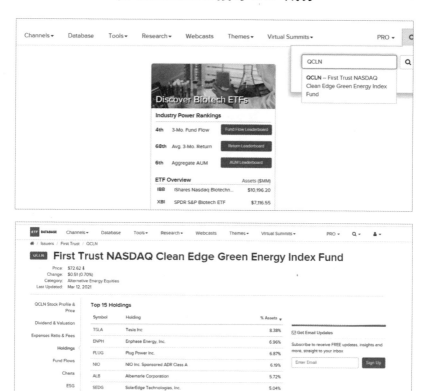

在 etfdb.com 以企業找尋 ETF

ETF DATABASE　　Channels ▾　　Database　　Tools ▾　　Research ▾　　Webcasts　　Themes ▾

🏠 / Stocks / ETFs with Tesla Inc (TSLA) Exposure

ETFs with Tesla Inc (TSLA) Exposure

The following ETFs maintain exposure to Tesla Inc (TSLA). ETF holdings data are updated once a day, and are subject to change.

To see a complete breakdown of any of the ETFs included in the table below, including sector, market cap, and country allocations, click on the ticker symbol.

133 ETFs have Tesla Inc within its Top 15 holdings as displayed below.

🔒 Unlock all 262 ETFs with exposure to Tesla Inc (TSLA)　　　　Sign-up For Free

Ticker	ETF	ETFdb.com Category	Expense Ratio	Weighting
IYK	iShares U.S. Consumer Goods ETF	Consumer Staples Equities	0.43%	16.26%
XLY	Consumer Discretionary Select Sector SPDR Fund	Consumer Discretionary Equities	0.12%	14.58%
FNGS	MicroSectors FANG+ ETN	Large Cap Growth Equities	0.58%	12.17%
VCR	Vanguard Consumer Discretionary ETF	Consumer Discretionary Equities	0.10%	11.38%
ARKW	ARK Next Generation Internet ETF	Large Cap Growth Equities	0.79%	10.83%
ARKQ	ARK Industrial Innovation ETF	All Cap Equities	0.75%	10.82%
ARKK	ARK Innovation ETF	All Cap Equities	0.75%	10.68%
FDIS	Fidelity MSCI Consumer Discretionary Index ETF	Consumer Discretionary Equities	0.08%	9.80%

　　投資風格比較積極的主動式投資人，也可以找找哪一檔股票在綠色相關 ETF 中的成分股比例較高，或是經常重複，集中投資該檔個股。從 2020 年 3 月證券市場因新冠肺炎暴跌股票跌至低點，倘若拿特斯拉的股票與 ETF 從 3 月到 12 月的報

酬率進行比較，會發現特斯拉占比成分股 8% 的 QCLN ETF 從 16.14 美元上漲至 72 美元，漲幅約 4.5 倍，但是特斯拉個股從 70 美元上漲至 695 美元，漲幅約 10 倍。以報酬率來說，只要選擇一檔好的個股，就可以獲得壓倒性的報酬率，但是反過來說，風險也可能很高，所以如果你是第一次投資股票，或者你是一位追求穩健的投資人，投資 ETF 會比個股投資更適合你。

韓國 ETF 分析

我們已經了解如何搜尋 ESG ETF 與環境友善 ETF 的方法了。韓國市場上除了 ETF 產業以外，還有許多種 ETF。為了剛開始對 ETF 有興趣的讀者們，這個章節我要分享的是簡單又有效率，又可以應用在所有 ETF 上的投資方法。

韓國是以半導體為中心的製造強國，同時還具有顯示器、充電電池、電子零件、汽車、石油化學、煉油、化妝品、製鐵、有色金屬、造船、機械、建設、運輸、航空、百貨公司、免稅店、電視購物、折扣商店、服飾、貿易公司、食品飲料、公共事業（韓國電力公社等）、通信、網路、媒體、遊戲、娛樂、賭場、旅行、生技、製紙、水泥、教育等各種產業競爭力。

韓國有這麼多可以投資的股票，但如果你對於投資個股沒有信心，或是想要一口氣買進該產業的各種股票以減少變動性

Naver 金融上的 ETF 資料

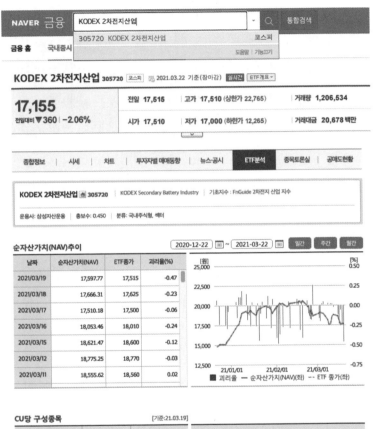

風險的話，ETF 是一個好選擇。投資 ETF 的時候，比起 KODEX 200 這種單純只追蹤指數的 ETF，如果想要以更積極的方式進行投資，推薦投資產業型 ETF。

投資人每天都會接觸到新聞，例如：半導體或汽車出口量增加、擔心美國調漲十年期國債利率、韓國 K-Battery 向特斯拉供貨、中國因努力減少碳排放導致鋼鐵產量減少、Netflix 與迪士尼對韓國進行內容投資等，在這個每個瞬間都會湧出新消息的資訊洪流中，若非專業投資人，真的很難判斷應該購買該產業的哪一檔股票、新聞是否有反應在股價上、股價是否還留有大量上漲空間。這種時候，就算無法預測高變動性的個股未來走勢，但又認為該產業的未來會有好一陣子的榮景，投資產業型 ETF 就是一個簡單又有效率的方法。

最具代表性的韓國 ETF——KODEX 與 TIGER 旗下就有各式各樣的產業型 ETF。雖然兩家公司有許多重複的產業，但也有一部分產業只有 KODEX 或 TIGER 其中一方才有，或者是某一家公司側重於管理某些特定產業的 ETF。

KODEX 與 TIGER 的產業型 ETF

KODEX 產業型 ETF	TIGER 產業型 ETF
KODEX IT	TIGER 200 IT
KODEX 韓國台灣 IT Premier	TIGER 200 IT 槓桿
KODEX 半導體	TIGER 半導體

KODEX 充電電池產業	TIGER KRX 充電電池 K-New Deal
	TIGER 充電電池題材
KODEX Fn K-New Deal Digital Plus	TIGER KRX BBIG K-New Deal
	TIGER KRX 遊戲 K-New Deal
	TIGER KRX 生技 K-New Deal
	TIGER KRX 網際網路 K-New Deal
	TIGER Fn 可再生能源
	TIGER 碳效率綠色新政
KODEX 遊戲產業	TIGER K 遊戲
KODEX 建設	TIGER 200 建設
KODEX 非必需消費品	TIGER 200 非必需消費品
KODEX 能源化學	TIGER 200 能源化學
	TIGER 200 能源化學槓桿
KODEX 健康照護	TIGER 健康照護
	TIGER 200 健康照護
KODEX 生技	TIGER 醫療機器
KODEX 媒體＆娛樂	TIGER 200 通訊服務
	TIGER 媒體內容
	TIGER 體育服飾
	TIGER 廣播通信
KODEX 銀行	TIGER 銀行
KODEX 證券	TIGER 證券
KODEX 保險	TIGER 200 金融
KODEX 鋼鐵	TIGER 200 鋼鐵材料
KODEX 三星集團	TIGER 三星集團基本面
KODEX 三星集團產業鏈	
KODEX 機械設備	TIGER 200 工業材料
	TIGER 200 重工業

KODEX 必需消費品	TIGER 200 必需消費品
	TIGER 化妝品
	TIGER 中國消費題材
KODEX 中國恆生科技	TIGER 中國生物技術科技 SOLACTIVE
KODEX 運輸	TIGER 中國電動車 SOLACTIVE
KODEX 汽車	TIGER 旅遊休閒
	TIGER LG 集團＋基本面
	TIGER 現代汽車集團＋基本面
	TIGER 控股公司

資料來源：Naver 金融

　　說到韓國最重要的產業，當然非科技業莫屬。以三星為首的大多數科技企業，在韓國總市值中所占的比例最高。雖然科技業裡有諸多會左右股價的變數，但如果要從眾多變數選出一種，核心產品價格的上漲或對產品價格上漲的預測，所造成的影響最劇。以半導體來說，就是 DRAM 或 NAND Flash 等記憶體價格上漲；以顯示器來說，就是 LCD 的價格上漲；以電子零件來說，就是可以控制電子產品電路保持一定電流的多層陶瓷電容（MLCC）的價格上漲……等，這些都會成為股價變動的主要原因。半導體是三星電子與 SK 海力士的主要產品，LCD 是 LG 顯示的主要產品，而 MLCC 則是三星電氣的主要產品。

　　除此之外，主要產品的訂單量或出貨量增加也是股價的主

要變數，例如來自全球汽車業者的充電電池訂單量增加、Apple 新 iPhone 預估銷量增加、三星電子、SK 海力士或中國半導體擴大投資引發相關設備或材料訂購量增加……等，都屬於這種情況。充電電池相關的大型股以 LG 化學、三星 SDI、SK 創新為代表，Apple 相關的代表股則是 LG Innotek。半導體設備相關股票有 Wonik IPS、SFA 等，半導體材料相關股有 SK Materials、韓松化學，智慧型手機相關股票有三星電子、三星電氣、MCNEX 等，非揮發性記憶體相關股票有三星電子、Nepes、Tesna、LB Semicon 等。只要熟悉這些基本內容，當接收到產業股價上漲或訂單增加等好消息時，就可以輕鬆找到相關的 ETF。

另外，我們從下頁科技業 ETF 表格上可以看到，KODEX 與 TIGER ETF 的半導體幾乎沒有差別，所以如果看好半導體產業的前景，不管投資兩檔中的哪一檔都無妨。三星電子不僅有半導體事業部門，還有無線（智慧型手機）、顯示器、家電……等各種事業部門。由於 KODEX 半導體與 TIGER 半導體都不包含三星電子，若想投資有包含三星電子在內的科技產業，可以選擇投資 KODEX IT。如果比起中小型科技公司，更偏好投資以大型股為主的投資組合，TIGER 200 IT 會更適合。除此之外，市場上還有 KODEX 韓國台灣 IT Premier ETF，裡面包含了與韓國科技股大幅連動的台灣科技企業，特別是這檔

KODEX 與 TIGER 的科技產業 ETF

基準日：2021.03.27

ETF 名稱	KODEX IT		KODEX 半導體		TIGER 半導體		TIGER 200 IT	
成分股比例（%）	SK 海力士	22.19	SK 海力士	22.77	SK 海力士	22.81	SK 海力士	22.18
	三星 SDI	21.33	DB HiTek	7.01	DB HiTek	7.02	三星 SDI	19.76
	三星電子	20.29	Wonik IPS	6.25	Wonik IPS	6.26	三星電子	18.98
	三星電氣	6.59	LEENO 工業	5.42	LEENO 工業	5.44	LG 電子	11.48
	三星 SDS	3.97	Koh Young	4.8	Koh Young	4.81	三星電氣	7.66
	LG 顯示	3.17	TCK	4.41	TCK	4.41	LG	5.95
	LG Innotek	1.87	EO Technics	3.52	EO Technics	3.52	三星 SDS	4.62
	DB HiTek	1.24	Silicon Works	2.98	Silicon Works	2.99	LG 顯示	3.68
	Douzone Bizon	1.19	首爾半導體	2.53	首爾半導體	2.53	LG Innotek	2.16
	Wonik IPS	1.11	Nepes	2.24	Nepes	2.21	DB HiTek	1.44
	公里 W	1.06	有進科技	2.21	有進科技	2.21	日進材料	1.01
	LEENO 工業	0.96	SFA 半導體	2.1	SFA 半導體	2.1	韓元現鈔	1.08
	日進材料	0.87	RFHIC	2.08	RFHIC	2.08		
	Koh Young	0.85	S&S Tech	1.96	S&S Tech	1.96		
	TCK	0.78	韓美半導體	1.75	韓美半導體	1.75		
	L&F	0.74	Tesna	1.74	Tesna	1.74		
	EO Technics	0.63	TES	1.6	TES	1.6		
	Silicon Works	0.53	周星工程	1.44	周星工程	1.44		
	MCNEX	0.46	HANA Materials	1.44	HANA Materials	1.44		
	首爾半導體	0.45	Comico	1.41	Comico	1.41		
	NHN KCP	0.44	LB Semicon	1.4	LB Semicon	1.4		
	ACE Tech	0.4	PSK	1.36	Wonik QnC	1.36		
	Nepes	0.4	Simmtech	1.35	PSK	1.36		
	有進科技	0.39	Wonik QnC	1.35	Simmtech	1.35		
	SFA 半導體	0.37	FST	1.31	FST	1.32		
	RFHIC	0.37	MiCo	1.29	MiCo	1.3		
	Seojin System	0.36	UniTest	1.27	UniTest	1.27		
	S&S Tech	0.35	Innox 尖端材料	1.23	Innox 尖端材料	1.23		
	索路思高新材料	0.32	ITM 半導體	1.21	ITM 半導體	1.21		
	韓美半導體	0.31	AP 系統	1.17	AP 系統	1.18		
	Tesna	0.31	海成 DS	1.11	海成 DS	1.11		
	三和電容器	0.3	特科源	1.08	特科源	1.09		

資料來源：Naver 金融

ETF 同時包含了專門接受半導體設計委託，在只負責製造的代工市場上具有競爭關係的三星電子與台積電。

　　如果沒有多餘的資金可以購買好幾檔韓國綜合股價指數中最重要的科技產業股，或是難以抉擇要投資哪一檔個股的話，就可以透過科技產業的 ETF 輕鬆做投資。因為我們所購買的是概括了好幾檔股票的 ETF，所以可以利用分散投資的效果取得穩定的報酬率並降低投資風險。

　　近幾年來在美國最受矚目的企業是「FANG」，指的就是引領美國科技業的 Facebook、Amazon、Netflix 與 Google。在中國受到矚目的是規模最大的電商業者——阿里巴巴。就如同全球市場上，以線上為基礎的平台業者大展頭角，韓國也有正在高速成長的平台業者——Naver 與 Kakao。事實上只要是韓國國民，在生活上應該都非常密切地使用著這兩家公司的服務，而且也都在他們的平台上做了一定程度的消費。

　　培養出國際巨星BTS的Hybe（前身為Big Hit）與在K-POP界享譽國際的 JYP、YG、SM 等韓國娛樂公司目前也都有上市。此外，NC Soft、Netmarble、珍艾碧絲、Com2us、網禪等遊戲公司也都持續在推出新遊戲。另一方面，自從新冠肺炎爆發以後，人們待在家裡的時間增加，Netflix 以亞洲地區為首，全球用戶數量爆炸性成長。由於目前韓國電視劇成為收視保證的指標，Netflix、迪士尼、Apple、愛奇藝（百度為母公司，

中國的 OTT 服務）等全球 OTT 業者都開始積極進行韓國內容投資，預估日後的投資規模將會持續增加。

我們可以通過下方表格內的四檔 ETF，一口氣投資韓國的網路平台業者與韓國內容產業。只要對照該 ETF 的成分股比例，選擇自己喜歡的產業或行業比例較高的 ETF 即可。韓國有很多投資人正在苦惱著不知道該選 Naver 還是 Kakao，雖然這兩家企業短期內的股價會有差異，但從長遠來看，這兩家企業的股價有強烈傾象會呈現相同趨勢。所以我們可以運用 ETF，做為可以同時投資 Naver 與 Kakao 的簡易方法。

除此之外，如果你想要集中投資遊戲產業，也有 KODEX 遊戲產業、TIGER K-Game 可以選擇。KODEX 遊戲產業是由 NC Soft（23.66%）、Netmarble（18.2%）、珍艾碧絲（12.46%）、Com2us（10.04 %）、網禪（6.72 %）、NHN（5 %）、DoubleU Games（4.35%）等股票所組成。TIGER K-Game 則持有由珍艾碧絲（9.95%）、Kakao Games（9.68%）、網禪（9.41%）、Devsisters（9.15%）、Com2us（8.81%）、Netmarble（8.65%）、NC Soft（8.26%）等。

KODEX 與 TIGER 的軟體、媒體、娛樂產業 ETF

基準日：2021.03.27

ETF 名稱	KODEX 媒體&娛樂		TIGER 200 通訊服務		TIGER 媒體內容		TIGER 軟體	
成分股比例（％）	Kakao	23.31	Kakao	22.55	Big Hit	13.05	Kakao	28.04
	Naver	20.22	Naver	21.65	CJ CGV	9.1	Naver	27.98
	NC Soft	15.52	NC Soft	17.17	SM	8.84	NC Soft	20.35
	Netmarble	13.28	SK 通訊	14.21	JYP Ent.	8.78	三星 SDS	7.84
	Big Hit	3.66	Netmarble	8.27	YG 娛樂	8.69	Netmarble	3.68
	珍艾碧絲	3.09	KT	6.23	J Contentree	8.3	Douzone	2.3
	第一企劃	2.41	LG U+	3.53	龍工作室	8.17	Bizon	
	Com2us	2.41	Big Hit	2.29	CJ ENM	7.62	珍艾碧絲	2.18
	Kakao Games	2.03	第一企劃	1.48	綠蛇	4.62	Com2us	1.75
	龍工作室	1.79	Innocean	0.86	Genie 音樂	4.26	網禪	1.17
	JYP Ent.	1.55	CJ CGV	0.57	Wysiwyg Studios	3.78	NHN KCP	0.91
	網禪	1.54	韓元現鈔	1.18			NHN	0.88
	Innocean	1.37			Keyeast	3.36	艾菲卡 TV	0.81
	NHN	1.17			Nasmedia	2.49	DoubleU	0.75
	艾菲卡 TV	1.08			Dexter	2.27	Games	0.55
	YG 娛樂	1.04			Showbox	2.22	Cafe24	0.47
	SM	0.91			IHQ	2.08	安博士	0.35
	J Contentree	0.86			SM C&C	1.21	韓元現鈔	
	娛美德	0.81			SBS Contents Hub	0.63		
	Echo Marketing	0.57			韓元現鈔	0.55		
	Neowiz	0.51						
	現代 Futurenet	0.29						
	韓元現鈔	0.58						

資料來源：Naver 金融

　　韓國上市股票中，總市值排行靠前的主要都是大企業集團相關的股票，三星、現代汽車、SK、LG、樂天、浦項、現代重工業、韓華、GS、新世界、KT、韓進、CJ 等集團的控股公司與核心子公司，在韓國綜合股票指數中占了相當大的部分。雖然這些子公司群都持有不同的產業，但如果出現集團相關的

新聞或治理結構改組等，該企業的相關股票都會有同步波動的傾象。其中最具代表性的是三星與現代汽車集團股票，每當發生治理結構改組的事件，子公司的所有股票都會一鼓作氣發生波動。當發生這樣的事件時，我們就只能從中選擇一檔最可能受惠的股票，但這不是一件容易的事。此外，某一些情況下，就算是相同的事件，對於集團底下的 A 股票來說可能是利多，但對於 B 股票來說可能是利空，一旦選錯股票就可能損失巨大。所以說，購買集團相關的 ETF 是一個可以適當分散風險，又能夠根據集團利多進行投資的方法。KODEX 底下有兩檔跟三星有關的 ETF，每一檔 ETF 的成分股比例都有所不同。「KODEX 三星集團」裡，三星電子與三星 SDI 的比重幾乎高達 50％，如果想要重押半導體與充電電池的話，應該要選擇「KODEX 三星集團」而非「KODEX 三星集團產業鏈」。

2021 年現代汽車集團傳出可能生產 Apple Car 的消息，集團相關的股票都出現大幅波動，但是對於一般投資人而言，很難判斷究竟哪一支股票最能從中受惠。雖然目前的結果是 Apple 與現代汽車集團的討論暫時中斷，但假如 Apple Car 真的開始進行生產，就算不是現代汽車負責生產，而是由起亞汽車負責生產，現代汽車集團的零件公司也會受惠其中。在這種情況下，比起準確預測，然後選擇一檔個股進行投資，我認為投資「TIGER 現代汽車集團＋基本面 ETF」會更有效率。

KODEX 與 TIGER 的三星、LG、現代汽車集團相關 ETF

基準日：2021.03.27

ETF名稱	KODEX 三星集團		KODEX 三星集團產業鏈		TIGER 三星集團基本面	
成分股比例（％）	三星電子	26.78	三星電子	21.58	三星電子	25.82
	三星 SDI	23.59	三星物產	9.03	三星 SDI	23.93
	三星生物製劑	8.61	三星 SDI	8.78	三星物產	8.69
	三星物產	8.57	三星火災	8.27	三星生物製劑	8.64
	三星電氣	7.29	三星生命	8.25	三星電氣	7.43
	三星生命	4.65	三星重工業	7.32	三星生命	4.73
	三星 SDS	4.45	三星 SDS	7.03	三星 SDS	4.52
	三星火災	4.17	三星工程	4.99	三星火災	4.2
	三星重工業	2.16	三星證券	4.78	三星重工業	2.19
	新羅酒店	1.89	三星電氣	4.76	新羅酒店	1.93
	三星證券	1.71	三星信用卡	4.27	三星證券	1.74
	三星工程	1.48	三星生物製劑	2.65	三星工程	1.5
成分股比例（％）	S-1	1.42	S-1	2.38	S-1	1.43
	第一企劃	1.06	新羅酒店	2.14	第一企劃	1.07
	三星信用卡	0.56	第一企劃	1.76	三星信用卡	0.57
	韓元現鈔	1.62	Multicampus	0.16	Multicampus	0.05
			韓元現鈔	1.84	韓元現鈔	1.54

ETF名稱	TIGER LG 集團＋基本面				TIGER 現代汽車集團＋基本面			
成分股比例（％）	LG 電子	18.29	GS Retail	2.18	起亞汽車	23.08	現代尾浦造船	1.22
	LG 化學	17.04	LG 商社	1.81	現代汽車	22.91	現代樂鐵	1.0
	LG 顯示	15.35	LG Hausys	1.39	現代摩比斯	15.92	現代建設機械	0.82
	LG U+	11.77	GS 電視購物	1.29	現代鋼鐵	12.6	現代電氣	0.53
	LG	7.3	LS	1.25	現代造船海洋	5.42	Innocean	0.51
	LG 建設	5.93	LS 電氣	1.24	現代建設	4.86	現代證券	0.21
	LG 生活健康	4.13	E1	1.19	現代 Glovis	3.88	現代 AutoEver	0.19
	GS	3.57	Silicon Works	0.86	現代 WIA	3.15	現代能源解決方案	0.1
	LG Innotek	2.97			現代重工業控股	2.14		

資料來源：Naver 金融

LG 電子也經由與麥格納國際成立了合作公司等方式，開始強化電動車相關的電裝事業。LG 集團也曾一度傳出有可能與 Apple Car 合作的消息，使集團的股價產生動盪。即便沒有與 Apple 這樣的國際企業合作，還是隨時都會出現跟集團有關的利多新聞或未來展望，在這種情況下，各位可以先了解我們還有透過集團 ETF 投資整個集團的方法。

　　除此之外，還有集結各家控股公司的 ETF──「TIGER 控股公司」，成分股有 SK（9.62％）、三星生物（9.52％）、韓進 KAL（9.12％）、LG（8.79％）、現代重工業（7.75％）、FILA 控股（6.54％）、GS（5.78％）、愛茉莉 G（4.98％）、CJ（3.81％）等，提供給各位做為參考。

　　石油化學、煉油化學、鋼鐵產業是韓國最具代表性的傳統產業，所以偶爾會受到喜歡成長股的投資人冷落，但它們是仰賴景氣循環的產業，所以只要初期做好投資，就可能獲得高額報酬率。以石油產業來說，2020 年新冠肺炎爆發後，由於各國封鎖邊境與中斷航運，導致石油需求銳減，價格崩跌，甚至出現負 40 美元這種前所未有的油價。但曾經陷入絕望深淵的油價，在 2021 年 3 月 WTI（西德州原油）仍然上漲到了 60 美元。也就是說，我們總是太晚才意識到，大家看來絕望的瞬間，就是絕佳的大好機會。

　　化學產業大致可以區分為石油化學與煉油化學，兩者都會

受到油價的大幅影響。對於樂天化學等石油化學業者而言,從產品價格中扣除原物料石腦油(煉油公司在精煉的過程中所產生)的價格,如果利潤提升,業績就會增加。而煉油公司則是從原油精練過程中所產生的汽油、煤油、柴油、石腦油等產品價格中扣除原油成本,若精煉利潤高,業績與股價就會上升。因此,倘若我們經由分析報告或新聞等管道,得知產品價格與利潤將有所上漲,就可以投資下述的能源化學 ETF。LG 化學同時經營著石油化學與充電電池的事業,SK 創新同時著手進行煉油與石油化學事業。錦湖石油進行著合成橡膠與 NB 乳膠事業,SKC 從事化學事業與充電電池材料之一的銅箔事業,韓松化學則進行著與半導體產業有關的過氧化氫事業。通常石油的價格都不是飆漲,而是逐漸攀升,當化學產品價格出現強勢的時候,化學產業的企業們,業績便會轉好。倘若在這種情況下難以選擇要投資哪一檔個股,就可以透過「KODEX 能源化學」或是「TIGER 200 能源化學」,同時投資多檔化學股。這兩檔 ETF 還具備一項優點,就是可以同時投資隸屬韓國三大充電電池企業中的兩家企業——LG 化學與 SK 創新。

通常鋼鐵產業會大幅受到中國的影響,因為鋼鐵供應過剩情況最嚴重的國家就是中國。當粗鋼受到環境規範影響產量減少,或者中國因經濟振興政策使鋼鐵消費量增加,浦項主要鋼鐵產品熱軋的價格走強的話,鋼鐵業者的股價就會上漲。此

外，當主要原物料鐵礦、煤價格穩定，而且產品價格走強，隨著利潤轉好，業績也會獲得改善。另一方面，高麗亞鉛的主要產品是鋅、鉛與金、銀等貴金屬。豐山的主要產品是銅，當這種有色金屬因景氣好轉價格走強時，豐山的股價就會上漲。承如上述，當預估市場受到中國影響等因素，鋼鐵價格、有色金屬價格將會上漲時，就可以考慮投資「KODEX 鋼鐵」、「TIGER 200 鋼鐵原物料」ETF。

韓國的生物與製藥產業不斷持續在成長，但主要在科斯達克（KOSDAQ）上市，由於投資機構在建立投資組合的時候，都是以韓國綜合股價指數的大型股為主，因此對於積極投資生技股的方面仍有部分限制。但是以製造生物藥品複製藥的生物相似藥（Biosimilar），與接受生物醫學藥品委託生產的專門生產事業 CMO（Contract Manufacturing Organization）的賽特瑞恩與三星生物製劑，讓這塊版圖發生了變化。即便新冠肺炎爆發，賽特瑞恩的母公司賽特瑞恩健康照護與三星生物製劑在 2020 年的出口合計，比 2019 年增加了 56%。總市值方面，以 2021 年 3 月來說，三星生物製劑排名第六，賽特瑞恩排名第九，韓國前十大市值企業中就有兩家生技公司，生物與製藥產業的地位發生了變化。除此之外，傳統製藥公司如韓美藥品、柳韓洋行、鍾根堂、綠十字、大熊製藥也都在積極開發新藥，總市值正在攀升的專業生技公司有逐漸增加的趨勢。

KODEX 與 TIGER 的化學、鋼鐵相關 ETF

基準日：2021.03.27

ETF 名稱	KODEX 能源化學		TIGER 200 能源化學		KODEX 鋼鐵		TIGER 200 鋼鐵原物料	
成分	LG 化學	17.81	LG 化學	17.80	現代鋼鐵	24.46	現代鋼鐵	23.07
股	SK 創新	15.65	SK 創新	15.31	浦項	20.96	浦項	21.34
比例	韓華思路信	8.31	SK	13.43	高麗亞鉛	13.19	高麗亞鉛	14.91
（%）	樂天化學	7.09	韓華思路信	8.19	東國製鋼	11.13	東國製鋼	12.32
	錦湖石油	6.10	特天化學	6.92	豐山	7.98	豐山	8.83
	雙龍煉油	4.90	錦湖石油	5.98	KG 東部製鐵	4.92	KG 東部製鐵	5.45
	SKC	3.47	雙龍煉油	4.79	Namsun	4.85	Namsun	5.37
	韓松化學	3.10	SKC	3.36	Aluminum		Aluminum	
	OCI	2.99	韓松化學	3.04	永豐	2.88	東遠系統	3.60
	SK 化學	2.94	OCI	2.92	SeAH Besteel	2.87	永豐	3.10
	GS	2.51	SK 化學	2.89	浦項 M-Tech	2.47	韓元現鈔	2.01
	SK Materials	1.88	GS	2.45	高麗製鋼	1.72		
	Soulbrain	1.72	韓華	1.83	韓元現鈔	2.55		
	KCC	1.63	科隆工業	1.58				
	科隆工業	1.61	KCC	1.58				
	曉星高新材料	1.57	大韓油化	1.44				
	東進世美肯	1.52	樂天精密化學	1.42				
	大韓油化	1.48	曉星	1.09				
	Ecopro	1.46	SK Discovery	0.98				
	樂天精密化學	1.46	Huchems	0.75				
	SK Discovery	1.01	厚成	0.72				
	天保	0.98	泰光實業	0.24				
	曉星化學	0.93	韓元現鈔	1.28				

資料來源：Naver 金融

　　但是新藥開發是一個既漫長又艱難的痛苦過程。開發的新藥取得許可就算成功了，但是韓國企業需要花費大把的時間與費用，才得以進行第三次臨床並取得許可。由於這些新藥開發業者大部分都沒有額外的現金儲備，大多都必須持續從外部募資，或者在中間轉移技術給國際製藥公司。以投資生物企業來

說，我們很難得知哪一家公司在什麼時候，以多少的權利金和里程碑，與另一家公司簽訂了契約。但是從社會趨勢方面來看，高齡化現象日後也將持續發生，如果生技公司可以藉由技術的發展，克服臨床實驗的制約，企業價值很有可能會更進一步提升。雖然我們很難選擇某檔特定的個股，但假如你想投資健康照護產業的大趨勢與成長潛力，可以考慮以下幾檔健康照護與生技 ETF。

消費品產業由於是生活中常見的企業，對於一般投資人來說，比其他產業更容易入門。首先，化妝品產業與中國消費的關聯性非常大。中國化妝品需求復甦，特別是往返於韓國與中國之間代購商品的「代購商」使免稅店銷售額增加，會成為在中國市場被視為高端產品的 LG 生活健康與愛茉莉太平洋股價的主要變數。科絲美詩與韓國科瑪屬於化妝品 OEM 業者，擁有韓國本地與中國等海外客戶，因此可以隨著韓國本土化妝品品牌業者銷售額增加而同步成長。

食品飲料建立於穩定的內需市場，所以出口的增加會成為股價變動的重點。Orion 已經直接在中國經營事業，每個月公布業績，所有人都可以輕鬆了解公司的現況。CJ 第一製糖由於 Bibigo 等主要產品的出口量增加，全球銷售占比超過一半，至於海特真露等酒類業者，只要預估韓國本地的酒類銷售動向，就可以預測相關企業的業績。

KODEX 與 TIGER 的健康照護、生技、醫療機械相關 ETF

基準日：2021.03.27

ETF名稱	KODEX 健康照護		KODEX 生技		TIGER 健康照護		TIGER 200 健康照護		TIGER 醫療機械	
成分	賽特瑞恩	19.14	Binex	2.50	賽特瑞恩	19.21	賽特瑞恩	24.16	Seegene	14.54
股比	賽特瑞恩健	12.3	Amicogen	2.48	賽特瑞恩健	12.38	三星生物製	20.68	LegoChem	7.73
例	康照護		AptaBio	2.34	康照護		劑		Biosciences	
（％）	三星生物製	9.95	Enzychem生	2.31	三星生物製	9.97	柳韓洋行	8.78	Osstem	5.90
	劑		命科學		劑	3.06	新豐製藥	8.58	Implant	
	柳韓洋行	3.06	Peptron	2.15	柳韓洋行	2.98	韓美藥品	6.11	Oscotec	5.66
	新豐製藥	2.98	LegoChem	2.15	新豐製藥	2.66	綠十字	5.13	CHA Biotech	4.64
	Alteogen	2.66	Biosciences		Alteogen	2.32	SK生物製	4.85	EOFlow	4.02
	賽特瑞恩製	2.35	ST Pharm	2.14	賽特瑞恩製		藥		GC Cell	3.34
	藥		OliX	2.13	藥		韓美科學	3.42	L&C Bio	2.92
	Seegene	2.17	Oscotec	2.12	Seegene	2.17	Bukwang	3.16	L&K Biomed	2.58
	韓美藥品	2.14	賽特瑞恩健	2.08	韓美藥品	2.13	Pharm	2.61	Dentium	2.58
	綠十字	1.81	康照護		綠十字	1.81	鍾根堂	2.16	Dio	2.24
	Genexine	1.79	綠十字	2.07	SK生物製藥	1.79	Hanall		PCL	1.88
	SK生物製藥	1.69	GC Cell	2.05	Cellivery	1.69	Biopharma	2.11	Boditech	1.81
	Cellivery	1.49	MedPacto	2.03	LegoChem	1.48	綠十字控股	1.69	Med	1.76
	LegoChem		賽特瑞恩	2.01	Biosciences		大熊	1.57	Nibec	1.64
	Biosciences		HLB生命科	2.00	MedPacto	1.20	大熊製藥	1.47	BNC Korea	1.64
	MedPacto	1.20	學		韓美科學	1.20	永進藥品	1.21	Cytogen	1.59
	韓美科學	1.20	信一製藥	1.99	Bukwang	1.19	保寧製藥	1.21	I Sens	1.57
	Bukwang	1.19	AbClon	1.99	Pharm	1.10	日陽藥品	0.98	Vieworks	1.49
	Pharm	1.10	TiumBio	1.97	Mezzion	1.07	JW藥業	0.13	Ray	1.47
	Mezzion	1.07	日陽藥品	1.97	HLB生命科	0.97	韓元現鈔		Jetema	1.34
	HLB生命科	0.97	綠十字控股	1.97	學				Vatech	1.28
	學		柳韓洋行	1.96	Hugel	0.96			InBody	1.27
	Hugel	0.91	大熊製藥	1.96	鍾根堂	0.90				
	鍾根堂	0.88	CMG製藥	1.95	Osstem	0.88				
	Osstem				Implant					
	Implant				Oscotec	0.81				
	美帝托克斯	0.83								

資料來源：Naver 金融

以易買得為首的零售業者，正在與 Coupang、Naver 等線上購物平台展開競爭。易買得以銷售新鮮的食品為主，Coupang 則是以工業品為主進行快速配送做為優勢，正在逐漸成長。Naver 以強大的平台力量做為底蘊，Naver 購物正在快速成長，但為了對付 Coupang，Naver 正在與易買得所屬的新世界集團交換股份，強化合作關係。Coupang 於 2021 年 3 月在美國那斯達克市場上市，第一天總市值隨即突破 100 兆韓圜，有部分人士認為韓國境內的 Naver 與易買得目前被低估。

　　如果難以在化妝品、食品飲料、零售等生活產業中選擇出一檔個股，就可以觀察下方必需消費品、生活消費品、化妝品、中國消費題材 ETF 的成分股與比例，選擇一檔自己有興趣的 ETF 進行投資。

　　除此之外，還有很多種產業型 ETF。建商股價的主要變數來自於韓國本土的住宅產業與海外事業訂單。但自從油價走跌後，海外訂單的規模減少，住宅事業的訂單變得更為重要，並且會大量受到政府房地產政策的影響。如果你認為房地產限制將會放緩，或是房地產景氣會轉好的話，就可以試著投資「KODEX 建設」與」「TIGER 200 建設」等建設業 ETF。

　　KODEX 建設包含浦項化學（18.55％）、現代建設（15.16％）、GS 建設（12.15％）、三星工程（9.43％）、大宇建設（6.50％）、HDC 現代產業開發（5.75％）、DL（5％）、

KODEX 與 TIGER 必需消費品、化妝品、中國消費題材相關 ETF

基準日：2021.03.27

ETF 名稱	KODEX 必需消費品		TIGER 200 生活消費品		TIGER 化妝品		TIGER 中國消費題材	
成分股比例（%）	LG 生活健康	19.1	LG 生活健康	17.33	科絲美詩	11.68	蔻詩曼嘉	2.92
	KT&G	15.15	KT&G	13.55	愛茉莉太平洋	11.00	科瑪 BNH	2.75
	愛茉莉太平洋	14.43	愛茉莉太平洋	12.93	科瑪 BNH	10.15	愛茉莉太平洋	2.71
	易買得	6.36	韓國電力公社	11.81	韓國科瑪	9.98	InBody	2.68
	CJ 第一製糖	5.91	易買得	5.69	愛茉莉 G	9.67	J Contentree	2.68
	Orion	5.04	CJ 第一製糖	5.28	LG 生活健康	9.10	科絲美詩	2.66
	愛茉莉 G	3.09	Orion	4.49	韓國科瑪控股	7.25	Cuckoo	2.65
	現代生技	2.63	愛茉莉 G	2.76	現代百朗德	5.79	Homesys	
	BGF Retail	2.30	CJ	2.10	NeoPharm	3.77	現代綠色食品	2.57
	海特真露	2.13	BGF Retail	2.07	Yonwoo	2.98	CJ 第一製糖	2.53
	GS Retail	1.88	海特真露	1.90	It's Hanbul	2.79	新世界國際	2.51
	東西	1.84	韓國石油公社	1.81	高麗雅娜	2.76	FILA 控股	2.50
	韓國科瑪	1.70	GS Retail	1.68	蔻詩曼嘉	2.55	新羅酒店	2.50
	科絲美詩	1.63	東西	1.64	CTK	2.3	I Sens	2.49
	農心	1.54	韓國科瑪	1.52	Cosmetics		永元貿易	2.49
	不倒翁	1.35	科絲美詩	1.47	珂萊歐	2.22	農心	2.49
	科瑪 BNH	1.23	農心	1.42	Able C&C		日陽藥品	2.48
	現代綠色食品	0.95	樂天控股	1.32	科絲美詩 BTI	1.66	賓格瑞	2.48
	大象	0.87	不倒翁	1.20	艾思迪生命工學	1.46	愛茉莉 G	2.46
	Naturecell	0.84	現代綠色食品	0.85	Tonymoly	1.16	LG 生活健康	2.46
	樂天七星	0.78	大象	0.78	韓元現鈔	0.57	CJ CGV	2.45
	三養食品	0.63	樂天七星	0.70			NeoPharm	2.44
	三養控股	0.63	三養食品	0.56			SPC 三立	2.43
							Osstem Implant	2.43

資料來源：Naver 金融

IS Dongseo（3.79％）。TIGER 200 建設則是由浦項化學（19.15％）、現代建設（15.81％）、GS 建設（12％）、三星工程（9.83％）、DL E&C（9.02％）、大宇建設（6.31％）等公司所組成。

2021 年 1 至 3 月，包含韓國在內的全球證券市場走勢都與 2020 年大相徑庭。2020 年是以成長股為中心快速上漲，然而 2021 年卻是價值股和金融股較為強勢，這些都是因為美國調漲了十年期國債的利率。一般來說，金融業也存在很多其他變數，但是利率上漲的時候，金融股的股價都會呈現上漲的趨勢。金融相關的 ETF 有「KODEX 銀行」、「KODEX 證券」、「KODEX 保險」、「TIGER 銀行」、「TIGER 證券」、「TIGER 200 金融」等。

觀察美股，預測全球 ETF

股票投資人每天早上出門前都一定要先看的一樣東西，就是美國股票市場的動向，觀察道瓊指數、S&P500 指數、那斯達克指數的漲跌，因為全球股市都彼此連動。也就是說，美國股市上漲的時候，其他國家股市就很可能會跟著上漲，而我們可以從中得到一些關於投資的想法。

我們要觀察的不單純只是美國的股價指數，還要更進一步

仔細了解美國股市中哪些股票、產業和 ETF 已經上漲，如此一來，就可以對投資 ETF 帶來偌大的幫助。

舉例來說，美國半導體製造業者美光（Micron）的股價、費城半導體指數（PHLX Semiconductor Sector）[3]、半導體設備業者應用材料（AMAT）、科林研發（LRCX）上漲的話，韓國的 SK 海力士等半導體產業上漲的可能性就會增加。如果難以從半導體產業中選出特定的個股，投資前述我們已經探討過的半導體 ETF 會是更有效率的對策。雖然美股上漲並不代表韓國股市也會上漲，但因為可能性較高，所以保持關注，研究兩個市場之間的關聯性再做投資，可能會有所助益。

除了半導體之外，倘若特斯拉上漲，韓國的車用電池產業鏈很有可能也會跟著波動，這種時候最好觀察車用電池的 ETF；當 Netflix 或迪士尼上漲，就關注國內媒體產業 ETF；當國際金融產業上漲，就關注國內銀行、保險等金融 ETF；當那斯達克的生技產業上漲，就觀察本地的生技 ETF。

從前面已經介紹過的 finviz.com 上，除了美國股市的核心股票以外，我們還可以一目瞭然核心 ETF 資訊，若運用得宜將會非常有幫助。finviz.com 所提供的各種資訊中，我們所關注的產業 ETF 就位於畫面左下方，內容分為科技、金融、能

3　費城半導體指數是位於美國東部的費城證券交易所創辦的半導體產業指數，此指數是將英特爾、美光等半導體設計、供應、製造、銷售相關企業的股價指數化。

finviz.com 的 ETF 股價資訊

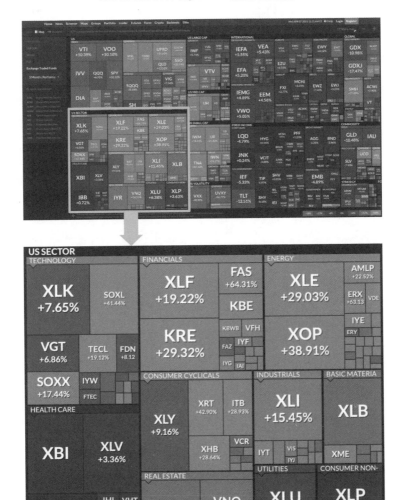

我們可以從 Finviz.com 上的美國 ETF 股價動向中，獲得有助於韓國本土 ETF 投資的想法。我們可以從畫面左下方找到產業 ETF，把滑鼠移到該檔 ETF 上方，就可以看到詳細的 ETF 資訊。

源、工業材料、消費品、原物料、公用事業、房地產、健康照護等，把滑鼠移到該檔 ETF 上方，就可以看到詳細的 ETF 資訊，希望各位可以藉由這些股價走勢，獲得許多投資想法，成功投資韓國本地的 ETF。

到目前為止，我們已經了解了 ESG，以及當中的環保相關核心產業與產業鏈，並且了解了美國與韓國本地的 ESG ETF。投資絕對沒有正確答案，最明智的方法就是透過各別的大量關注與研究，選擇具有未來展望的核心產業與股票。但如果不想要暴露在個股的高變動性之下，又想要投資未來有可能會成長的產業，我認為以定期定額的方式投資美國與韓國本地 ETF，會是準備進入低利率時代與第四次產業革命時代的過程中，最明智的投資方案。

結語

碳中和時代來臨，
投資人都應該關注 ESG

　　當我們剛開始在討論要不要寫這本書的時候，世界正在快速邁向綠色時代。直到拜登當選美國總統，全球新冠肺炎在持續擴散，加倍關注氣候變遷與碳中和。現在的企業們必須面對現實，嘗試開始進行認知轉型，已經不再像以前只需要應付相關規範就行。我們撰寫本書的目的在於幫助散戶們，在如此的大轉變中找到方向，順利投資正在謀求轉型的企業以及相關產業中將會從中受惠的企業。

　　如 1992 年簽訂的《聯合國氣候變遷綱要公約》所述，「在清楚得出科學證據之前，必須要先處理氣候變遷所帶來的危險」，原本的我們對於氣候變遷的認知只停留在認知到全球暖

化問題的階段，但經過 1997 年的《京都議定書》與 2015 年的《巴黎協定》，隨著 2018 年 IPCC 採納《全球暖化攝氏 1.5 度特別報告》，我們已經發展到全球協議「必須轉型為碳中和時代」的階段。歐洲意識到，只有部分國家努力減少溫室氣體排放，最終毫無意義，歐洲正在準備利用國境碳稅這類的方式，建立讓全球可以共同邁向碳中和的制度，美國拜登政府也以氣候相關人士組成內閣，並制定各種環境政策，積極參與這項行動。隨著文在寅總統發表 2050 年碳中和宣言，韓國也開始加入這項行動。全球都在邁向碳中和的過程中，我們想投資的企業真的能應付這種變化嗎？為了解決這份好奇，書中盡可能仔細整理了碳中和先鋒企業的案例，讓讀者可以清楚比較各家企業的 ESG 經營方針與相關的成果。

美國總統拜登在 2021 年 2 月 27 日將碳的社會成本定義為 51 美元，碳的社會成本是未來排放溫室氣體所要付出的代價，也是可以評估企業「外部費用」的方法。過去川普政府把這筆費用定義在 2 到 5 美元，後來又調降至 1 美元，導致氣候變遷相關政策無法順利推動。反之，拜登政府把碳的社會費用定得很高，這表示美國未來將會積極應對氣候變遷。此外，2021 年 3 月 3 日歐洲的碳權價格是 37.41 元，但是在在 3 月 15 日卻上漲為 41.88 元，光是十天就上漲了 11.9％。碳權價格

上漲，表示過去經濟價值微乎其微的溫室氣體減排與氣候變遷技術，會在某個瞬間開始具備經濟效益，擁有這些技術的企業，價值將得以上漲。所以我們認為，在尋找投資目標企業的時候，如果可以考量這家企業所擁有的技術，以及該企業與碳定價的相互關係，就可以建立出更合理、更具有潛力的投資策略（目前對於碳定價影響企業價值評估的相關研究並不多，所以沒能在書中更詳細著墨這部分的內容）。

碳中和宣言、可再生能源事業增加、電動車需求增加、氫經濟活化等因素，使投資人高度關注生產這些產品的企業。本書致力於講解碳中和時代中有前景的企業，以及多方收錄隸屬於這些產業底下的企業資訊，倘若這些資訊可以讓想要在投資市場中邁出新步伐的投資人，擁有更多的選擇權，那我們也就別無所求了。另一方面，由於企業價值已經大幅上漲，希望對個股投資猶豫不決的投資人，可以從第 5 章所討論的 ETF 相關內容中，找出有幫助的資訊。

最後，希望本書對於一般投資人而言，是在碳中和時代讓各位得以穩定投資的參考書籍，帶領大家邁向成功的投資。而對於企業經營者而言，希望本書能夠做為在碳中和時代改善企業體質的參考書籍，引領企業努力邁向 ESG 經營。

ESG 新價值投資

掌握全球金流趨勢，
從能源、電池到電動車，散戶穩健獲利的投資機會

ESG 머니전략

作者：黃裕植、劉權逸、金成友｜譯者：蔡佩君｜視覺：白日設計、薛美惠｜主編：鍾涵瀞｜特約副主編：李衡昕｜行銷企劃總監：蔡慧華｜行銷企劃專員：張意婷｜社長：郭重興｜發行人：曾大福｜出版發行：感電出版／遠足文化事業股份有限公司｜地址：23141 新北市新店區民權路108-2號9樓｜電話：02-2218-1417｜傳真：02-8667-1851｜客服專線：0800-221-029｜信箱：gusa0601@gmail.com｜法律顧問：華洋法律事務所 蘇文生律師｜EISBN：9786269659074（EPUB）、9786269659067（PDF）｜出版日期：2023年3月｜定價：480元

國家圖書館出版品預行編目(CIP)資料

ESG新價值投資：掌握全球金流趨勢,從能源、電池到電動車,散戶穩健獲利的投資機會/黃裕植, 劉權逸, 金成友著；蔡佩君譯. -- 新北市：感電出版：遠足文化事業股份有限公司發行, 2023.03

336面；14.8×21公分

譯自：ESG 머니전략

ISBN 978-626-97029-1-6（平裝）

1.CST: 股票投資 2.CST: 綠色企業

563.52 111022029